Josef Andreas und Claudia Holzer, Jens Kalkhof

Kräuterspiralen, Terrassengärten & Co.

Josef Andreas und Claudia Holzer, Jens Kalkhof

Kräuterspiralen, Terrassengärten & Co.
Planen, Bauen, Pflanzen

Leopold Stocker Verlag
Graz – Stuttgart

Umschlaggestaltung: Werbelechner Werbeagentur, Kleegasse 3, 8020 Graz, www.werbelechner.at

Bildnachweis Cover: Archiv der Autoren; unten Mitte: Marcus Auer (Colourspace)

Bildnachweis Innenteil: Archiv der Autoren; die restlichen Bilder wurden dem Verlag freundlicherweise von Marcus Auer (Colourspace) (31 Bilder), Hans Wendl (5), Claudia Kaufmann (4), Josef Fromm (3), Simone Andress (2), Roland Gumbrecht (2), Werner Pankart (2) und Gabi Toepsch (1) zur Verfügung gestellt.

Illustrationen: Maria Martina Schmitt (Wien)

Der Inhalt dieses Buches wurde von Autoren und Verlag nach bestem Gewissen geprüft, eine Garantie kann jedoch nicht übernommen werden. Die juristische Haftung ist ausgeschlossen.

Bibliografische Information Der Deutschen Bibliothek
Die Deutsche Bibliothek verzeichnet diese Publikation in der Deutschen Nationalbibliografie; detaillierte bibliografische Daten sind im Internet unter http://dnb.ddb.de abrufbar.

Hinweis: Dieses Buch wurde auf chlorfrei gebleichtem Papier gedruckt. Die zum Schutz vor Verschmutzung verwendete Einschweißfolie ist aus Polyethylen chlor- und schwefelfrei hergestellt. Diese umweltfreundliche Folie verhält sich grundwasserneutral, ist voll recyclingfähig und verbrennt in Müllverbrennungsanlagen völlig ungiftig.

ISBN 978-3-7020-1260-1
Layout und Repro: DSR Werbeagentur Rypka GmbH, 8143 Dobl/Graz
Printed in Austria
Druck + Bindung: Druckerei Theiss GmbH, A-9431 St. Stefan

Inhalt

„Es lebt alles, es gibt nichts Totes! Es lebt alles und ich kann mich mit allem verbinden und unterhalten! So suchst du dir deine Energiequellen selber."

„Es gibt viele Möglichkeiten, auch in der Großstadt, man muss nur wollen. Dann findet man einen Weg, und dann findet man aber auch die Zeit dazu. Das sind alles nur Ausreden: ‚Ich habe keine Zeit', denn wer das sagt, hat zum Leben keine Zeit und bestraft sich selbst am meisten."

Sepp Holzer

Dank gilt unserem Vater, der eine unerschöpfliche Quelle an Wissen, Erfahrung und Visionen ist. Er hat das Konzept der Holzer-Permakultur entwickelt, das wir in diesem Buch fortführen.
Unserer Mutter Veronika danken wir dafür, dass sie uns die heilkräftigen Pflanzen unserer Umgebung von Kindheitstagen an näherbrachte – wenn auch mit so manch bitterem „Graupen-Tee" (Isländisch Moos).

Ein Leben im Kreislauf der Natur nährt Körper, Geist und Seele.
Wir danken unseren Familien für ihre Unterstützung!

Claudia und Josef Andreas Holzer

Geleitwort von Sepp Holzer

Vor sieben Jahren habe ich mein erstes Buch „Sepp Holzer – Der Agrar-Rebell" geschrieben. Es folgten dann noch zwei weitere Bücher, nämlich „Sepp Holzers Permakultur. Praktische Anwendung für Garten, Obst und Landwirtschaft" (2004) sowie das Buch „Wo ein Wille, da ein Weg" (2006). Bei mehreren anderen Büchern war ich als Mitautor tätig.

Es war für mich eine große Freude, als meine Tochter Claudia den Wunsch äußerte, nach ihrem Studium in Graz der Stadt wieder den Rücken zu kehren, um sich zusammen mit ihrem Partner einen Bauernhof zu kaufen. Nach langem Suchen haben die beiden auch einen passenden Hof gefunden. Die alten, über 20 Jahre leer stehenden Gebäude wurden saniert, und die alte Bausubstanz konnte erhalten werden. Der „Probsthof" wurde revitalisiert und die landwirt-schaftlichen Flächen werden sukzessive in eine Permakultur umgewandelt. Ich kann Claudia und ihren Lebensgefährten Werner nur bewundern, mit welcher Energie und Freude sie bei der Arbeit sind, um ihre Pläne zu verwirklichen. Der Probsthof ist nun auch ein Ausbildungsort für die Lehrgänge zum/r Holzer-Perma-kultur-Praktiker/in.

Mein Sohn Josef Andreas setzt unterdessen am Krameterhof als Jungbauer seine Ideen um und bringt weltweit bei verschiedenen Projekten seine Erfahrun-gen ein.

Nun haben die beiden, zusammen mit dem Architekten Jens Kalkhof, selbst ein Buch über Permakultur geschrieben. Vor mehr als zehn Jahren habe ich bei Jens eine Hofberatung durchgeführt. Seither ist er ein leidenschaftlicher Perma-kultur-Bauer, Freund und Partner geworden, der uns schon bei vielen Projekten begleitet hat. Über dieses informative und gelungene Gemeinschaftswerk freue ich mich, da die Thematik nicht aktueller sein könnte. In der heutigen Zeit, in der die Schulmedizin für die neu auftretenden Krankheiten keine Namen mehr findet, sondern nur mehr Nummern vergibt, ist es umso wichtiger, dass man sich wieder des Bauern- und Kräutergartens besinnt. Der Kräutergarten ist die Apotheke vor der Haustür.

Die Probleme in der Landwirtschaft gehen allerdings noch viel weiter, weshalb ich an dieser Stelle noch einige Gedanken zu einer verantwortungsvollen und natürlichen Lebensführung anfügen möchte.

Du kommst auf die Welt, meist in einer sterilen Klinik, und dort werden dir gleich die natürlichen Wurzeln gekappt. Du wirst geimpft und mit unnatürlichem Chemiefraß aufgepäppelt. Eine natürliche Geburt im Familienverband und ein natürliches Aufwachsen wären der richtige Start für das zukünftige Leben eines jungen Menschen. Jeder „Erdenbürger" hat von Geburt an ein Anrecht auf ein Stück Erde. Eine Landreform, die dies berücksichtigt, ist längst überfällig.

Durch ein Aufwachsen, isoliert von unserer Natur und ihren Mitlebewesen, verlieren wir jede natürliche Beziehung zu unserer Mitwelt. Ein Aufwachsen in Symbiose mit Pflanzen, Tieren und Menschen ermöglicht ein Erfahren im Miteinander und schärft in dir die Aufgabe, als denkendes Individuum zu handeln und deiner Aufgabe des Lenkens und nicht des Bekämpfens gerecht zu werden. Durch das Beobachten deiner Mitlebewesen wirst du feststellen, dass die Natur perfekt ist und die Schöpfung an alle gedacht hat; dass alles miteinander in Verbindung steht und dass es hier nichts zu verbessern gibt. Es ist deine Aufgabe, das zu bewahren.

Es gibt keinen „Dummen" oder „Gescheiten", jede/r kommt zurecht, wenn er/sie nicht bevormundet wird. Die „Dummen" und die „Gescheiten" machen nur wir Menschen selbst, damit die Schwächeren benutzt werden können. Ich habe bei meinen Projekten in der ganzen Welt mit allen Menschen (Erwachsene, Kinder, Waisen-, Straßenkinder etc.), denen ich begegnet bin, nur die besten Erfahrungen gemacht. Also nicht bevormunden, sondern ihnen die Möglichkeit bieten, ihre Fähigkeiten auszuleben. Erfolgserlebnis, Freude und Anerkennung sind der höchste Lohn, die beste Therapie und ergeben auch ökonomisch Sinn. Ein praktisches Beispiel hierfür wäre mein Projekt „Berta" für die Lebenshilfe in Bad Aussee/Steiermark. Hier ist die erste rollstuhlgerechte Holzer'sche Permakultur Europas entstanden.

Generationenproblem – eine große Lücke in unserer Gesellschaft

Unsere Eltern und Großeltern langweilen sich in den Altersheimen zu Tode. Kinder und Enkelkinder verblöden bei PC- oder Videospielen. Sinn der Schöpfung ist es aber, dass alte Menschen ihren Kindern und Enkelkindern ihre Erfahrungen und Weisheit weitergeben. Die Kinder haben ein Recht darauf und können sich auf diese Weise viel besser auf ihr Leben vorbereiten. Uns muss bewusst werden, dass wir hier einen ganz großen Fehler begehen. Ein Generationenhaus und Gemeinschaftsprojekte sollen ermöglichen, diese Lücke in der Gesellschaft zu schließen. Der Unterricht soll 50:50 in Praxis und Theorie aufgeteilt werden. Zu jedem Kindergarten gehört ein Garten, zu jeder Schule eine Landwirtschaft und zu jeder Universität ein Gutshof. Das sind die praktischen Experimentiermöglich-keiten und Ausbildungsstätten für die Zukunft unserer Kinder und somit für die Zukunft der Gesellschaft.

Bildung – Spezialisierung – Fortschritt – Verblödung

Durch die heutige moderne, so genannte fortschrittliche Ausbildung werden junge Menschen von der Natur wegerzogen und entwurzelt. Wenn du die Zusam-menhänge, Wechselwirkungen und Symbiosen im Kreislauf der Natur nicht selbst beobachtet hast, kannst du sie auch nicht erkennen und verstehen. Du kannst dich auch nicht einklinken in diesen Kreislauf der Perfektion der Schöp-fung. Was ist die Folge? Anstatt zu begreifen, wie die Kreisläufe der Natur funk-tionieren, glaubst du, du kannst sie verbessern und fängst an, sie zu bekämpfen, anstatt zu begreifen. Deine Aufgabe wäre, nur lenkend in die Natur einzugreifen. Hausverstand und kreatives Denken sind gefordert. Unsere Kinder und Enkelkin-der verblöden in den Schulen und Universitäten. Nicht weil die Lehrer und Pro-fessoren zu „dumm" sind, nein, sondern weil sie meist nach einem Lehrplan unterrichten müssen, hinter dem sie selbst nicht stehen. Sie lassen sich von den Politikern und Lobbyisten instrumentalisieren. Aber wo ein Wille ist, da gibt es auch einen Weg, Herr Professor! Ist der Professor aber von einer politischen Par-tei abhängig oder von Lobbyisten beeinflusst, dann kann und wird er nichts ändern. Die abgehobene Wissenschaft hat sich so weit von der Praxis entfernt, dass ihre Theorie von der breiten Masse nicht mehr verstanden und angenom-men wird. Es fehlen schon mehrere Glieder im Kreislauf dieser Kette.

Die Wissenschaft und Politik hat es bis heute verabsäumt, auf die ungeheuren Umweltzerstörungen (Klimaerwärmung) entsprechend zu reagieren. Der Einfluss von Geld und Korruption verhindert offensichtlich die notwendigen Reaktionen und Maßnahmen. Die Katastrophen werden Ausmaße erreichen, die den Kollaps dieses kranken Systems herbeiführen.

Die Verschmutzung der Luft, die Verseuchung des Wassers und der Erde durch Einsatz von Chemie und Kunstdünger in der Monokulturlandwirtschaft beraubt uns einer gesunden Lebensgrundlage.

Die Nahrung ist deine Medizin. Der Bauer soll Lebensmittel erzeugen und nicht nur Bauch füllende, chemieverseuchte, durch Monokultur minderwertige, belastende Nahrungsmittel. Er soll als Lehrer allen Menschen einen respektvol-len Umgang mit der Mutter Erde und allen Mitlebewesen vermitteln.

Die Realität sieht leider ganz anders aus. Durch EU-Richtlinien und Förderauf-lagen hat man den Bauern abhängig und süchtig gemacht. Er ist zum Subventi-onsempfänger degradiert worden. Prämien sollen die Einschränkungen und Benachteiligungen ausgleichen. Diese Förderungen oder so genannten Aus-gleichszahlungen sind ja nur eine teilweise Schadensabgeltung einer verfehlten Landwirtschaftspolitik der nationalen oder EU-Gesetze bzw. -Verordnungen. Wachsen oder Weichen ist die traurige Devise.

Spezialisieren – Modernisieren – Massentierhaltung

Die Tiere werden nur mehr als Ware behandelt. Die Beziehung zu den Mitlebewesen geht verloren. Massentierquälerei ist die Folge. Weitere Folgen sind die Verstümmelungen der Mitlebewesen durch Enthornen, Kupieren von Schnäbeln und Flügeln oder Schwänzen, Stromschläge durch Kuhtrainer, Verschandelung durch unnötig große Ohrmarken usw. Eine derart geschundene Kreatur kann keine gesunden Lebensmittel liefern. Fühlt sich das Tier nicht wohl, ist auch das Produkt belastet.

Der Bauer ist die Seele des Volkes! Stirbt der Bauer, stirbt das Land!

Durch die verordnete Landbewirtschaftung geht altes Kulturgut unwiederbringlich verloren. Alte und seit Jahrhunderten bewährte Veredelungs- und Verarbeitungsmethoden werden per EU-Verordnung verboten. Zentrale, riesige Verarbeitungsstätten, wie Schlachthöfe, Großbäckereien, Brennereien, Molkereien, Käsereien usw., werden mit der Verarbeitung beauftragt und gefördert. Damit

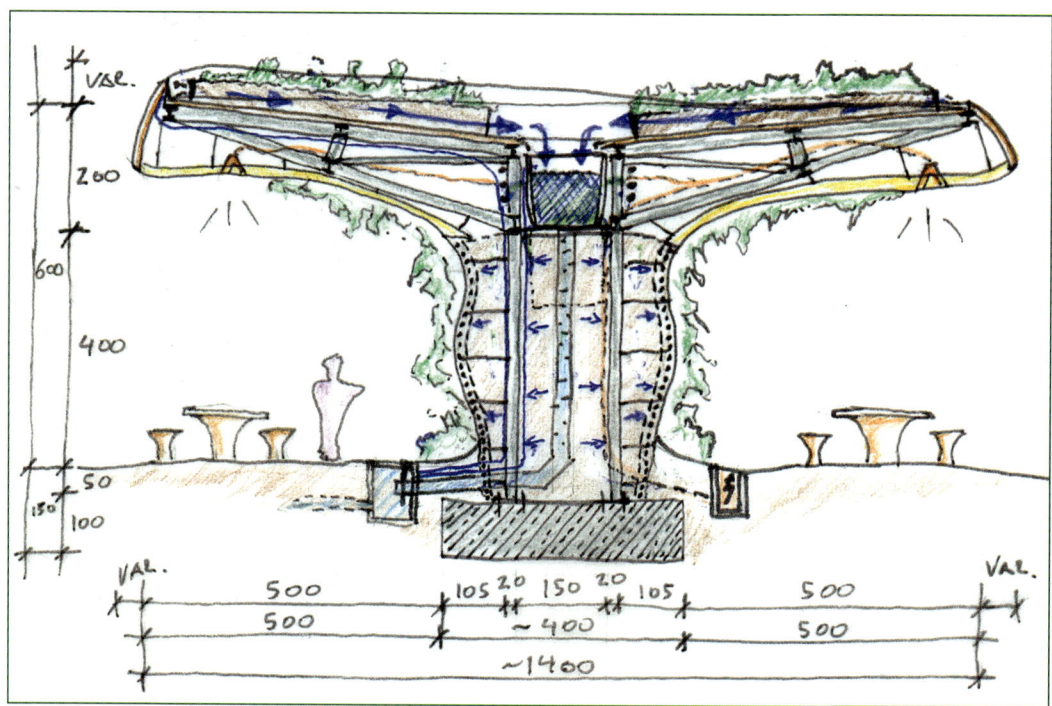

Kreatives Denken sollte man sich von Kindheitstagen an beibehalten: Der „Traumpilz" ist eine Vision, die durch einen Traum ihre Anfänge nahm. Er hat eine multifunktionale Struktur, die einen vertikalen Garten wie auch ein Kunstwerk darstellt und als Ort der Kommunikation dienen soll. Diese Vision einer experimentellen Landschafts- und Gartengestaltung möchte ich so bald wie möglich verwirklichen (Konzept und Idee: Sepp Holzer, planliche Darstellung: Jens Kalkhof).

diese jedoch ausgelastet sind, hat man den Bauern die Möglichkeiten der Selbst-
verarbeitung und Veredelung ihrer eigenen Produkte erschwert bzw. entzogen.

Bei dem verbleibenden kleinen Rest der Biobauern wurden die Förderungen
der EU (Schadensabgeltungen) gekürzt und die Schikanen (Auflagen) erhöht.
Alles weitere, weiß man, regelt sich dann ja von selbst. Der Bauer als Sklave auf
seinem eigenen Hof, meist hoch verschuldet durch Übermechanisierung und
Spezialisierung, abgerackert, bevormundet und von all den administrativen Aufgaben und Schikanen unseres aufgeblähten Verwaltungsapparates überfordert,
fristet sein Leben in der totalen Abhängigkeit. Wen wundert es da noch, wenn
die Kinder den Leidensweg der Eltern nicht fortsetzen möchten?

Was also tun?

Zivilcourage und nicht Lemmingverhalten ist notwendig, um sich gegen diesen
praxisfremden, aufgeblähten Verwaltungsapparat zur Wehr zu setzen. Versetze
dich hinein in dein Gegenüber, in die Pflanzen, Tiere, ja auch den Menschen, und
frage dich, ob du dich an deren Stelle wohlfühlen würdest. Fühlt sich der Regen-
wurm wohl, ist der Boden gesund. Auch die Pflanze und das Tier fühlen sich dann
wohl, wenn sie im richtigen Biotop und in Freiheit leben können. Den größten
Erfolg und Vorteil hast du, wenn du die Geschicke richtig lenkst. Den Boden nutzen und nicht ausnutzen. Vielfalt und nicht Einfalt erhält das System. Es ist dein
Auftrag der Schöpfung, die Geschicke zu lenken und nicht zu bekämpfen. Die
Natur ist perfekt. Da gibt es nichts zu verbessern. Wenn du das jedoch versuchst,
so ist das Selbstbetrug. Die Natur ist vollkommen, die Fehler machen nur wir
Menschen. Angst wird dir eingeflößt – befreie dich davon, denn Angst ist der
schlechteste Begleiter im Leben. Durch einen respektvollen Umgang mit der
Schöpfung und deinen Mitlebewesen profitierst du selbst am meisten – und das
Bauer sein wird dann zum schönsten Beruf.

In diesem Sinne wünsche ich viele informative Lesestunden!

Sepp Holzer

Vorwort

Kräutergärten erfreuen sich glücklicherweise immer stärkerer Beliebtheit. Es scheint als würde es in unserer heutigen Zeit, in der gentechnisch manipulierte Nutzpflanzen die Märkte erobern und die Landwirtschaft zunehmend industrialisiert wird, langsam zu einer Gegenströmung auf breiter Basis kommen. Konsumenten legen zunehmend Wert auf natürliche Produkte und gesunde Ernährung. Viele beginnen damit, ihren Garten wieder als Nutzgarten zu verwenden. In zahlreichen Gärten, in denen zuvor nur Ziergräser, Blütenrabatte und Sichtschutzhecken zu sehen waren, wachsen wieder Salat, Tomaten, Himbeeren u. v. m. Im Rahmen unserer Arbeit mit der Permakultur nach den Entwicklungen von Sepp Holzer, der landläufig als „Agrar-Rebell" bekannt ist, haben wir viele solcher Gärten besucht.

Das erste selbst gepflanzte Gewürzkraut stellt oft den Einstieg in den produktiven Gartenbau dar. Der Grund dafür liegt auf der Hand: wer berufstätig ist, hat nur begrenzt Zeit, sich um den Garten zu kümmern. Bio-Gemüse kann jederzeit überall zu verhältnismäßig günstigen Preisen gekauft werden, der Wert von selbst angebautem Gemüse ist einem zu Beginn noch nicht bewusst. Frische Gewürzkräuter jedoch sind schwer zu bekommen, hier müsste wohl zumeist auf getrocknete Kräuter zurückgegriffen werden. Also haben viele zumindest ein wenig Basilikum, Schnittlauch oder Petersilie im Topf am Balkon oder in der Küche auf der Fensterbank. Wie sehr diese frischen Kräuter Salate, Suppen, Aufläufe, Beilagen und Hauptgerichte aufwerten, wenn sie vor dem Anrichten frisch auf die Speisen gestreut werden, ist jedem klar, der es nur einmal probiert hat. Der Weg des Basilikumtopfes vom Fensterbrett in den Garten ist damit geebnet. Im Garten gedeiht natürlich alles um vieles besser als im Topf und ist dazu noch wesentlich pflegeleichter. Schon beginnt sich ein kleiner Kräutergarten zu entwickeln und das Interesse am eigenen Anbau von verschiedenen Nutzpflanzen ist geweckt.

Im Rahmen von Seminaren und Beratungen werden wir immer wieder mit Fragen zur Kultivierung von Kräutern konfrontiert. Wie viel Pflege ist nötig, wie kann ich meine Kräuter am besten über den Winter bringen, wie kann ich meinen Garten ansprechend gestalten, ohne viel Platz zu verlieren? Oft kreisen die Fragen auch um die Kräuterspirale, die vielen als Gestaltungselement bereits bekannt ist. Mit diesem Buch möchten wir die häufigsten Fragen rund um die Kultivierung von Heilkräutern beantworten sowie die Herangehensweise bei der Planung und Möglichkeiten der Gestaltung von Kräutergärten vorstellen. Die Kräuterspirale ist nur eine Möglichkeit von vielen, der eigenen Kreativität sind hier kaum Grenzen gesetzt. Ambitionierte Kleingärtner/innen finden in diesem Buch die wichtigsten Hilfestellungen und Anleitungen zur kreativen Gestaltung ihres Gartens – dessen Nutzung sich natürlich nicht nur auf Heilkräuter beschränkt. Die einzelnen Gestaltungselemente können flexibel genutzt und bepflanzt werden. Auch Gemüse, Obst und Beeren können beispielsweise im Kratergarten, auf den Terrassen und Hügelbeeten oder auf dem Hochbeet kultiviert werden.

Wir möchten im vorliegenden Buch aber auch wichtige Hintergrundinformationen, die über das Basiswissen für Kleingärtner/innen hinausgehen, weitergeben. Dies ist für all jene interessant, die größere Projekte (Schaugärten, Klostergärten, Schulgärten) planen oder sich einfach intensiver mit der Materie beschäftigen wollen.

Die Beschäftigung mit Heilpflanzen und das Arbeiten in und mit der Natur sind für sich schon lohnend und wertvoll! Ernten aus dem eigenen Garten geben uns eine Lebensqualität, die nicht zu kaufen ist. Durch kreative Gestaltung und Bepflanzung kann der Nutzgarten auch in Hinblick auf die optischen Reize jedem Ziergarten den Rang ablaufen.

Wir wünschen viel Freude und Kreativität bei der Gestaltung Ihres Kräutergartens und viele genussvolle Ernten!

Claudia und Josef Andreas Holzer, Jens Kalkhof

Einleitung

Unsere Philosophie

ist es, eine natürliche Form der Landwirtschaft zu betreiben, die auf ein Arbeiten mit den Kreisläufen und Wechselwirkungen in der Natur aufgebaut ist. Natürliches Denken, Leben und Arbeiten ist nicht nur Basis der Bewirtschaftung, es ist eine Lebenseinstellung, die sich quer durch alle Lebensbereiche zieht und nichts ausschließt. Es geht darum, die Verantwortung für unsere Mitwelt und für alle Lebewesen anzunehmen und mit Zivilcourage für die Erhaltung einer lebenswerten Welt einzutreten! Es gilt, den Entwicklungen unserer schnelllebigen Zeit voraus zu sein, voraus zu denken, anstatt kritiklos allem nachzulaufen. Unser Ziel ist die Entwicklung selbsterhaltender Systeme, einer „symbiotischen" Landbewirtschaftung, die es jedem Einzelnen ermöglichen, seine persönliche Lebensstrategie darin zu entwerfen.

Biologisch gärtnern

Wer seine Kräuter und vielleicht auch ein wenig Gemüse anbaut, hat wahrscheinlich von vornherein ein hohes Maß an Sensibilität für biologische Kreisläufe und Zusammenhänge. Egal ob am Balkon, auf der Terrasse oder im eigenen Garten: wer selbst Kräuter zieht, beobachtet ihre Entwicklung im Jahresverlauf, sieht Schmetterlinge, Bienen und Hummeln, die freudig die neuen Nektar- und Pollenquellen aufsuchen, riecht das Aroma der Kräuter vor, während und nach der Blüte, kennt den Frühlings-, Sommer-, Herbst- und Winteraspekt seiner Pflanzen. Man wird sozusagen mitgenommen von der Natur, eingebunden in den natürlichen Kreislauf. Je stärker der Bezug zur Natur, desto selbstverständlicher ist es, keine Giftstoffe in den natürlichen Kreislauf einzubringen. Jedes Gift, das ich in das System bringe, wirkt auf vielfältiger Ebene – auch wenn

auf den Packungen oft die angebliche ökologische Unbedenklichkeit der Wirkstoffe ver-
sprochen wird. Das ökologische Gefüge ist
komplex und vor allem dynamisch. Jeder
Organismus hat seinen Platz im Ökosystem.
Wer ökologisch gärtnert, lernt, mit der Natur
zu leben, anstatt sie in verschiedenster
Weise zu bekämpfen. Ziel der Biogärtner ist
es, ein ausgewogenes Gleichgewicht der verschiedenen Lebewesen zu erreichen, damit
keine Tiergruppe in so hohen Populationsdichten vorkommt, dass größere Schäden an
Kulturpflanzen die Folge wären. Das bedeutet, dass den Mitbewohnern im Garten eine
gewisse Toleranz entgegengebracht werden

Mit der Natur arbeiten, anstatt sie zu bekämpfen, lautet die Devise im Permakultur-Garten.

muss. Im Biogarten werden sich eine Vielzahl an Insekten ansiedeln, darunter
natürlich auch solche, die Pflanzensäfte saugen (Zikaden, Wanzen, Blattläuse)
oder Grünmasse fressen (versch. Käferarten, Raupen). Parallel dazu entwickeln
sich aber auch viele Nützlinge, wie etwa Spinnen, verschiedenste Käfer, Ohrwürmer u. v. m, die als Gegenspieler das System im Gleichgewicht halten. Sobald
ich gegen eine Tiergruppe mit der Chemiekeule vorgehe, beeinflusse ich die Nahrungskette. Das System kann sich nicht mehr selbst regulieren und weitere Eingriffe sind die Folge. Es beginnt ein erbitterter Kampf gegen Blattläuse, Wanzen
oder Schnecken. Dies verdirbt einem nicht nur die Freude am Gärtnern, sondern
beeinträchtigt auch die Qualität der eigenen Produkte.

Biogärtner hingegen brauchen etwas mehr Weitblick, Geduld und Einfüh-
lungsvermögen. Wir beobachten die verschiedenen Tierarten (Vögel, Insekten,
Spinnen oder Schmetterlinge), um ihre Rolle im Kreislauf der Natur und damit
auch in der Nahrungskette zu erkennen. In all ihren unterschiedlichen Entwick-
lungsstadien (beispielsweise vom Ei zur Raupe, von der Puppe bis zum erwachsenen Insekt) spielen die einzelnen Arten eine wichtige Rolle im System und
haben im Laufe ihrer Entwicklung auch unterschiedliche Nahrungsansprüche.
Stelle ich nun fest, dass eine Art in einer bestimmten Entwicklungsphase in Mas-
sen auftritt und Schäden verursacht, dann ist es wichtig, Nützlinge zu fördern,
die mir bei der Regulierung dieser Art helfen können (Marienkäfer, Florfliegen,
Schlupfwespen, Ohrwürmer, Raubwanzen, Laufkäfer, Schwebfliegen, Spinnen,
Igel, Vögel).

Vielfalt im Garten schafft auch vielfältiges Leben: Je mehr unterschiedliche
Lebensräume (Stein-, Laub- und Totholzhaufen, Hecken in Mischkultur, Kleinklimazonen, Wasserflächen) vorhanden sind und je vielfältiger die Bepflanzung ist (Wildobst, Beeren, Blüte als Pollen- und Nektarquellen), desto mehr Nützlinge werden
sich ansiedeln und desto schneller entwickelt sich der Garten zur grünen Oase.

Eine Sonderstellung im Biogarten nimmt die Schnecken-Thematik ein. Das
massenhafte Auftreten der Spanischen Wegschnecke (Nacktschnecke) ist eine

Marienkäfer – der bekannteste natürliche Feind der Blattläuse. Ein ausgewachsener Marienkä-fer frisst bis zu 200 Blattläuse am Tag, seine Larve bis zu 400.

spezielle Herausforderung, da in kurzer Zeit große Schäden angerichtet werden können. Hier gibt es verschiedene Möglichkeiten: Wenn ich feststelle, dass eine Salatpflanze den Schnecken zum Opfer gefallen ist, dann kann ich gut darüber hinwegsehen, wenn mir selbst noch mehr als genug Salat für die eigene Ernte zur Verfügung steht. Daher säe ich gleich etwas mehr Salat aus, als ich für mich brauchen würde, damit ich großzügiger sein kann und ein gewisses Maß an Ausfällen einkalkuliert ist. Gleichzeitig schaffe ich jedoch auch Strukturen, die ermöglichen, dass sich natürliche Gegenspieler der Schnecken ansiedeln. Dies wird etwa durch Heckenpflanzungen und Totholzhaufen erreicht, die Nahrung, Lebensraum und Schutz für Igel, Eidechsen, Vögel und allerlei Insekten liefern. Unter den Insekten sind es vor allem verschiedene Laufkäferarten, die helfen, die Schneckenpopulation niedrig zu halten. Sie fressen nicht nur junge Nacktschnecken, sondern auch deren Eier. Wer im eigenen Garten ein Biotop einplant, wird bald auch Blindschleichen und Kröten zu seinen Helfern zählen können. In größeren Betrieben ist die Schneckenregulierung kein Problem, weil auch hier verschiedene Entenarten, Hühner oder sogar Schweine gehalten und nach Bedarf gekoppelt werden können. In kleinen Hausgärten spielen eher Igel, Laufkäfer und verschiedene Vogelarten (vor allem Amseln) bei der Schneckenregulierung eine Rolle. Bei hohen Populationsdichten kann es in kleinen Gärten dennoch nötig sein, mechanische Schutzzäune rund um anfällige Pflanzungen und Saaten zu errichten oder Schutzstreifen zu ziehen. Schutzstreifen werden aus spitzen, kantigen und trockenen Materialien gemacht, die den Schnecken den Zugang zu den Kulturen erschweren. Dazu kann etwa Kies, Sand, Gesteinsmehl, Kalk, Holzasche oder getrockneter Thymian-, Lavendel-, Ysop- und Bergbohnenkrautschnitt verwendet werden. Dieses Material wird rund um die zu schützenden Pflanzen oder um ganze Beete ausgebracht. Die Schutzstreifen müssen allerdings regelmäßig kontrolliert und, falls nötig, nachgebessert werden.

Rainfarnjauche hilft, die Pflanzen vor Insektenfraß und Krankheiten (Rost, Mehltau) zu schützen (etwa 3 kg Pflanzen mit 10 l Wasser ansetzen, bei Befall unverdünnt spritzen – sparsam verwenden).

Eine besondere Rolle nehmen Kräuter als Apotheke für den Garten ein: In Wasser angesetzt können aus Kräutern Auszüge, Tees und Jauchen hergestellt werden, die als wirksame und biologisch verträgliche Spritz- und Düngemittel Verwendung finden. Diese helfen nicht nur bei starkem Auftreten etwa von Milben oder Läusen, sondern werden auch vorbeugend und zur Behandlung von verschiedenen Pilzerkrankungen eingesetzt. Besonders bekannt und wirkungsvoll sind Auszüge und Jauchen aus Wermut, Brennnessel, Rainfarn, Knoblauch, Zwiebel und Ackerschachtelhalm. Der Kräutergarten leistet damit einen wichtigen Beitrag für die gesunde Entwicklung des Gemüse,- Obst-, Beeren- und Staudengartens.

Die wichtigste Grundlage für gesunde und widerstandsfähige Pflanzen stellt aber ein gesunder Boden mit aktiver und belebter Humusschicht dar. Dies wird am besten durch schonende Bewirtschaftung und kontinuierlichen Schutz der oberen Bodenschicht in Form von Kulturpflanzen, Gründüngung und/oder Mulch gefördert. Nackter Boden ist allen Witterungsbedingungen ungeschützt ausgesetzt und kann daher leicht austrocknen, vernässen oder auch verdichten. Er sollte daher immer entweder durch Bewuchs oder durch Mulch geschützt sein.

Die meisten Kräuter sind sehr pflegeleicht und robust. Wenn Salbei, Thymian, Rosmarin, Lavendel, Schnittknoblauch etc. erst einmal gut angewachsen sind, gibt es außer der regelmäßigen Ernte und fallweisem Rückschnitt nicht mehr viel zu tun. Nur in der Anwuchsphase (d. h., nachdem die Kräuter eingepflanzt wurden) und im Jungpflanzenstadium (nach der Aussaat) muss man sich intensiver um die Kräuter kümmern, da in dieser Zeit durch verschiedene Insekten und auch Schnecken Schäden verursacht werden können. Regelmäßige Kontrollgänge sind in dieser Zeit unerlässlich. Ist der Kräutergarten erst einmal eingewachsen, kann er ruhig auch während des Urlaubes sich selbst überlassen werden.

> Eine gute Beobachtungsgabe und Verständnis für natürliche Abläufe sind der Schlüssel zum Erfolg im Biogarten.

Vorteile 3-dimensionaler Gestaltungen

Kräuterspiralen, Hügelbeete bzw. Kräuterschlangen, Kräuterberge, Kratergärten, Terrassengärten: all diese Gestaltungen sind 3-dimensional strukturiert. Es wird hier nicht nur horizontal, sondern vor allem auch vertikal gearbeitet. Dies kann durch Erdaufschüttungen und Steinsetzungen nach oben wie beim Kräuterberg oder durch Aushub nach unten, wie etwa beim Kratergarten, durchgeführt werden. Welchen Vorteil bringen diese Gestaltungen; warum nicht, wie bisher gewohnt, beim Anbau auf flachen Beeten bleiben?

Entwickelt wurden die angesprochenen 3-dimensionalen Gestaltungselemente in erster Linie aus praktischen Gründen: um mehr Platz für verschiedene Pflanzen auf kleiner Fläche zu schaffen, um windgeschützte oder wärmere Standorte für empfindliche Pflanzen zur Verfügung zu haben, um Wasser zu sammeln und auch zur optisch ansprechenden Gestaltung des Gartens.

> Gärtnern in 3-D: Kräuterspiralen, Hügelbeete, Klimagärten – hier wird 3-dimensional gestaltet.

Vorteil: Günstiges Mikroklima – unterschiedliche Kleinklimazonen

Als Mikroklima (oder auch Kleinklima) wird das Klima bezeichnet, das sich in bodennahen Luftschichten (bis zu einer Höhe von etwa 2 m) entwickelt. Auch die klimatischen Bedingungen, die sich in kleinen eingegrenzten Bereichen (etwa zwischen zwei Strauchgruppen, in einer Senke oder auch zwischen zwei Gebäuden) entwickeln, werden als Kleinklima bezeichnet. Jede Strauchgruppe, Hecke, Baumgruppe, jeder Hügel, sogar jeder etwas größere Stein im Gelände wirkt sich auf das Kleinklima in der unmittelbaren Umgebung aus: der Wind wird gebremst bzw. umgelenkt, Feuchtigkeit kann sich je nach Geländeform länger oder weniger lang halten, die Intensität der Sonneneinstrahlung variiert, Raureif hält sich länger, der Boden taut früher usw.

Das Kleinklima der betroffenen Flächen ist maßgeblich für das Wachsen und Gedeihen der dortigen Pflanzen verantwortlich. Natürlich spielt an vorderster Front das Großklima der Region, in der ich mich befinde, eine Rolle. Daran muss ich mich zuallererst anpassen, denn dieses ist vorgegeben. Das Kleinklima kann ich durch meine Gestaltungen und durch die Bepflanzung jedoch entscheidend beeinflussen und zum Vorteil für meine Kulturen verändern.

Vorteil: Wind, Wärme, Feuchtigkeit

Jede Erhebung (Hügel, Berg, Hecke) stellt eine Windbremse dar. Wind trocknet feuchte Böden schnell aus und kühlt bodennahe Luftschichten ab. Durch Windbremsen lassen sich wärmere Kleinklimabereiche schaffen. Windbremsen schaffe ich also zum einen durch gezielte Bepflanzung, zum anderen durch die Gestaltung des Geländes. Bei genauerer Beobachtung lässt sich meist auch eine Vorzugswindrichtung feststellen. Darauf kann bei der Gestaltung und Bepflanzung Rücksicht genommen werden. Die Bereiche in unmittelbarer Nähe zur

Hügelbeete, Hochbeete und Terrassen unter Berücksichtigung der Hauptwindrichtung und Sonneneinstrahlung angelegt: eine 3-dimensionale Gestaltung, die die bepflanzbare Oberfläche enorm vergrößert und zahlreiche günstige Kleinklimazonen schafft.

Windbremse werden vergleichsweise geschützter und wärmer sein, als das freie Gelände. Wenn ich beispielsweise ein Hochbeet (an höchster Stelle 2 m hoch) als Halbmond ausgeformt so aufbaue, dass es mit dem Rücken zur Hauptwindrichtung steht und die Rückseite zusätzlich noch mit einer Wildobsthecke bepflanze, werde ich im Inneren dieser Anlage einen sehr geschützten Standort schaffen. Die Höhe der Bepflanzung werde ich noch mit der Sonneneinstrahlung abstimmen, damit die inneren Bereiche dieses Standortes nicht zu stark beschattet werden. So kann ich gezielt sonnige, schattige, kühle und warme Standorte schaffen. Platziere ich an windgeschützten sonnigen Stellen zusätzlich noch

Steine, dann entwickelt sich der sog. „Kachelofeneffekt", sprich: Ich habe eine Wärmefalle geschaffen. All diese Faktoren sind von Bedeutung, wenn ich in klimatisch ungünstigen Lagen wärmebedürftige Pflanzen kultivieren will – von denen es gerade bei den Kräutern zahlreiche (mediterrane) gibt. Abgesehen von den Kräutern ist die Schaffung von Kleinklimazonen natürlich auch für Obst- und Gemüseanbau von Vorteil. Befinde ich mich in einem warmen sonnigen Gebiet, dann kann ich durch günstiges Kleinklima noch weitere Experimente mit besonders anspruchsvollen Arten machen. Von großer Bedeutung ist das Kleinklima der Fläche für das Überwintern der Pflanzen. Wer sich die Arbeit sparen möchte, empfindliche Kräuter alljährlich im Herbst auszugraben, die im Topf mehr oder weniger gut im Haus überwintern, sollte sich mit den verschiedenen Mikroklimastandorten seines Gartens beschäftigen. Rosmarin, Lavendel, aber auch die empfindliche Zitronenverbene und Ananassalbei konnten wir in der Weststeiermark dank Kleinklima-Standorten im Freien überwintern lassen.

Unterschiedliche Standortbedingungen ermöglichen eine hohe Vielfalt an Pflanzen.

Bezüglich der Bodenfeuchtigkeit findet man bei 3-dimensionalen Strukturen unterschiedliche Bedingungen vor. Erhöhte Standorte trocknen schneller ab, Wasser läuft ab, sickert nach unten. An der Basis von Hochbeeten, Hügelbeeten, Kräuterbergen und Spiralen finden wir die verhältnismäßig feuchtesten Standorte dieser Strukturen vor. Wasser kann sich hier am besten sammeln, Wind hat nicht so viel Angriffsfläche. Zusätzlich zu diesen einfachen Grundlagen besteht die Möglichkeit, Wasser durch die Gestaltung gezielt durch die Anlage zu lenken und auch zu sammeln. Mehr darüber ist im Kapitel „Wasser" nachzulesen.

Die Anzahl der unterschiedlichen Kleinklimazonen wird durch die 3-dimensionale Gestaltung bedeutend erhöht. Unterschiedliche Lebensräume (trocken, feucht, sonnig, schattig, warm, kühl) bedeuten auch eine hohe Anzahl möglicher Pflanzenarten.

Vorteil: Vergrößerung der Oberfläche

Wer in die Höhe oder Tiefe baut, vergrößert natürlich die Oberfläche, die bepflanzt werden kann. In kleinen Gärten ist das von grundlegender Bedeutung, da es sonst oft zu einer „Entweder-Oder-Frage" (Kräuter oder Sitzplatz?) kommt. Mit einer durchdachten 3-dimensionalen Gestaltung lautet die Antwort: Kräuter und Sitzplatz! Auch größere Gärten profitieren von der größeren Oberfläche, wenn dadurch zusätzlich zum Kräutergarten noch ein üppiger Beerengarten Platz findet oder die Fußballwiese für die Kinder unberührt bleibt. Wir haben die Erfahrung gemacht, dass der größte Garten oft schnell zu klein wird, wenn man erst einmal begonnen hat, mit Pflanzen zu leben.

Gerade kleine Gärten profitieren von vertikalen Strukturen.

Vorteil: Vereinfachte Bearbeitung

Erhöhte Strukturen bieten zumindest einen Teil der angebauten Früchte, Kräuter oder Beeren auf angenehmer Erntehöhe dar. Nur zu den an der Basis gepflanzten Kräutern muss ich mich in ähnlicher Weise bücken, wie es bei Flachbeeten der Fall ist. Bedeutend vereinfacht wird die Bearbeitung des Gartens durch die Gestaltung von Terrassen in Hanglagen. Wo zuvor unwegsames und maschinell

Ernte am Hügelbeet. Je steiler die Hügelbeete aufgebaut werden, desto einfacher können sie betreut werden. Bei sehr steilen Hügelbeeten bringen wir außen rund um die Hügel aufgestellte Äste an (mit dem dicken Astende am Boden), die wir mit einfachen Holznägeln (abgeschnittene Astgabeln) am Hügelbeet fixieren. Dadurch wird verhindert, dass Erde vom Hügel abrollt, bis das Hügelbeet eingewachsen ist. Die Äste übernehmen eine Schutzfunktion.

unbearbeitbares Gelände war, kann danach durch die Anlage von Terrassen vom Kleintraktor bis hin zum Balken- oder Rasenmäher jedes Gerät zum Einsatz kommen, das mir die Arbeit erleichtert. Mit zunehmendem Alter gewinnt dieser Faktor an Bedeutung.

Salat, Gemüse, Kräuter und Blumen als Böschungsbepflanzung im Klimagarten von Hans Wendl (Holzer Permakultur-Praktiker)

Vorteil: Optische Gestaltung – vielfältige Nutzung

Der optische Reiz liegt in den organischen Formen, die natürlicher und anregender für Geist und Herz sind, als die quadratischen und eingeebneten Gärten, die man so häufig sieht. Sie entsprechen durch ihre Hügel, Senken, Biotope, steinigen und feuchteren Bereiche eher natürlichen Geländeformationen. Sie lassen uns aufatmen in einer kopflastigen und überstrukturierten Welt und machen den Garten wieder zu einer natürlichen Oase. Während eine ebene Rasenfläche wohl kaum länger als fünf Minuten betrachtet wird, kann sich das Auge in einem 3-dimensional gestalteten Garten verlieren. Der Blick kann von einem Element zum anderen schweifen. Durch die verschiedenen Gestaltungen können „Räume" und Plätze im Garten geschaffen werden; sei es für das gesellige Zusammensein, für das ungestörte Sonnenbad oder als Ruhe- oder Aktivitätszone. Es sind Gestaltungen nach natürlichem Vorbild, an die Bedürfnisse der Bewohner (und zwar von Mensch und Tier) angepasst.

Irrgärten, Nischen, Sitzplätze, Aussichtspunkte – Lassen Sie Ihrer Kreativität freien Lauf!

Nutzen

Bei der Planung eines Kräutergartens gilt es als Erstes, den genauen Zweck der Anlage zu erfassen. Wozu dient der Kräutergarten, von wem wird er benutzt, welche Ansprüche soll er erfüllen? Ein privater Küchenkräutergarten etwa wird anders aussehen als der Kräutergarten eines Seminarzentrums, einer Apotheke oder der eines Bauern, der auf hohe Erträge ausgerichtet ist. Je genauer wir wissen, welche Ansprüche gestellt werden, desto besser können sie durch die Gestaltung der Anlage auch erfüllt werden.

Privater Nutzen

Die Einteilung der Kräuter in Küchen- bzw. Gewürzkräuter, Teepflanzen, Medizinalpflanzen und Färberpflanzen fällt schwer, da die Übergänge fließend sind. Wir haben uns für diese Einteilung entschieden, weil wir damit einen Überblick über verschiedene Nutzungsmöglichkeiten und Ansprüche an den privaten Kräutergarten bieten möchten. Je nach Planung kann der Kräutergarten alle angeführten Nutzungsformen in getrennten Bereichen beinhalten, oder man entscheidet sich für eine Mischung aus Gewürz-, Heil-, Tee- und Färbepflanzen, natürlich unter Berücksichtigung der jeweiligen Standorts- und Platzansprüche.

Küchenkräuter

Hier geht es vorrangig darum, die wichtigsten Küchenkräuter in ausreichender Menge und vor allem in greifbarer Nähe zur Küche vorzufinden. Ausreichend und greifbar – diese zwei Anforderungen sind am wichtigsten, damit die Kräuter tatsächlich regelmäßig in der Küche verwendet werden. Wenn ich meine zwei Majoranstöcke bis zum Ansatz zurückschneiden muss, um einmal Kartoffelsuppe zu kochen – und dass, nachdem ich ihnen wochenlang beim Wachsen zugesehen habe –, dann ist dies ein kurzes Vergnügen, oder ich werde sie nur zaghaft verwenden und womöglich noch getrockneten Majoran kaufen müssen. Wozu dann der

Kräutergarten? Wie oft ist es schon passiert, dass die Kartoffeln in der Pfanne schmoren oder die Suppe am Tisch steht und noch Petersilie bzw. Schnittlauch fehlt. Wenn ich meine Gummistiefel anziehen und im strömenden Regen quer durch den Garten stapfen muss, dann verzichte ich mit Sicherheit auf die Gewürze. Im optimalen Fall wachsen die Kräuter direkt neben der Haustür und sind noch mit den Hausschuhen erreichbar. Wenn dort nur begrenzt Platz ist, kann neben der Tür zumindest ein wenig Schnittlauch, Petersilie und Basilikum gepflanzt werden. Der eigentliche Kräutergarten befindet sich einige Meter entfernt mit weiterem Nachschub an Schnittlauch, Petersilie und den anderen Kräutern.

Auf jeden Fall planen wir von jeder Sorte genügend Pflanzen ein, damit beim Kochen nicht „geknausert" werden muss, sondern aus dem Vollen geschöpft werden kann. Zusätzlich besteht dadurch die Möglichkeit, die Kräuter zu trocknen und sich einen Wintervorrat anzulegen. Wer großzügig pflanzt, kann getrocknete Gewürzkräuter sehr einfach zu individuellen Gewürzmischungen (Brathuhngewürz, Pizzagewürz, Mediterrane Mischung u. v. m.) verarbeiten und nett verpackt zu Weihnachten verschenken. Auch Kräutersalz kommt immer sehr gut an! Die Kräuter zu mischen und zu verpacken ist eine schöne und duftintensive Beschäftigung im Advent, mit Sicherheit wohltuender, als sich durch das hektische Treiben der Einkaufsstraßen zu wühlen.

Eingangsbereich am Probsthof: Kräuter vor der Haustür sind praktisch und schön.

Schnittlauchstöcke, die im Winter ins Haus geholt und auf die Fensterbank gestellt werden, treiben bald wieder aus und liefern frisches Grün. Petersilie lässt sich gut einfrieren. Liebstöckel, Majoran, Oregano, Thymian, Salbei und Rosmarin werden am besten getrocknet und aromasicher aufbewahrt. Das am häufigsten verwendete Genoveser Basilikum verliert leider beim Trocknen viel von seinem Aroma. Hier empfiehlt es sich, eine andere Verarbeitung (Pesto, eingelegt in Öl etc.) oder einmal eine andere Sorte – etwa das griechische Strauchbasilikum – zu verwenden. Das Aroma ist etwas intensiver und herber als das des Genoveser Basilikums und verliert beim Trocknen nur geringfügig an Intensität.

Die Auswahl der Pflanzen richtet sich nach den eigenen Vorlieben und Kochgewohnheiten. Das Spektrum der Pflanzen, die zum Kochen und Würzen verwendet werden, erweitert sich meist schnell, wenn man erst einmal begonnen hat, Kräuter in der Küche einzusetzen und damit zu experimentieren. Für den Anfang empfehlen wir in unseren Breiten auf jeden Fall Schnittlauch, Petersilie, Liebstöckel, Majoran, Oregano, Basilikum, Thymian, Salbei und Rosmarin. Diese Mischung an Kräutern ist überschaubar und lässt sich in der Küche für die gängigsten und einfachsten Gerichte sehr gut einsetzen. Natürlich können auch raffinierte Speisen damit verfeinert werden.

Wer über diese „Startermischung" hinaus experimentieren will, könnte als Nächstes Estragon, Lavendel (als Gewürz!), Bohnenkraut und Bergbohnenkraut, Ysop und Schnittknoblauch sowie Winterheckezwiebeln versuchen. Damit steigt die Variationsmöglichkeit schon beachtlich.

Teekräuter

Nun können natürlich auch zahlreiche aromatische Pflanzen, die sich gut für Teemischungen und die Herstellung von Kräutersirup oder zum Verfeinern von Süßspeisen und Marmeladen eignen, gepflanzt werden. Der Platzbedarf steigt und in manchen Fällen wird eine sinnvolle Gestaltung zur Vergrößerung der Anbaufläche nötig (Möglichkeiten dazu siehe im Kapitel „Gestaltung"). Der

Teekräuter brauchen Platz!

Teekräutergarten kann in den Küchenkräutergarten integriert werden oder als eigener Bereich gestaltet sein. Die unmittelbare Nähe zum Haus spielt hier unserer Erfahrung nach keine so große Rolle; Teekräuter werden nicht bei Regen und selten mehrmals täglich geerntet. Man kann also ruhig ein paar Meter weitergehen. Das soll allerdings nicht bedeuten, dass sie im hintersten Winkel gepflanzt werden, wo sie womöglich vergessen werden und dadurch die optimale Erntezeit verpasst wird. Sobald etwa Melisse voll aufgeblüht ist, verliert sie sehr viel Aroma und eignet sich nicht mehr zur Zubereitung von Tee oder Sirup. Man sollte seine Pflanzen also im Auge behalten. Viele Teekräuter

erreichen beachtliche Wuchshöhen (Melissen, Minzen, Agastachen, Monarda, Malven) und manche bilden wunderschöne Blüten aus. Es bietet sich an, eine Teekräuter-Blütenstauden-Rabatte anzulegen. Dadurch werden, bei wenig Platz, gleich zwei Fliegen mit einer Klappe geschlagen: die Schnittblumen sind in den Teekräutergarten integriert und manche Teekräuter können als Schnittblumen verwendet werden. In jedem Fall ist der kombinierte Teekräuter-Staudengarten ein absoluter Blickfang. Bei der Ernte muss darauf

Bunte Mischung: Malvenblüten, Ringelblumenblüten, Goldmelissenblüten, Zitronenverbene-Blätter

geachtet werden, dass keine Blütenstauden im Erntegut landen! Die meisten Küchengewürzkräuter eignen sich natürlich auch als Teekräuter (Salbei, Thymian, Rosmarin, Basilikum, …). Zu den „Klassikern" unter den Teekräutern, die etwas mehr Platz in Anspruch nehmen, gehören Zitronenmelisse, Pfefferminze, Apfelminze, Grüne Minze sowie Kamille.

Kräuterapotheke

Alle Heilkräuter, auch die bereits erwähnten, wirken auf den menschlichen Organismus: Viele Küchengewürze regen den Magen-Darmtrakt an, sei es verdauungsfördernd, blähungswidrig, galleanregend, durchfallhemmend u. a. m. Teekräuter können beruhigend oder anregend wirken, auswurffördernd und hustenreizlindernd, entzündungshemmend u. v. m. Oft werden die bereits erwähnten Kräuter hauptsächlich aufgrund ihrer aromatischen Eigenschaften verwendet, und der gesundheitliche Aspekt steht im Hintergrund. Die Kräuter schmecken ganz einfach so gut – ob als Tee oder Gewürz –, dass man sie gerne verwendet und nicht nur deshalb, weil sie gesund sind. Dabei hat man immer wieder unterschiedliche Vorlieben: einmal würzt man lieber mit Thymian, dann mit Salbei oder man trinkt besonders gerne Melissentee und dann wieder mal Minze, weil einfach ein Verlangen danach besteht. Vielleicht schmeckt intuitiv das, was gerade gebraucht wird, am besten; einfach, weil es gut tut. Es gibt aber auch Kräuter, die nicht zu den bekannten Gewürz- oder Teekräutern zählen und die dadurch auch seltener in Hausgärten zu finden sind – es sei denn, jemand beschäftigt sich etwas intensiver mit den Pflanzen und möchte sozusagen seine Hausapotheke um eine Gartenapotheke erweitern. Dort werden

Kräuterverarbeitung am Probsthof: Massageöl, Hustensirup, Erkältungstee, Kräuterbad, Blütenessenz: Wer sich Zeit für Kräuter nimmt, kann wirksame Hausmittel für den Eigenbedarf selbst herstellen (im Bild Valentin und Claudia Holzer).

beispielsweise Andorn, Wermut, Frauenmantel, Schafgarbe, Königskerze, Alant, Eibisch, Marienblatt, Tausendgüldenkraut, Spitzwegerich oder Käsepappel zu finden sein. Alant und Eibisch waren früher in Bauerngärten häufig vorhanden. Beides sind mehrjährige Stauden, die eine stattliche Höhe erreichen (bis zu 2 m, je nach Bodenverhältnissen) und durch ihre schöne Wuchsform und Blüte auffallen. Geerntet werden Blüten, Blätter und vor allem auch die Wurzeln. Als Tee angesetzt, werden sie hauptsächlich bei Erkältungskrankheiten verwendet.

Die meisten der oben angeführten Heilpflanzen sind bei uns heimisch und können an Wegrändern, auf Ödland und Wiesen gesammelt werden. Wichtig bei Wildsammlungen ist allerdings, sich über eine mögliche Schadstoffbelastung der Pflanzen durch Straßenverkehr, Spritzmittel und Dünger zu informieren. Eine eigene Kräuterapotheke im Garten bietet den Vorteil, überschaubar und kontrollierbar zu sein. Durch geschickte Gestaltung findet auf kleinem Raum eine Vielzahl an Heilpflanzen Platz, die seit Generationen für Bäder, Auflagen, Wickel, Teemischungen, Tinkturen (Ansatzschnäpse), Kräuterbitter, Kräuteröle, Salben, Kräuterliköre und Sirupe verwendet werden. Die Beschäftigung damit ist mit Sicherheit lohnend – auch wenn sie bei ernsthaften Erkrankungen den Arztbesuch nicht ersetzt.

Wie bei allen Heilmitteln gilt es auch bei der therapeutischen Verwendung von Heilkräutern auf die Dosierung zu achten: allzu viel ist ungesund! Wer auf seinen Körper hört, wird aber schon aus eigenem Antrieb und Gusto davon absehen, über einen Monat hinweg beispielsweise täglich einen halben Liter Pfefferminztee zu trinken. Erfahrungen und Verarbeitungstipps aus unserer Kräuter-Hausapotheke finden Sie ab Seite 174.

Der Kräutergarten liefert wertvolle Rohstoffe für die Hausapotheke.

Färbergarten

Die fast vergessene Kunst des Färbens mit Pflanzenfarbstoffen befindet sich derzeit wieder in einem leichten Aufschwung. Noch im 19. Jahrhundert wurden in Europa die Farbstoffe von über 30 verschiedenen Färberpflanzen verwendet – viele Arten stammten jedoch aus Importen. In großem Maßstab wurden im deutschsprachigen Raum vorwiegend Krapp (Rot), Färberwau (Gelb) und Färberwaid (Blau) angebaut. Mit der Entwicklung synthetischer Farbstoffe auf Mineralölbasis verlor die Textilfärberei mit Pflanzenfarben fast vollständig an Bedeutung. Lediglich als Lebensmittelfarbstoffe, für kosmetische Zwecke, zum Färben von pharmazeutischen Produkten, Papier und als Farbpigmente in der darstellenden Kunst wurden und werden sie noch verwendet. Wer mit einer Pflanze einen möglichst einfachen Färbeversuch starten möchte, dem sei die Färberkamille empfohlen: es handelt sich hier um eine sehr blühfreudige und anspruchslose Pflanze, die auf kargen und trockenen Standorten sehr gut zurecht kommt (nicht düngen!) und sich einfach über Samen vermehren lässt. Mit den getrockneten Blütenköpfen der Färberkamille lassen sich bei Naturtextilien sehr schöne, warme Gelbtöne erzielen; natürlich können auch die Ostereier oder selbst hergestellte Balsame und Cremes wunderschön eingefärbt werden.

Färberkamille in voller Blüte. Zum Eierfärben lässt man etwa 20 g getrocknete Blüten in einem Liter Wasser eine halbe Stunde lang aufkochen und gibt dann die rohen Eier dazu; das ergibt ein schönes leuchtendes Gelb.

Pflanzen für den Färbergarten sind:

- Gelb: Färberkamille *(Anthemis tinctoria)*, Färberwau *(Reseda luteola)*, Kanadische Goldrute *(Solidago canadensis)*, Wiesenflockenblume *(Centaurea jacea)*, Rainfarn *(Crysanthemum vulgare)*, und Tagetes *(Tagetes erecta)*
- Rot: Färberkrapp *(Rubia tinctorum)*
- Blau: Färberwaid *(Isatis tinctoria)*

Kommerzieller Nutzen

Vermarktung von Kräutern und Kräuterprodukten

Für bäuerliche Betriebe können der Anbau und die Vermarktung von Kräutern als Tee und Gewürzmischung, Veredelung bäuerlicher Erzeugnisse mit Kräutern (Käse, Essig, Marmeladen, Ansatzschnäpse, Kräuterliköre, Kräuterwein u. v. m.) und nicht zuletzt die Weitergabe des Wissens rund um den Umgang und die Verwendung von Heilpflanzen („Schule am Bauernhof") zu einer lohnenden landwirtschaftlichen Alternative werden.

Nationale Gesetze (Österreich) und Verordnungen zur Vermarktung von Kräuterprodukten können unter www.ris.bka.gv.at abgefragt werden.

Rechtliche Grundlagen: In der derzeit gültigen Urprodukteverordnung (BGBl. II Nr. 410/2008) werden Tee- und Gewürzkräuter (auch getrocknet) der landwirtschaftlichen Urproduktion zugeordnet. Auch „Ausgangsprodukte für Medizin, Kosmetik, Farben und dergleichen" fallen in die bäuerliche Urproduktion. Dies bedeutet, dass die Vermarktung von Tee- und Gewürzkräutern im Rahmen der

Landwirtschaft möglich ist. Festgehalten wird jedoch, dass es sich bei den oben angeführten Produkten nicht um Arzneimittel bzw. Produkte handeln darf, für die besondere Vertriebswege (Apotheken, Drogerien etc.) vorgeschrieben sind. Übersetzt bedeutet dieses „Amtsdeutsch", dass beispielsweise keine gesundheits- bzw. krankheitsbezogenen Angaben auf Tee-Etiketten gemacht werden dürfen, da dies den Apotheken (Pharmazeuten und Ärzten) vorbehalten bleibt. Sehr wohl dürfen dem Tee aber zusätzlich zur Sachbezeichnung Fantasienamen gegeben werden: Melissentee „Langschläfer" etwa ist erlaubt. In der Landwirtschaftskammer Österreich können Musteretiketten, die durch die AGES (Österreichische Agentur für Gesundheit und Ernährungssicherheit) begutachtet wurden, als Vorlage angefordert werden. Verarbeitungsräume müssen den Vorgaben des Lebensmittelgesetzes entsprechen. Worauf bei der Teeproduktion geachtet werden muss und welche Pflanzen bzw. Pflanzenteile verwendet werden dürfen, ist im Österreichischen Lebensmittelbuch (IV. Auflage), Codeskapitel B 31, Tee und teeähnliche Erzeugnisse, geregelt.

HAUSTEE
VOM PROBSTHOF

MELISSE, ZITRONEN-VERBENE, SCHAF-GARBE UND RINGEL-BLUMENBLÜTEN

Ein Lebensmittel aus der **Holzer Permaculture**

Beispiel für ein Kräutertee-Etikett

Kosmetische Produkte und die Herstellung von Naturkosmetik (Seifen, Körperöle und Massageöle, Tinkturen, Creme etc.) unterliegen der Kosmetikverordnung, BGBl. II Nr. 375/1999 idgF. Wer an die Vermarktung von kosmetischen Produkten denkt, sollte sich mit der Wirtschaftskammer in Verbindung setzen, da es sich hier um ein reglementiertes Gewerbe (gem. § 124 Z. 4 GewO) handelt. Der Zugang zu diesem Gewerbe ist durch die Zugangsvoraussetzungsverordnung (BGBl. Teil II Nr. 42/2003) geregelt.

Wenn Absatzverträge mit Großabnehmern aus Pharmazie, Kosmetikindustrie oder Lebensmittelhandel bestehen, werden die vereinbarten Kulturen feldmäßig angebaut und intensiver genutzt als im privaten Bereich. Pfefferminze wird beispielsweise bis zu dreimal jährlich geschnitten und zur Erhöhung des Ertrages an Blattmasse auch gedüngt. Spezialmaschinen zur Kräuterernte sind sehr teuer, daher werden häufig vorhandene landwirtschaftliche Geräte umgebaut und zur Bewirtschaftung der Kräuterkulturen genutzt.

Auf der Webseite eur-lex.europa.eu findet man Richtlinien, die innerhalb der EU gültig sind.

Bevor man in die Vermarktung von Kräuterprodukten einsteigt, sollte man sich mit den entsprechenden gesetzlichen Vorgaben vertraut machen.

Landschaftsgestaltende Maßnahmen kommen für den feldmäßigen Anbau vor allem dann infrage, wenn in einem Gelände gearbeitet wird, das aufgrund seiner Ausformung nicht für Feldkulturen geeignet ist; beispielsweise in unwegsamem Gelände, auf Hängen und in Senken. Hier kann mithilfe von Terrassierungen die bearbeitbare Fläche erhöht und die Erreichbarkeit der Flächen verbessert werden. Auch der Einsatz von Maschinen wird durch Terrassenkultur erleichtert bzw. überhaupt erst möglich. Von großer Bedeutung und von Vorteil im Anbau ist das Stoppen der Oberflächenerosion durch Witterung – d. h., die Ausspülung und den Abtrag von Humus durch Regen, Wind und Schneeschmelze. Humusaufbau wird durch Terrassenwirtschaft begünstigt. Durch eine durchdachte Ausrichtung der Terrassen (Anpassung des Gefälles, also der Terrassenneigung) kann Niederschlagswasser (vor allem bei Starkniederschlägen) gelenkt und eine Vernässung der Anlage verhindert werden, was vor allem beim Anbau mediterraner Kräuter von Bedeutung ist.

Therapie- und Erholungsgarten für Seminare, Therapiezentren, Schaugärten etc.

Alle Aspekte des Hauskräutergartens kommen auch hier zum Tragen, je nachdem, welche Seminare angeboten werden und ob eine Verköstigung der Teilnehmer geplant ist. Zusätzlich sollte in einem solchen Kräutergarten in der Planung auch Folgendes berücksichtigt werden:

Einfacher Kräutertisch am Probsthof, innen mit Erde gefüllt und bepflanzt. So wird der Lavendel zum ausdauernden Tischschmuck.

Sitzmöglichkeiten und Tische im Kräutergarten für Gruppen- oder Einzelarbeit, Beratung und therapeutische Zwecke: diese Aufenthaltsplätze sollten Schutz vor Witterungseinflüssen bieten (Sonnen-, Wind- und Regenschutz). Daraus ergibt sich auch ein Sichtschutz, der von Vorteil ist. Zusätzlich zu den Sitzmöglichkeiten im Freien ist es günstig, teilweise überdachte Bereiche einzurichten, damit Seminare wetterunabhängig abgehalten werden können, ohne zwangsläufig in einen geschlossenen Seminarraum ausweichen zu müssen. Solche Unterstände können sehr gut mit Pergolen kombiniert werden. Die Wahl der Gartenmöbel bleibt dem persönlichen Geschmack überlassen. Allerdings möchten wir auch hier zu Kreativität anregen: Europaweit erobern die einheitlichen Gartenmöbel großer Einrichtungshäuser und Baumärkte die Gärten und ersticken jede Individualität. Wer sich einfach und günstig individuelle Gartenmöbel zulegen möchte, kann diese auch selber bauen oder „alte" Möbel, Gebrauchsgegenstände und Ähnliches restaurieren und umbauen. Kitsch oder Kunst ist hier nur eine Frage des Geschmacks. Auch mit einfachen Holzstämmen oder Steinen lässt sich einiges anstellen.

Rundwege: Das Durchwandern der Anlage sollte durch Rundwege ermöglicht werden, keinesfalls Sackgassen einplanen! Die Wege/Steige sollten in geschwungener Form angelegt sein; wir vermeiden es, lange gerade Fluchten zu schaffen. Die Rundwege werden natürlichen Formen und Strukturen nachempfunden. Sie verbessern nicht nur das Kleinklima der Flächen (keine Windkanäle, höhere Bodenwärme), sondern lassen kleine Anlagen größer wirken. Hinter jeder Kurve kann etwas Neues entdeckt werden; die Wanderung durch den Garten bleibt immer spannend. Abkürzungen und andere Routen werden durch sich treffende Rundwege oder flache Böschungen ermöglicht. Wer von einer Wegkreuzung die gesamte Anlage überblicken kann, hat keinen Grund mehr, alles zu durchwandern. An reizvollen Punkten planen wir kleine Sitzgelegenheit ein. Es kann dies ein großer Stein oder ein Holzstamm sein. Auch künstlerische Gestaltungen – am besten aus Naturmaterialien (Stein, Ton, Holz) – können sehr gut in den Garten integriert werden.

Versammlungsorte: Für Gruppenarbeit, Körperarbeit und anderes mehr ist es sinnvoll, eine freie Fläche (als Wiese oder Duftrasen gestaltet) vorzusehen. Für diesen Platz sollte ebenfalls Witterungsschutz in Form von Schattenbäumen oder eventuell auch einer kreativ gestalteten Pergola vorgesehen werden.

Wasser: Gerade im Seminar-Kräutergarten ist es sinnvoll, an verschiedenen Stellen Trinkwasser zur Verfügung zu haben. Die Wasserversorgung (Wasserleitungen, evtl. Quellenfassung) sollte daher in die Planung einbezogen werden, ebenso wie alle bestehenden Leitungen oder Drainagen, die über das Grundstück verlaufen. Besonders positiv auf Mikroklima, Pflanzenwachstum und Tierwelt wirken sich offene Wasserflächen aus: sei es ein kleines Biotop, ein Teich, ein offener Wasserlauf oder gar ein Bach, der in die Anlage integriert werden kann. Tipps für einen sinnvollen und nachhaltigen Umgang mit Wasser und die Gestaltung von Biotopen ohne Verwendung von Teichfolie sind im Kapitel „Wasser" zu finden.

Kräutergärten sind Oasen für Tier und Mensch.

Öffentlicher Nutzen

Viele öffentliche Einrichtungen, wie etwa Krankenhäuser, Rehab-Zentren, Seniorenheime und Wohnhäuser bzw. Werkstätten für Menschen mit Behinderung, verfügen über angeschlossene Grünflächen, die oft nur als Parkanlage bzw. Spielplatz verwendet werden. Hier würde es sich besonders anbieten, Teile dieser Flächen als Kräutergarten zu nutzen. Die Vorteile liegen auf der Hand: Der Kräutergarten als duftende und blühende Oase hat an sich schon therapeutische Funktion.

Zusätzlich können die Kräuter in den Großküchen dieser Einrichtungen eingesetzt werden und den oftmals geschmacksleeren Diäten neue Würze geben. Die milde Wirkung von appetitanregenden und verdauungsfördernden Kräutern würden sicherlich viele Patienten zu schätzen wissen. Bei länger andauernden Behandlungen und in Wohneinrichtungen könnten die Patienten/Bewohner dazu angeregt werden, bei der Ernte und Pflege der Kulturen mitzuwirken und beispielsweise eigene Teemischungen herzustellen. Diese Beschäftigung im Freien ist zugleich mit einem direkten Sinn verbunden, bringt frische Luft und Bewegung mit sich und schafft Abwechslung. Beim Hantieren mit Heilpflanzen, die ätherische Öle enthalten, entsteht unweigerlich ein regelrechtes Feuerwerk an Düften; die Sinne werden angeregt. Gerade in solchen Einrichtungen ist die Gestaltung der Kräuteranlage von Bedeutung. Die Kräuter müssen leicht erreichbar sein, möglichst auch vom Rollstuhl aus gepflegt und geerntet werden können; hier bieten sich Hochbeete und Terrassenkultur an.

Das Arbeiten und Hantieren mit Kräutern – eine Art „praktischer Phytotherapie" – kann therapeutische Funktion haben.

Ein weiterer Schwerpunkt sollte auf die Gestaltung der Grünflächen von Kindergärten, Schulen und Universitäten gelegt werden. Auch hier sind vorwiegend Park- und Rasenflächen bzw. Spielplätze anzufinden. Gerade in der Entwicklung vom Kleinkind zum Erwachsenen sollte dem Kontakt zur Natur und der Erfahrung von Natur als lebensbringende, nahrhafte und heilende Umwelt ein hoher Stellenwert eingeräumt werden. Dem Spielraum der Kleinen muss dadurch kein Platz abhandenkommen; im Gegenteil: Zäune und Randflächen können genutzt, ungenutzte Böschungen bepflanzt werden. Durch das Aufwachsen mit der Natur und das Leben mit den natürlichen Kreisläufen können Kinder ihre eigenen Erfahrungen sammeln, die durch kein Kinderbuch und keinen Zeichentrickfilm ersetzbar sind.

Anica bei der Ribisel-Ernte in der Mischkultur am Probsthof

Exkurs (Claudia Holzer): Der Kindergarten

Der Höhepunkt eines jeden Frühsommertages ist, wenn die Kinder – jedes mit einer Schüssel in der Hand – auf „Los" durch den Garten laufen und die Erdbeerbeete durchsuchen. Ich habe die Beete an den Böschungen meines Terrassengartens so angelegt, dass sie leicht vom Weg aus beerntet werden können. Quer über die Terrassen verteilt, finden sich zwischen Kräutern, Blumen, Obstbäumen und Wildobst immer wieder kleine Erdbeerbeete. So haben die Kinder bei ihrem Erntelauf immer viel Spaß, und ich kann mich in der Zwischenzeit um das Gemüse auf den Terrassen kümmern. Neben einem der Erdbeerbeete befindet sich unsere Kräuterspirale. Für Valentin (3 Jahre alt) gehört es zum täglichen Ablauf, jedesmal auf den großen Stein am Gipfel der Spirale zu klettern, wenn wir beim Erdbeerpflücken sind. Im Frühling, wenn der Salbei blüht, schwirrt es dort vor

Bienen. Erstaunlicherweise hat ihn bei seinen Klettereien aber noch nie eine gestochen. Trotz der vielen Bienen, Wespen und Hummeln, die durch die Kräuter, Obst und Beerensträucher angezogen werden, ist er erst einmal von einer Biene gestochen worden. Die Kinder haben zwar den nötigen Respekt vor den Insekten, aber keine Panik – sie wissen, wie sie sich verhalten müssen, um nicht gestochen zu werden. Wenn die Erdbeeren weniger werden, fangen die Himbeeren an zu tragen. Die Kinder beobachten die Himbeersträucher von der Sandkiste aus und weisen mich täglich darauf hin, dass sie nun schon fast reif sind. Wenn es endlich soweit ist, drehen wir dann eine tägliche Himbeerrunde durch den Terrassengarten. Dazwischen gibt es noch rote und schwarze Ribisel, Jostabeeren, Brombeeren, Apfelbeeren und Gartenheidelbeeren.

Valentin erklimmt den Stein am Gipfel der Kräuterspirale.

Ich freue mich schon darauf, wenn die Kiwi, Kaki und Feigen, die ich voriges Jahr gepflanzt habe, Früchte zu tragen beginnen – so haben wir vom Frühling bis zum Herbst immer neue Früchte zu ernten. Anica (5 Jahre) freut sich jedes Jahr besonders auf die Traubenernte – es sind Isabella-Trauben (Direktträger), aus denen ich Marmelade mache, verfeinert mit Zitronenverbene und Ringelblumenblüten. Trotz zahlreicher anderer, selbst gemachter Marmeladen (Marillenmarmelade, Ringlotten- oder Zwetschkenmarmelade), isst Anica seit 2 Jahren morgens täglich ausschließlich ihr Traubenmarmeladebrot. Ein absolutes Muss ist der Rundgang durch den Garten, bevor wir zur Omi fahren. Die Kinder wollen unbedingt einen Blumenstrauß mitbringen – jeder einen eigenen natürlich. Also bekommt jeder eine kleine Kinderschere (ich nehme meine allgegenwärtige Gartenschere), und dann werden Blumen gepflückt. Meistens sind hauptsächlich Kräuter dabei: wunderschön ist im Juli und August der Rote Sonnenhut *(Echinacea)* als Mittelpunkt des Straußes, dazu Ringelblumen, Tagetes, Malven, Salbeiblüten, Muskatellersalbei (mit sehr intensivem Aroma) und die Indianernessel (und andere Monarda-Arten) – sehr schön und lange haltbar sind auch die weißen und rosa Blüten der Schafgarbe. Färberkamille ist so gut wie immer dabei, weil sie vom Frühling bis zum Herbst ständig neu blüht und eine hervorragende Schnittblume ist. Die weißgrauen Zweige des Currykrauts ergeben einen guten Kontrast, auch Salbeilaub schaut im Strauß wunderschön aus. Damit der Strauß noch besser duftet und weil bei den vielen Farben auch noch etwas Grünes dazu gehört, gebe ich meistens noch etwas Zitronenmelisse, Pfefferminze oder Grüne Minze dazu. Die Minzen schauen übrigens auch in der Blüte im Strauß wunderschön aus! Im Herbst helfen mir die Kinder beim „Äpfelklauben" und dürfen dafür zur Apfelpresse mitfahren. Im Winter genießen wir dann jede einzelne Flasche unseres eigenen Apfelsaftes. Lustig ist auch das Nüsse sammeln im Herbst (Walnüsse). Die Kinder spielen Eichhörnchen und legen sich einen Vorrat an (den ich dann immer wieder an verschiedenen Stellen im Haus finde …). Auch in Anicas Kaufmannsladen gibt's meistens Nüsse zu kaufen.

Ein schöner Garten spricht alle an!

Gerade wenn im eigenen Haushalt kein Garten vorhanden ist, kommen der Grünfläche des Kindergartens und der Schule wichtige Aufgaben zu. Hier sind Eigeninitiative und Engagement von Kinderbetreuer/innen, Lehrer/innen, Schulleitung und Eltern gefragt. So sind schon in zahlreichen Bildungs- und Betreuungsstätten unserer Kinder zumindest Kräuterspiralen entstanden. Wie schön wäre es, würden nun auch die Heckenpflanzungen durch Wildobst und Beerensträucher erweitert oder Böschungen mit Kräutern bepflanzt. Dabei halten wir es für besonders wichtig, die Kinder in die Planung einzubeziehen und vor allem auch bei der Umsetzung mithelfen zu lassen! Kräuter einzupflanzen ist eine einfache Angelegenheit, die Kinder mit Begeisterung ausführen. Der Bezug zu den Pflanzen ist ein anderer, wenn sie selbst eingesetzt bzw. ausgesät werden. Man kann beobachten, ob die Pflanzen gut anwachsen, die Samen aufgehen, wie sie sich im Laufe des Jahres entwickeln, wie sie den Winter überstehen und dann im Frühling wieder neu austreiben. Die Kindergartenjause kann um würzige Kräuteraufstriche bereichert werden. Kräuteranlagen können ohne weiteres auch so gestaltet werden, dass zwischen den Pflanzen geklettert und geturnt werden kann. Getrocknete Blütenköpfe und Samenstände können im Kindergarten gut für Bastelarbeiten und Gestaltungen eingesetzt werden, das silberne Laub des Currykrauts macht sich im Winter auch sehr gut zwischen Tannenzweigen und Efeu im Adventskranz. Wie lustig kann die Teekräuterernte im Kindergarten sein, wenn alles durch das Abstreifen der Minzeblätter intensiv duftet. Die Kinder könnten Teeverpackungen bemalen und einen eigenen Kindergartentee mischen. Der könnte dann im Winter im Rahmen des Laternenfestes serviert werden. Die Möglichkeiten ließen sich immer weiter führen, und was das Schöne ist: Je mehr begonnen und ausprobiert wird, desto mehr Ideen und Inspiration gibt es.

In Schulen kommt natürlich noch ein weiterer Aspekt hinzu: das Lernen im Rahmen des Biologie-Unterrichtes. Abgesehen von den zuvor erwähnten Punkten erfüllt der Kräutergarten auch hier die Rolle des Lehrgartens. Der Lehrgarten kann nahezu bei jedem Thema eingebaut werden: Ökologie (Ökosystem Boden, Wasser, Erklärung der Stoffkreisläufe, …), Botanik (Systematik, Biodiversität, Morphologie, Pflanzenphysiologie – unterschiedliche Anpassung von Pflanzen an trockene/feuchte/salzige Standorte, …), Zoologie (Beobachtung der Lebewesen im Kräutergarten (Bodentiere, Spinnen, Insekten, Vögel, Kleinsäuger – zusätzlicher Bau eines „Nützlingshotels", Totholz/Reisighaufen, Nistplätze, Vogelfutterplätze) und die menschliche Anatomie und Physiologie (Sinneswahrnehmung!) können durch Exkursionen und Unterricht in der Natur erarbeitet und erlebt werden. Auch die Zeichenklasse könnte sich auf der Suche nach geeigneten Motiven in den Garten zurückziehen. Wichtig ist uns, dass es keine räumliche Trennung zwischen Kräutergarten, Lehrgarten und Pausenhof gibt! Die Anlage sollte diese drei Elemente in sich vereinen und oft und gerne besucht und verwendet werden. Falls es ein Schulbuffet gibt, könnten die Betreiber dazu ermuntert werden, ebenfalls frische Kräuter (zumindest die Vitamin C-Lieferanten Petersilie und Schnittlauch) zu verwenden – vielleicht sogar selbst ein Beet

---

Viele Kindergärten verfügen über etwas Grünfläche – dort könnten neben den Spielgeräten ohne Weiteres auch einige Kräuter Platz finden!

Gerade in Schulen sollte dem Garten als Ort für praktisches Lehren und Lernen ein größerer Stellenwert eingeräumt werden!

im Kräutergarten zu gestalten. Bald schon hat jede Schule ihre eigene Schultee-
mischung … welch schöne Vorstellung! Welche Möglichkeiten ein Kräutergarten für Universitäten bietet, ist nun sicher gut vorstellbar. Abgesehen von den
botanischen Gärten, die meist an Botanik-Institute angeschlossen sind, könnten
Kräuteranlagen den gesamten Uni-Campus bereichern und verschönern sowie
interdisziplinär genutzt werden.

Ökologischer Wert

Aus den Ausführungen der vorigen Nutzungen lässt sich schon erahnen, dass
eine Kräuteranlage von hohem ökologischen Wert ist. Durch intensive und
lange Blütezeiten vom Frühling bis in den Herbst hinein werden zahlreiche Blü-
tenbesucher angelockt. Besonders auffällig ist das verstärkte Auftreten von
zahlreichen Schmetterlingsarten, Bienen, Wildbienen, Hummeln, Zikaden und
Spinnenarten. Viele Vertreter dieser Tiergruppen sind
aufgrund ihrer Seltenheit bereits auf der Roten Liste
gefährdeter Tierarten verzeichnet. Begründet ist diese
Entwicklung vor allem durch den Verlust an Lebensräumen (d. h. Nist- und Nahrungsraum) und die veränderte
Landnutzung in den letzten Jahrzehnten. Dazu zählen
beispielsweise ein- bis zweischürige Mähwiesen (extensiv genutzt, nur mäßig gedüngt), Kleinstrukturen wie
etwa Hecken, vielstufig aufgebaute Wälder und Wald-
ränder, hochstaudenreiche Graben- und Gewässerrän-
der, blütenreiche Feldraine und Totholzstrukturen. Häufig
ist auch ein räumlicher Verbund mehrerer so genannter
Teillebensräume von Bedeutung: Nistplatz, Nahrungsraum, Materialentnahmestellen für den Nestbau – all
das sollte in räumlicher Nähe vorzufinden sein, um vielen
Wildbienen und Hummelarten das Überleben zu sichern.
Kräuteranlagen begünstigen die Entwicklung und Ernährung zahlreicher Bodentiere, Insekten und Spinnen. Je
größer die Vielfalt an Lebewesen, desto stabiler das Ökosystem. Jeder Organismus ist Teil des Systems, Teil der
Nahrungskette – erst wenn eine Art sich massenhaft zu
vermehren beginnt, weil das Wechselspiel der Arten aufgrund fehlender Vielfalt aus dem Gleichgewicht geraten
ist, wird vielen die Bedeutung des Artenschutzes
bewusst. Artenschutz bedeutet Biotopschutz bzw. die
Schaffung von Lebensraum.

*Borretschblüten sind
dekorativ, essbar und
eine gute Bienenweide.*

    Die Bedeutung der Bienen als Bestäuber und der Wert einer Kräuteranlage
als hervorragende Bienenweide ist allen Obstbauern und Imkern bewusst. Viele
Heil- und Gewürzkräuter gehören zu den Lippenblütlern und sind daher beson-

Kräutergärten sind ein
idealer Lebensraum für
unzählige Tierarten.

ders gute Nektar- und Pollenquellen. Besonders beliebt sind Salbei, Muskatellersalbei, Ysop, Zitronenthymian und Bergbohnenkraut, die Wollbienen-Arten *(Anthidium)*, Wespenbienen *(Nomada)* und Hummeln *(Bombus)* anlocken. Sehr auffällig sind die großen schwarzblau schillernden Holzbienen *(Xylocopa violacea)*, die verstärkt den Muskatellersalbei als Pollenquelle aufsuchen.

Dramatisch ist die Situation vieler Schmetterlingsarten, die eine hohe Spezialisierung auf bestimmte Futterpflanzen im Raupenstadium aufweisen und aufgrund des Verlustes eben dieser Pflanzen schon fast ausgerottet sind. Außer reichen Beständen der Futterpflanzen für die Raupen benötigen die Falter auch ein ergiebiges Angebot an blühenden Pflanzen für ihre Eigenversorgung mit Nektar. Kräuteranlagen erfüllen beides. Im Folgenden einige Beispiele von gefährdeten Faltern, die in ihrer Entwicklung auf bestimmte Heilpflanzen angewiesen sind:

- Nachtkerzenschwärmer *(Proserpinus proserpina)*
  Rote Liste (Vorwarnstufe)
  Futterpflanze: Schmalblättriges Weidenröschen, Nachtkerze
- Thymianwidderchen *(Zygaena purpuralis)*
  Rote Liste (Gefährdungsgrad 2 – stark gefährdet!)
  Die Raupe lebt ausschließlich an Feldthymian *(Thymus serpyllum)* und anderen Thymianarten.
- Taubenschwänzchen *(Macroglossum stellatarum)*
  Rote Liste (Vorwarnstufe)
  Futterpflanze: gemeines und echtes Labkraut
- Labkrautschwärmer *(Hyles gallii)*
  Rote Liste (Gefährdungsgrad 3 – gefährdet)
  Futterpflanze: echtes Labkraut, schmalblättriges Weidenröschen
- Malvendickkopf *(Carcharodes alceae)*
  Rote Liste (Gefährdungsgrad 3 – gefährdet)
  Futterpflanze: Raupen nur an Malvengewächsen; z. B. Wegmalve *(Malva neglecta)* und Moschusmalve *(M. moschata)*.
- Roter Würfeldickkopf *(Spialia sertorius)*
  Rote Liste (Vorwarnstufe)
  Raupe bisher nur sicher auf Kleinem Wiesenknopf *(Sanguisorba minor)* nachgewiesen.
- Roter Apollo *(Parnassius apollo)*
  Rote Liste (Gefährdungsgrad 1 – vom Aussterben bedroht!).
  Raupen fast ausschließlich am Weißen Mauerpfeffer *(Sedum album)*, selten auch an anderen Sedum-Arten.
- Schwalbenschwanz *(Papilio machaon)*
  Rote Liste (Vorwarnstufe)
  Raupen auf Doldengewächsen (Kleine Bibernelle, Echter Fenchel, Pastinak, Wilder Möhre) und auf Weinraute.

- Graublauer Bläuling *(Pseudophilotes baton)*
  Rote Liste (Gefährdungsgrad 2 – stark gefährdet!)
  Raupen an Feldthymian und anderen Thymianarten, gelegentlich auch an
  weiteren Lippenblütlern.
- Fetthennenbläuling *(Scolitantides orion)*
  Rote Liste (Gefährdungsgrad 1 – vom Aussterben bedroht!)
  Raupen an der Großen Fetthenne *(Sedum maximum)*, gelegentlich auch an
  anderen Sedum-Arten.
- Lungenenzian-Ameisenbläuling *(Maculinea alcon)*
  Rote Liste (Gefährdungsgrad 2 – stark gefährdet)
  Raupe ausschließlich an Lungenenzian *(Gentiana pneumonanthe)* im
  Alpenvorland und in den Alpen auch am Schwalbenwurzenzian *(Gentiana
  asclepiadea)*. Kommt auf Feuchtwiesen, Feuchtheiden und Quellmooren
  vor.

Ohne den Schutz des Lebens-
und Nahrungsraumes kann
Artenschutz nicht
funktionieren!

Um bewusst und gezielt unterschiedlichste, artenreiche und vielfältige Lebensräume im eigenen Garten schaffen zu können, möchten wir im Folgenden einen
kurzen Einblick in die Konzepterstellung und Planung solcher naturnahen Gartenanlagen geben, bevor wir im Detail auf die Ausführung und letztlich die Bepflanzung eingehen.

*Links: Die Blaue Holzbiene (Xylocopa violacea)
ist häufig auf Muskatellersalbeiblüten zu finden.
Unten: Das Große Ochsenauge (Maniola jurtina)
nimmt auch blühende Pfefferminze gerne als
Nektarquelle an.*

Planen

Einführung

Planung ist ein notwendiger Bestandteil für die Realisierung von unterschiedlichsten Projekten. Leider wird dieser Aspekt im privaten Bereich oft unterschätzt und unterschiedlichste Vorhaben, wie z. B. die Gestaltung des eigenen Gartens, werden mehr oder weniger spontan durchgeführt. Dies hat zur Folge, dass Arbeiten häufig doppelt bzw. unnötig ausgeführt werden. Dadurch werden oft wertvolle Ressourcen, wie Zeit (unersetzbar!) Geld und Materialien, verschwendet. Außerdem hilft eine wohlüberlegte Planung, gute Ideen und Konzepte zu entwickeln, die ohne diesen Planungsprozess gar nicht erst zustande gekommen wären.

Bei einer guten Planung ergibt sich die Notwendigkeit einer Auseinandersetzung mit vielen Aspekten des Projektes vor seiner Realisierung. Wird dies unterlassen, erfolgt gezwungenermaßen eine Konfrontation mit diesen Fragen zu einem späteren Zeitpunkt des Projekts. Wenn ich z. B. spontan eine Kräuterspirale baue und ein Jahr später herausfinde, dass sie um einen Meter an der falschen Stelle steht, weil z. B. genau dort ein Weg oder eine Pergola viel sinnvoller gewesen wären, habe ich ein Problem. Entweder ich versetze die Kräuterspirale um einen Meter (nachdem die Pflanzen alle so gut angewachsen und so viel Arbeit, Mühe und Liebe hineingeflossen sind) oder ich muss mich mit Notlösungen für den Weg oder die Pergola zufriedengeben.

Beispiele für improvisierte Notlösungen gibt es in unserer gestalteten Umwelt zur Genüge. Es scheint sogar, dass dies die Regel ist und gut geplante Projekte sich wie die berühmte Nadel im Heuhaufen verhalten.

Sicherlich kann die spontane Improvisation auch einen gewissen Reiz ausstrahlen, aber diese Beispiele unterliegen fast immer dem Zufallsprinzip und den Augen der Betrachter.

Jeder, der schon einmal mit Gestaltungen (nicht nur im Garten) zu tun hatte, weiß, wie reizvoll es ist, nach einer scheinbar guten Idee sofort den „Spaten zu schärfen" oder gar den Baggerfahrer aus der Nachbarschaft zu aktivieren.

Wir möchten durch dieses Kapitel keineswegs den Enthusiasmus oder die Spontaneität einschränken, sondern den Wert einer guten Planung aufzeigen. Planung und Spontaneität müssen aus unserer Erfahrung keine Gegensätze sein, sondern sollten sich idealerweise gegenseitig inspirieren.

Der Grund für das Fehlen einer guten Planung resultiert oft aus dem Unwissen über den Planungsprozess, was mit einer gewissen Hemmung zum Thema Planung generell zusammenhängt.

Dieses Kapitel soll den Planungsprozess – der ja oft nur „Experten" vorbehalten scheint – zugänglich machen und Wissen sowie „Werkzeuge" vermitteln, so dass die eigenen Gestaltungsideen sinnvoll und effektiv realisiert werden können.

Wie viele andere gute Dinge braucht auch die Planung Zeit, die aber unbedingt notwendig ist, um das jeweilige Projekt mit minimalem Aufwand und maximalem Effekt realisieren zu können.

> Jeder Mensch kann planen. Es bedarf jedoch eines Mindestmaßes an bewusster Auseinandersetzung mit der Materie.

Das Konzept/Die Idee

„Faulheit ist auch eine gewisse Art der Intelligenz."

Ohne eine gute Idee oder ein schlüssiges Konzept ist eine Planung nicht viel mehr als eine Fleißaufgabe. Fragen wie *„Was möchte ich (wirklich)?"* und *„Warum möchte ich das?"* sollten durch das Konzept und die Idee lesbar werden.

Hier beginnt ein kreativer Prozess, für den es keine festen Regeln oder „Kochrezepte" gibt. Wir gehen davon aus, dass jeder Mensch „kreativ" ist bzw. sein kann, manche Menschen einen leichteren Zugang zu ihrer Kreativität finden als andere. Wichtig ist, sich *„den Kopf frei zu machen"* und eigene Muster zu durchbrechen, um den Ideen freien Lauf zu lassen.

> Lassen Sie Ihrer Kreativität und Ihren Ideen freien Lauf!

Wenn für das eigene Grundstück geplant werden soll, so ist dies ein sehr großer Vorteil. Man hat die Möglichkeit, das Grundstück gut kennen zu lernen und Inspiration auf direkte und unmittelbare Art zu finden.

Ungewöhnliche Dinge zu tun, die Muster und Denkweisen im eigenen Kopf durchbrechen, sind von immenser Wichtigkeit, um diesen schöpferischen Prozess in Gang zu bringen. Man könnte sich bewusst in einer Art und Weise mit dem Grundstück auseinandersetzen, die das Alltägliche gezielt durchbricht: sich z. B. eine längere Zeit dort im strömenden Regen aufhalten und das Verhalten des Wassers beobachten (oder Regenwürmer zählen) oder eine sternenklare Nacht im Schlafsack auf der Wiese verbringen und sich bewusst auf alle Geräusche und das Himmelszelt konzentrieren … Den verschiedenen Möglichkeiten sind bis auf die eigene Fantasie keine Grenzen gesetzt. Wichtig in erster Linie ist, genau diejenigen Dinge zu tun, die normalerweise nicht getan werden.

Oft ist das Umdenken, das Abbauen eigener fixer Vorstellungen, notwendig, um an Probleme frisch heranzugehen. Das ist auf schon bekannten Flächen, wie bei dem eigenen Haus oder Garten, oft viel schwieriger als bei fremden Berei-

> Nur Sie selbst setzen Ihrer Fantasie Grenzen!

Um gewohnte Denkweisen zu durchbrechen und Kreativität anzuregen, ist es hilfreich, manchmal einfach ungewöhnliche Dinge zu tun.

chen. Festgehalten werden kann jedenfalls Folgendes: Das „Um-Denken" ist immer schwieriger als das „Neu-Denken".

Wenn man ein gutes Gespür für das Grundstück oder den Planungsgegenstand gewonnen hat, ist es nun ganz wichtig – ein Fehler, der in diesem Stadium sehr häufig gemacht wird –, sich nicht im Detail zu verlieren. Oft werden die Keimlinge guter Ideen vorzeitig durch den Wildwuchs irrelevanter Sorgen und Probleme erstickt.

Insbesondere sind finanzielle Überlegungen in dieser Phase der Tod jeder guten Idee – egal ob viel oder wenig monetäre Mittel vorhanden sind. Technisches und Kommerzielles, auch was die Nachbarn denken könnten, gehören zu Überlegungen in späteren Phasen des Planungsprozesses. Eine scheinbar „perfekte" und kostenintensive Gestaltung kann das Fehlen eines guten Konzeptes nie mehr wettmachen, wogegen eine gute Idee auch mit sehr geringen finanziellen und technischen Mitteln immer eine gute Idee bleibt.

In dieser Phase der Planung geht es darum, Visionen zu schaffen. „Abspecken" und Reduzieren sind in späteren Zeitabschnitten der Planung und Realisierung immer noch möglich. In diesem Stadium der Konzeption ist es noch vollkommen unwichtig, welche Kräuter, Bäume, Sträucher, Wasserleitungen, Zäune, Beleuchtungen, Sitzgruppen, Elektroinstallationen, Gartenhütten etc. wo und wie irgendwann platziert werden. Auch ist es noch absolut irrelevant, in welchem Neigungswinkel und Durchmesser die Kräuterspirale angelegt werden soll, ob mit oder ohne Feuchtzone …

Hier geht es um Wesentliches, mehr um Fragen wie folgende:

Versuchen Sie die richtigen Fragen zu stellen, wenn Sie Ihre Bedürfnisse herausfinden wollen!

- Welche Atmosphäre möchte ich erzeugen? (üppig, streng, hell, dunkel, höhlenartig, lebenslustig, verspielt …)
- Wie will ich meine Fläche nutzen? (entspannend, ausgleichend, produktiv, kommerziell, intensiv, extensiv, nachhaltig, flexibel, herausfordernd, meditativ …)
- Was macht mir Spaß, was gibt mir Lebensfreude?
- Kann ich mir vorstellen, in zehn Jahren auch noch mit dem gleichen Elan an das Projekt heranzutreten?
- Warum will ich ein solches Projekt überhaupt?

Fragen über Fragen! Fragen, die niemand außer Ihnen selbst beantworten kann. Was aber, wenn die Inspiration trotzdem ausbleibt? Zurück zum Start? Nein!

Wir müssen das Rad nicht neu erfinden! Informieren Sie sich über diverse relevante Medien über Ihr Thema (Internet, Bücher, Filme, Fachmagazine etc. …). Es gibt sehr viel auf dieser Welt. Besuchen Sie eventuell auch entsprechende Vorträge und Seminare. Schauen Sie sich Beispiele in Ihrer Umgebung an, machen Sie Spaziergänge, Radtouren, Reisen und vor allem: Halten Sie die Augen offen!

Man kann sehr viel von anderen Menschen lernen, auch von deren Fehlern. Treten Sie in Kontakt mit Leuten, die ähnliche Wünsche, Vorstellungen und Herausforderungen wie Sie haben und tauschen Sie sich aus.

Sie werden merken, was Sie anspricht und was nicht. Konzentrieren Sie sich auf die Projekte, die Sie inspirieren und studieren Sie diese. Vertrauen Sie Ihrer Intuition und Gefühl. Sie brauchen sich z. B. kein allumfassendes Wissen über Gestaltung oder Gartenbau anzueignen. Fangen Sie klein an, und zwar immer nur mit denjenigen Dingen, die Ihr „Herz höherschlagen lassen". So bleibt Ihre Energie frisch und der Enthusiasmus erhalten.

Vielleicht hilft es Ihnen, Ihre Gedanken und Vorstellungen ganz ungefiltert aufzuschreiben oder gar unvoreingenommen zu skizzieren?

Langsam, aber sicher werden sich eine Idee und ein Konzept herauskristallisieren. Lassen Sie sich Zeit, entspannen Sie sich!

Möglicherweise erreichen Sie aber auch einen Zustand, in dem Sie nun so viele Ideen und Vorstellungen haben, dass Sie eher noch verwirrter als zu Beginn der Konzeption sind. Das ist nicht schlimm! Versuchen Sie, aus all Ihren Gedanken einen Satz zu bilden, der nicht mehr als zehn Worte hat und der Ihrer Meinung nach alles Wesentliche beinhaltet. Wenn Sie das nicht sofort schaffen, haben Sie noch kein Konzept und müssen noch weiter an der Konzepterstellung arbeiten. Diese Technik ist ein sehr schwieriges, aber dennoch sehr effektives Werkzeug zur Konzepterstellung.

> Schauen Sie sich bewusst in Ihrer Umgebung um und analysieren Sie, was Ihnen warum gefällt.

> Gute Ideen und Konzepte brauchen Zeit.

Bestandsaufnahme

Unabhängig vom Prozess der Ideenfindung und Konzepterstellung muss für eine spätere Planung der Bestand dokumentiert werden. Hierfür gibt es verschiedene Möglichkeiten: Auf der einen Seite kann oft auf schon bestehende Bestandspläne zurückgegriffen werden. Manchmal sind diese sogar im eigenen Besitz (z. B. Baupläne für das Haus/Grundstück, das man bewohnt). Ansonsten kann man bei der jeweiligen Gemeinde oder dem Vermessungsamt nachfragen. Heutzutage gibt es auch schon gute digitale Unterlagen, die über das Internet abrufbar sind (z. B. GIS oder Google Maps/Earth).

Meistens jedoch sind die vorhandenen Unterlagen leider fehlerhaft, nicht aktuell oder lückenhaft bzw. eine Mischung aus all diesen Aspekten. Deswegen führt in der Regel meistens kein Weg daran vorbei, den zu planenden Bereich selber noch einmal zu vermessen und die vorhandenen Informationen zu aktualisieren und zu ergänzen.

> Bestandsunterlagen sind für die Planung wichtig.

Wir empfehlen, insbesondere bei kleinen überschaubaren Bereichen, diese Arbeit selber vorzunehmen. Maßbänder bis 50 m sind relativ günstig in den meisten Baumärkten zu bekommen. Unter „Eigenregie" besteht auch die Möglichkeit, relevante Informationen in den Bestandsplan einfließen zu lassen, die bei einer konventionellen „Expertenplanung" nicht aufscheinen. Die konventionellen Vermessungspläne sind sehr technisch und dokumentieren im besten Fall leider nur so genannte „objektive" (messbare) Parameter. Wenn ich selber einen Bestandsplan erstelle, kann ich auch andere wichtige Beobachtungen und Erfahrungen dokumentieren: Wo z. B. der Sonnenaufgang am schönsten ist, welche Stelle am Gelände mir wichtig oder unwichtig ist, wo die Frösche am lautesten quaken, wo sich die meisten Insekten aufhalten, wo die Blumen besonders lange und üppig blühen, wo ich am liebsten im Liegestuhl sitzen würde, um mich zu entspannen, wo die Aussicht sehr reizvoll ist, etc.

> Dokumentieren Sie bei der Bestandsaufnahme nicht nur technische Details, sondern auch ganz persönliche Eindrücke.

Außerdem ist es gut und wichtig, bestehende Pflanzen, wie Bäume und Sträucher, mit im Bestandsplan zu dokumentieren. Bei vielen Vermessungsbüros fängt eine Pflanze leider erst bei ca. 30 cm Stammdurchmesser an; alles, was kleiner ist, wird oft ignoriert.

Weiterhin sind die Thematiken der Elemente, wie Wasser, Sonne (bzw. Schatten) und Wind, natürlich so genau wie möglich zu dokumentieren, da diese für eine Garten- oder Landschaftsplanung von immenser Wichtigkeit sind.

Auch sollten, sofern erkennbar, bestehende infrastrukturelle Leitungsführungen (Strom, Wasser, Abwasser, Fernwärme, Telefon, Gas etc.) im Bestandsplan dokumentiert sein. Wenn bei der späteren Ausführung Baumaschinen zum Einsatz kommen, wissen die Maschinisten vorher, welche Bereiche besonders vorsichtig behandelt werden müssen. Bei fehlenden Angaben dieser Elemente kann es leider nicht nur zu finanziellen, sondern auch zu körperlichen Schäden (bei dem Verletzen einer Starkstromleitung zum Beispiel) kommen, was unter allen Umständen vermieden werden muss. Leider kann man sich nicht immer hundertprozentig auf die eingelegten Warnbänder verlassen.

Schwieriger wird die Bestandsaufnahme der vertikalen Ebene, der topografischen Beschaffenheit des Geländes. Für diese Aufgabe gibt es technisch hoch entwickelte Geräte (Nivelliergeräte), die sehr teuer in der Anschaffung und für Laien schwer zu bedienen sind. Wenn keine so hohe Genauigkeit gefragt ist (+/– 10 cm) und das Gebiet (bis ca. 1000 m²) nicht zu groß ist, können die wichtigsten Geländekonturen auch mit einer „Schlauchwasserwaage", einer Wasserwaage und einem Zollstock vermessen werden. Die „Schlauchwasserwaage" ist günstig in jedem Baumarkt erhältlich. Sie besteht aus einem mit Wasser gefüllten Gartenschlauch, der durchsichtige Zylinder auf beiden Enden

Annina und Gea Kalkhof bei Vermessungsarbeiten mit Nivelliergerät und Messlatte am Reindlhof

besitzt. Wird der Schlauch auseinandergezogen und einer der Zylinder vertikal bewegt, bis der Wasserstand dem des anderen Zylinders gleicht, so weiß man, dass die Zylinder sich in der gleichen Höhe befinden. Durch die Messung des Wasserstandes der jeweiligen Zylinder senkrecht bis zur Erdoberfläche ergibt sich der Niveauunterschied der beiden Vermessungspunkte. Dazu braucht man aber mindestens zwei Personen.

Als modernere und kostengünstige Alternative bieten sich auch so genannte „Gefällsmesser" an, die beispielsweise über den Forstbedarf zu beziehen sind. Die Genauigkeit ist hier natürlich auch nicht so hoch wie bei professionellen Nivelliergeräten.

> Nichtsdestoweniger, wer immer auch einen Bestandsplan erstellt, ob ein professionelles Vermessungsbüro oder man selbst – das Vorhandensein eines guten Bestandsplanes ist als Grundlage für die weitere Planung unabdingbar.

Vervollständigen Sie die Unterlagen, die Sie brauchen, auch über Dritte. Sie brauchen nicht alles selber zeichnen!

Bevor wir uns mit der Aufgabe beschäftigen, wie Pläne eigentlich gezeichnet werden, erscheint es an dieser Stelle sinnvoll, im Folgenden einige Begriffe und Konventionen dieser Disziplin kurz zu erläutern.

Maßstab

Pläne sind meistens eine Repräsentation von verschiedensten Bereichen der Umwelt, natürlich oder künstlich, real oder fiktiv. Sie können einerseits zum Beispiel nicht sichtbare Sternenformationen im Weltraum abbilden, andererseits aber auch den inneren Bauplan eines Computerchips. Durch ihre Eigenschaft, unterschiedlichste Größenverhältnisse darstellen zu können, ermöglichen sie uns auch Dinge, die außerhalb unserer Sinneswahrnehmung liegen, mental zu erfassen.

Hier wird der Begriff des „Maßstabes" wichtig. Der „Maßstab" (Darstellung 1:X) drückt das Größenverhältnis zwischen der Repräsentation (Darstellung 1:) und der „Natur" (Darstellung :X) aus. „X" kann eine beliebige Zahl sein.

Mit anderen Worten: Ich besitze zum Beispiel einen Garten, dessen Grenzen ein Rechteck von 10 m x 20 m ausmachen. Nun habe ich einen DIN A4-Zettel (ca. 20 cm x 30 cm), auf dem ich die Grenzen des Gartens abbilden möchte. Damit die Grenzen des Gartens auf das Papier passen, muss ich ihn kleiner zeichnen, als er in Wirklichkeit ist. Wenn ich den Garten auf meinem Stück Papier nun als ein Rechteck mit 10 cm x 20 cm abbilde, habe ich ihn im Maßstab 1:100 gezeichnet.

Maßstäbe helfen, eine gute Übersicht für das zu planende Objekt zu erhalten.

Meine Zeichnung beträgt 10 cm x 20 cm (Darstellung 1:), das Naturmaß beträgt 10 m x 20 m (= 1000 cm x 2000 cm > Darstellung :X).

Das Verhältnis zwischen Plandarstellung und „Natur" entspricht (10 cm x 20 cm) : (1000 cm x 2000 cm) = 1:100.

Das bedeutet nichts anderes als: 1 m (100 cm) in der Natur entspricht 1 cm auf dem Papier.

Nachfolgend sind einige Beispiele von „fixen Maßstäben" und deren häufige Verwendung angeführt:

M 1:50.000	1 cm auf dem Plan sind 50.000 cm (500 m) in der Natur (DIN A4: ca. 10 km x 15 km): Wanderkarten, Stadtpläne, Fahrradkarten etc.
M 1:5.000	1 cm auf dem Plan sind 5.000 cm (50 m) in der Natur (DIN A4: ca. 1 km x 1,5 km): Dorfkarten, große Landwirtschaften, Stadtteilpläne etc.
M 1:1.000	1 cm auf dem Plan sind 1.000 cm (10 m) in der Natur. (DIN A4: ca. 200 m x 300 m): mittlere Landwirtschaften, Landschaftsgestaltungen, Parkanlagen, Lagepläne Einfamilienhäuser/Siedlungen etc.
M 1:500	1 cm auf dem Plan sind 500 cm (5 m) in der Natur (DIN A4: ca. 100 m x 150 m): sehr gängiger Maßstab für Außengestaltungspläne, kleine Landwirtschaften, große Grundstücke etc.
M 1:200	1 cm auf dem Plan sind 200 cm (2 m) in der Natur (DIN A4: ca. 40 m x 60 m): Grundrisse von Gebäuden, mittelgroße Gärten, detaillierte Darstellung von Konzepten möglich, Bestandspläne etc.
M 1:100	1 cm auf dem Plan sind 100 cm (1 m) in der Natur (DIN A4: ca. 20 m x 30 m): detaillierte Darstellung für mittlere und kleine Gärten, Grundrisse mit Einrichtung und Materialien, behördliche Genehmigungspläne etc.
M 1:50	1 cm auf dem Plan sind 50 cm (0,5 m) in der Natur (DIN A4: ca. 10 m x 15 m): Bepflanzungspläne für Gartengestaltung, Baupläne, Einrichtungspläne, Werkpläne für ausführende Firmen, Darstellung von Installationen möglich etc.
M 1:20	1 cm auf dem Plan sind 20 cm (0,2 m) in der Natur (DIN A4: ca. 4 m x 6 m): detaillierte Einrichtung von Gartenhütten/Räumen, detaillierte Bepflanzungspläne für Kräuterspiralen und einzelne Beeten, Verlegemuster von Steinplatten für Wege etc.
M 1:5	1 cm auf dem Plan sind 5 cm (0,05 m) in der Natur (DIN A4: ca. 1 m x 1,5 m): Detailpläne für Anschlussdetails bei Möbeln, Gartenhütten, Befestigungen etc.

Achtung: Bei Umrechnungen immer in derselben Maßeinheit bleiben!

Bei der Umrechnung bitte immer die gleiche Einheit für Natur- und Planmaß verwenden! Die Einheit ist frei wählbar: alles in mm, cm, dm oder km etc. Für den Gebrauch im „normalen" Haus- und Gartenbereich ist die Umrechnung in cm natürlich am sinnvollsten, da ich die Pläne dann mit einem normalen Zentimetermaß ausmessen kann.

Falls das jetzt vielleicht etwas kompliziert wirken sollte, nehmen Sie sich bitte einen DIN A4-Zettel, zeichnen Sie dann das 10 cm x 20 cm Rechteck und beschriften die Kantenlängen mit 10 m (1000 cm) und 20 m (2000 cm). Messen Sie dann noch einmal mit Ihrem Lineal nach.

Dieses Beispiel hat einen sehr gängigen Maßstab benutzt, bei dem die Umrechnung sehr einfach ist (man muss nur 2 Nullen des Naturmaßes wegstreichen: 1 m in der Natur entspricht 1 cm auf dem Papier). Es gibt theoretisch unendlich viele Maßstäbe, jedoch reduziert sich die Praxis auf einige sinnvolle, so genannte fixe Maßstäbe. Der Maßstab wird von der planenden Person so gewählt, dass er/sie sinnvoll das darstellen kann, was repräsentiert werden soll.

Natürlich werden bei der Plandarstellung meistens größere Papierformate als DIN A4 (21,0 cm x 29,7 cm) verwendet. Die Wahl des geeigneten Papierformates ist natürlich immer abhängig von der Größe des Planungsgegenstandes und des darzustellenden Maßstabes. Größere gängige Papierformate wie DIN A3 (29,7 cm x 42,0 cm), DIN A2 (42,0 cm x 59,4 cm), DIN A1 (59,4 cm x 84,0 cm) und DIN A0 (84,0 cm x 118,8 cm) sind sehr leicht in vielen Schreibwarenläden oder Papierfachhandel zu bekommen.

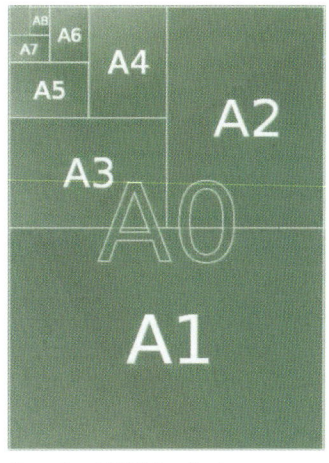

Standard-DIN-Papierformate

2-dimensionale Repräsentationen

In Plandarstellungen werden fast immer 3-dimensionale Bereiche auf einem 2-dimensionalen Medium dargestellt. Diese Tatsache ist eine erschreckende Reduktion der Natur und bedingt, ähnlich wie das Thema Maßstab, extreme Abstraktionen. Wie mit dieser Grundproblematik erfolgreich umgegangen werden kann, werden wir etwas später beim Thema „Darstellung" erörtern.

In diesem Abschnitt werden wir zuerst aber einmal die Konventionen der 2-dimensionalen Darstellung 3-dimensionaler Objekte aufzeigen. Durch die Reduktion 3-dimensionaler Objekte in 2-dimensionale „Grundrisse", „Ansichten" und „Schnitte" ist es in der Planung möglich, das 3-dimensionale Objekt wieder sehr genau in 2 Dimensionen darzustellen.

Pläne stellen 3-dimensionale Objekte in 2 Dimensionen dar.

Grundrisse

Grundrisse stellen ein Objekt aus der so genannten Vogelperspektive ohne Verzerrungen, also mit wahren Längen, dar. Grundrisse sind als „Generator" der Gesamtplanung sehr wichtig. Sie können folgende Aspekte der Planung hervorragend darstellen:

Grundrisse helfen, die einzelnen Gestaltungselemente zu organisieren. Sie sind der „Plangenerator".

- Wie die verschiedenen Elemente der Planung zueinander platziert sind.
- Sie zeigen die Größenverhältnisse der einzelnen Elemente sehr deutlich.
- Sie zeigen die Ausrichtung der einzelnen Elemente zu den Himmelsrichtungen und der Umgebung.
- Sie sind unerlässlich für strategische Wegeplanung, Wasserläufe, Zonierungen etc.

Im Bezug auf die dritte Dimension sind Grundrisse jedoch äußerst limitiert und umständlich zu lesen. Da eine gute (Garten-)Planung auf jeden Fall zumindest auch die dritte Dimension beinhalten muss, stößt der Grundriss hier schnell an seine Grenzen.

*Hotel Der Steirerhof * * * * * in Bad Waltersdorf: Gesamtkonzept Parkgestaltung Grundriss/Lageplan Erstberatung und Konzeptvorschläge Sepp Holzer, Ausführungskonzept: Claudia und Josef Andreas Holzer, planliche Darstellung Jens Kalkhof, 2009*

Höhenkoten und Höhenschichten

Um Angaben über die vertikale Ebene im Grundriss zu machen, gibt es die Konvention der „Höhenkoten" und „Höhenschichtlinien". Diese werden meistens über Zahlen (eine absolute oder relative Höhenmeterangabe über einem fiktiven Referenzpunkt +/− 0,00 m, der sich meistens auf die absolute Höhe eines Meeres bezieht) beschrieben und bedürfen einer Menge Übung und Vorstellungskraft – auch für den versierten „Planleser" –, um sich ein genaues Bild der entsprechenden Situation zu machen.

Höhenkoten sind Zahlen, die Hoch- und Tiefpunkte definieren. Ein Beispiel: Bei einem Gelände, das sich auf + 350,00 m über dem Meeresspiegel befindet, würden die Höhenkoten „+ 400,0 m" und „+ 300,00 m" respektive eine Erhebung und eine Mulde darstellen, die sich jeweils um 50 m vom durchschnittlichen Gelände unterscheiden. Wie das Gefälle oder die Steigung ausschaut, wird von diesen Höhenkoten sehr schlecht ausgedrückt. Es bedarf sehr vieler dieser Höhenkoten, um diesbezüglich genauere Angaben zu machen. Dadurch würde der Grundriss aber fast unlesbar.

Um genauere Angaben über Steigungen und Gefälle im Grundriss machen zu können, behilft man sich mit der Konvention der „Höhenschichtlinien". Diese Linien sind fiktiv und beschreiben jeweils eine absolute Höhe im Gelände. Es gibt dann z. B. eine Höhenschichtenlinie, die der Höhe + 350,00 m über dem Meeresspiegel zugeordnet ist. Dann gibt es noch eine für die Höhe + 300,00 m und 400,00 m. Um das Gefälle des Hügels und der Mulde auszudrücken, brauchen wir noch weitere Höhenlinien, z. B. für alle 10 m, dann gäbe es zusätzlich noch die Linien + 310,00, + 320,00 usw. Diese Linien nun geben uns Informationen über die Steigung. Je enger sie beieinanderliegen, desto steiler ist das Gelände, je weiter voneinander entfernt, desto flacher. Je mehr Höhenlinien wir einführen, desto genauere Angaben erhalten wir über die Geländebeschaffenheit. Sollten Höhenlinien genau übereinanderliegen, so haben wir eine senkrechte „Wand", überkreuzen sie sich sogar, dann gibt es uns Aufschluss darüber, dass es sich hier um einen „Überhang" handelt (z. B. eine Felsnase). Sicher sind Sie mit Höhenschichten auf Wanderkarten vertraut; bei geplanten Wanderungen in einem Gelände mit besonders engen Höhenschichten ist ein gutes und ausgiebiges Frühstück dringend zu empfehlen.

Wie Sie jetzt schon erkennen, ist die vertikale Ebene im Grundriss eher kompliziert und unübersichtlich. Es wäre jedoch wichtig, sollten Sie jemals mit Plänen zu tun haben, sich diese Konventionen, zumindest passiv, anzueignen, weil sie sehr häufig benutzt werden.

Schnitte

Da wir Menschen uns meistens „horizontal" über die Erdoberfläche bewegen, scheinen wir bei der Planung eine besondere Affinität zu „Grundrissen" zu haben. Wir sind jedoch überzeugt, dass Vögel oder Katzen, so sie es könnten, ganz anders an Pläne herangehen würden. Sie würden wahrscheinlich „Schnitte" bevorzugen. Schnitte können auch als „vertikale" Grundrisse beschrieben werden, die auch wahre Längen ohne Verzerrungen darstellen.

Höhenkoten und Höhenschichten geben Information über die vertikale Ebene in Grundrissdarstellungen.

Je mehr Höhenangaben auf den Grundrissen vorhanden sind, desto genauer ist die Angabe über die 3-dimensionale Beschaffenheit des dargestellten Objektes.

Schnittzeichnungen sind sehr räumliche Darstellungen und für eine gute Planung unbedingt notwendig.

Schnitte haben die wunderbare Eigenschaft, sich sehr spannend mit der dritten Dimension auseinandersetzen zu können. Nicht nur im Bereich Gartenbau und nachhaltige Landwirtschaft können Schnitte Elemente darstellen, die im Grundriss verborgen bleiben.

Pflanzen sind dreidimensionale Lebewesen, die unsichtbar in der Erde verwurzelt sind und sich oberhalb der Erdoberfläche gen Himmel strecken. Im Schnitt können beispielsweise die einzelnen Erdschichten, die Wasser führenden Ebenen, die Kontur des Wurzelwerkes und der Baumkronen, die vertikale Strukturierung von Pflanzengemeinschaften, die Auswirkungen von Niederschlag und Sonneneinstrahlung sowie genaue Angaben über Gefälle und Steigungen des Geländes gezeigt werden.

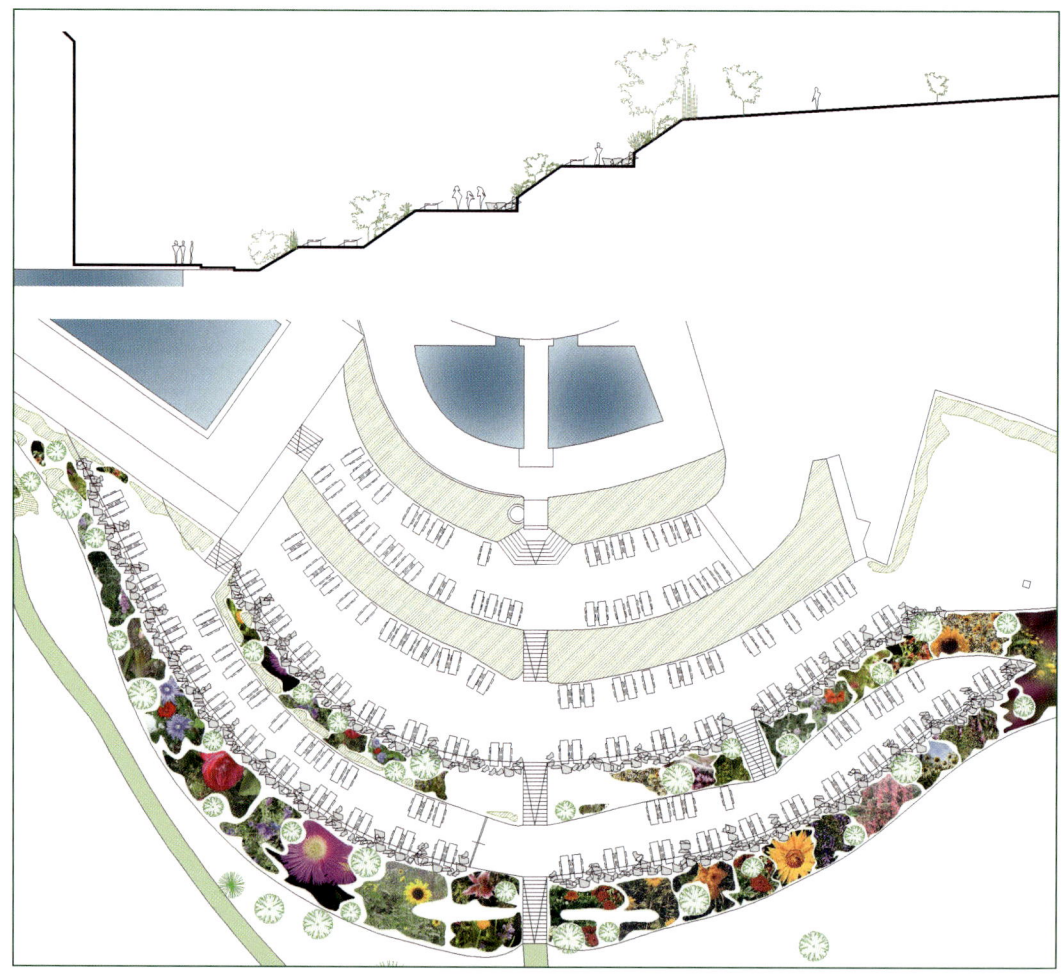

*Hotel Der Steirerhof * * * * * in Bad Waltersdorf: „Sonnendecks" unten, Grundriss/oben Schnitt.*
Familie Holzer, planliche Darstellung Jens Kalkhof, 2009

Schnitte werden über virtuelle Schnittebenen im Grundriss generiert. Wir können einen Grundriss an einer beliebigen Stelle „durchschneiden" und die Schnittebene dann planerisch darstellen, indem wir sie um 90° „aufklappen". Im Grundriss haben wir schnell einmal einen Weg skizziert. Wenn wir dann längs durch diesen Weg schneiden, stellt sich möglicherweise heraus, dass das Gefälle viel zu steil ist und wir entweder Stufen brauchen oder gar den Weg in stärkeren Serpentinen planen müssen.

Bei Schnittzeichnungen können zusätzlich zu der Schnittebene auch die Ansichten der dahinterliegenden Elemente dargestellt werden. Haben wir z. B. einen Schnitt durch einen Kratergarten (ein Gestaltungselement, das, wie z. B. die Kräuterspirale, ohne eine Schnittdarstellung sehr schwierig zu planen ist), so ist es mir möglich, die Kronen der Bepflanzung hinter dem Kratergarten darzustellen. Jetzt können wir die Höhe des Kratergartendammes so setzen, dass uns möglicherweise noch ein Ausblick über diese Pflanzenkronen möglich ist; eine Aufgabe, die im Grundriss fast unmöglich zu bewerkstelligen wäre.

Ansichten

Ansichten sind wohl die am wenigsten aussagekräftigste 2-dimensionale Darstellung eines 3-dimensionalen Gefüges, die unter gewissen Umständen ihre Berechtigung haben können. In Wirklichkeit sind Ansichten verkappte Schnitte, die nicht zwingend die Schnittebene darstellen, sondern nur den Bereich, der dahinterliegt.

*Oben: Ansicht eines halb eingegrabenen, begrünten Seminarhauses in Hanglage, Konzept Jens Kalkhof
Unten: Im Vergleich: Ein Schnitt dieses halb eingegrabenen, begrünten Seminarhauses in Hanglage*

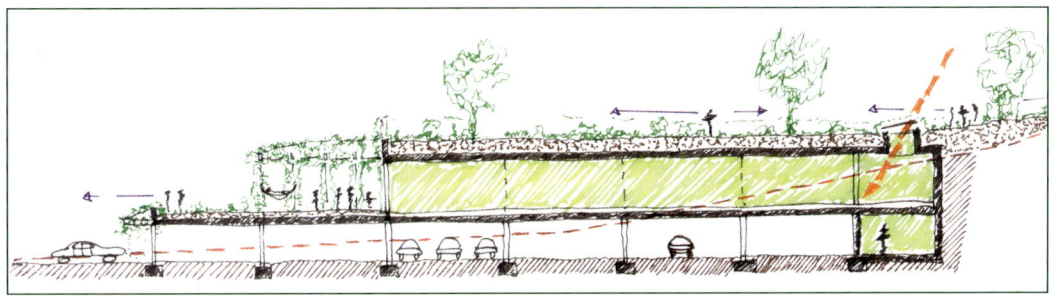

3-dimensionale Repräsentationen

*Digitale Perspektive Einfamilien-
haus (Planung: Jens Kalkhof)*

Perspektiven

Perspektiven sind „Schnappschussdarstel-lungen" wie das Foto von einer Kamera. Sie sind von allen Repräsentationsformen am wenigsten abstrakt. Sie sind sehr sinnvoll, um einen Eindruck von einer gewissen Situation zu bekommen und um anderen Menschen Ideen zu präsentieren, weil man sich bei einer Perspektive meistens nicht mehr viel vorzustellen braucht. Dies ist aber auch genau der Nachteil einer Perspektive.

In unserer Kultur spielen jedoch „das Auge" und Fotos eine sehr wichtige Rolle. Deswegen ist auch die Perspektive ein sehr verbreitetes und effektives Mittel, andere Menschen von einer Planungsidee zu überzeugen. Sie stellen eine Planungsidee leider nur von einem Standort zu einem gewissen Zeitpunkt dar und sind somit extrem reduzierend.

Axonometrien und Isometrien

Dies sind 3-dimensionale Darstellungen von Objekten, die im Gegensatz zu Perspektiven keine Verzerrungen der wahren Längen des jeweiligen Objektes darstellen. Sie sind eher der technischen Planung vorbehalten und für Gartengestaltung bzw. Landschaftsgestaltung meistens uninteressant. Solche 3 D-Plandarstellungen werden häufig bei Montageanleitungen von diversen Möbelselbstbausets benutzt. Sicher hatten Sie schon das Problem, wichtige Komponenten auf der Zeichnung in beispielsweise Schritt 17 zu entdecken, jedoch im beigefügten Plastiksäckchen unter den 500 Einzelteilen nichts Entsprechendes zu finden.

*Hans Wendl (Holzer Permakul-
tur-Praktiker): Abschlussprojekt
Modell Wasserläufe Toskana*

Modelle (physisch)

Diese Repräsentationsform kann als die Königin der Plandarstellung betrachtet werden. Modelle sind sozusagen ein echter 3-dimensionaler Plan. Der Aufwand, Modelle zu bauen, ist zwar entsprechend größer als ein Plan, dafür aber auch aussagekräftiger. Ich würde empfehlen, bei allen Planungen, wenn irgendwie möglich, Arbeitsmodelle anzufertigen.

Modelle (virtuell)

Im Zeitalter der digitalen Technologie werden viele Planungsprojekte als virtuelles Modell im Computer gebaut. Diese Art der Planung hat natürlich immense Vorteile, bedarf aber eines unglaublichen Zeit-, Geld- und Wissensaufwandes. Eine detaillierte Erörterung dieses Bereiches würde den Rahmen dieses Kapitels sprengen.

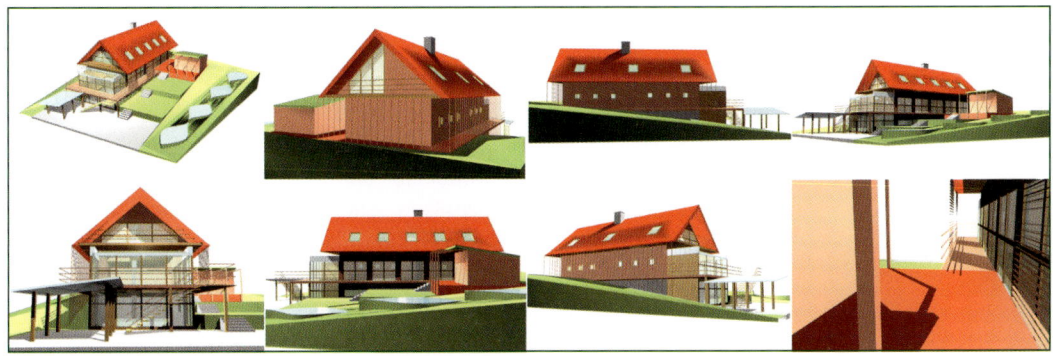

Virtuelle Gebäudesimulation Einfamilienhaus (Jens Kalkhof)

Plandarstellung

Symbole und Legende

Um Darstellungen zu vereinfachen und zu standardisieren, werden oft Symbole bei der Planung verwendet. Es gibt weltweit die unterschiedlichsten Standards und Symbolarten, so dass eine Vertiefung in diesen Bereich für dieses Buch auch nicht viel Sinn ergeben würde. Meistens sind diese Symbole auf den Plänen in Form einer Legende noch einmal erklärt. Wir würden vorschlagen, dass Sie Ihre eigenen Symbole erfinden und entsprechend erklären. Das macht Ihren Plan zu etwas sehr Persönlichem und Besonderem. Es kann außerdem auch großen Spaß machen, eigene Symbole zu erfinden.

In der Legende sind, zusätzlich zu den Symbolen, oft der Verfasser, der Maßstab, der Nordpfeil, das Datum, der Planinhalt und sonstige relevante Daten angeführt. Schauen Sie sich einige Beispiele an oder kreieren Sie einfach Ihre eigene. Legenden müssen nicht eintönig oder technisch aussehen, auch wenn es wenige Beispiele gibt, die das Gegenteil beweisen.

> Experimentieren Sie mit verschiedenen Medien sowie Techniken und erstellen Sie individuelle Pläne.

Lassen Sie Ihrer Fantasie in Bezug auf Medien und Darstellungsarten freien Lauf. Probieren Sie Dinge aus. Suchen Sie sich geeignete Repräsentationsformen, die Ihre Ideen und Ihr Konzept optimal zur Geltung bringen. Auch hier gilt wieder das Prinzip: Mit minimalem Aufwand den maximalen Effekt realisieren …

Planen und Pläne erstellen

Planen und Pläne erstellen sind nicht die gleiche Tätigkeit, auch wenn diese oft so miteinander verwoben sind, dass sie sich gegenseitig beeinflussen. Wir können z. B. „in Gedanken" planen und zeichnen diese Gedanken dann auf – wir erstellen somit einen Plan.

Der Prozess des „Planens" wurde am Anfang dieses Kapitels als ein notwendiges Werkzeug für die Realisierung von Projekten beschrieben. Es ist durchaus möglich, dass dieser Prozess nur im Kopf des Planers stattfindet und niemals auf Papier gebracht wird. Dafür gibt es auch einige Beispiele, unter anderem von bedeutenden Künstlern und Architekten. Über lange Zeiträume der Zivilisation hinweg, im Altertum, Mittelalter und auch in der Neuzeit, sind viele berühmte Gebäude ohne Papierpläne entstanden, sondern durch Architekten bzw. Baumeister vor Ort realisiert worden. Planung und Bau waren ein kontinuierlicher Prozess, der oft über Jahrzehnte gedauert hat. Ein berühmtes Beispiel hierfür ist der spanische Architekt Antoni Gaudi aus Barcelona im 19. Jahrhundert, der uns kaum Zeichnungen hinterlassen hat und dennoch eine höchst beeindruckende und komplexe Baukunst mit der Unterstützung der entsprechenden Handwerker fast ausschließlich auf den Baustellen realisiert hat. Im Gegenzug ist es jedoch nicht möglich, einen sinnvollen Plan zu erstellen, ohne sich eingehend mit den oben erwähnten Punkten auseinanderzusetzen. Wir möchten jedoch niemandem raten, auf die Erstellung von Plänen zu verzichten, da die erwähnten Beispiele mit Sicherheit die Ausnahme darstellen. Sie würden auf ein wichtiges Hilfsmittel im Entstehungsprozess ihres Projektes verzichten. In diesem Teil geht es also darum, wie wir unser Konzept zu Papier bringen. Wichtig dafür ist natürlich das oben genannte Grundwissen über Maßstäbe und Repräsentationsmöglichkeiten.

Nachfolgend wird nun eine der vielen Möglichkeiten aufgezeigt, wie begonnen werden kann, einen Plan zu zeichnen: Als Grundlage des zu zeichnenden Plans dient der Bestandsplan. Dieser kann an den Ecken mit z. B. Maler-Abdeckklebeband auf dem Tisch fixiert werden. Dieses Klebeband hat den Vorteil, dass es sich relativ leicht wieder von dem Papier lösen lässt, ohne dieses zu verletzen. Darüber kann nun ein Stück Transparentpapier gelegt und mit dem Zeichnen begonnen werden. Die Nutzung des Transparentpapiers stellt sicher, dass der Bestandsplan nicht in Mitleidenschaft gezogen wird. Man kann dieses Transparentpapier auch beliebig austauschen bzw. mehrere Lagen davon übereinander legen, um verschiedene Ideen auszuprobieren.

Wie bei der Konzepterstellung ist auch das „Plänezeichnen" ein Prozess. Wichtig ist hier wiederum, sich einen angemessenen Zeitraum zu gönnen, da die ersten Zeichnungen sich im Laufe dieses Prozesses verändern und (hoffentlich) ständig verbessern.

Gehen Sie anfänglich sehr frei mit Ihren Medien um. Halten Sie verschiedene Bleistifte mit unterschiedlichen Härten, Buntstifte, Filzstifte, Fineliner, Wasserfarben etc. parat.

Skizzieren Sie Ihre Gedanken freihändig auf Papier, mit möglichst geringem Gebrauch von Maßstab und Lineal. Wechseln Sie zwischen Grundrissen und Schnitten hin und her. Machen Sie auch ein paar 3-dimensionale Skizzen. Auch diese müssen nicht perfekt sein.

Nach einer Weile lehnen Sie sich zurück und schauen sich Ihre Zeichnungen an. Analysieren Sie diejenigen Teile der Skizzen, die Ihnen gefallen und die, die

Es gibt Beispiele guter Planung – und Planer, die auch ohne Pläne zu zeichnen erfolgreich waren.

Üben Sie die Kommunikation zwischen Ihren Gedanken, Ihrer Hand und Ihrem Medium, um Ihre Ideen erfolgreich darzustellen.

Sie nicht so sehr ansprechen. Stellen Sie sich die Frage: „Warum ist das so?" Vielleicht liegt es an den Linienführungen, vielleicht an der Komposition der verschiedenen grafischen Elemente.

Versuchen Sie, grafische Lösungen zu finden, denen Sie in diesem Stadium vielleicht noch keine bestimmte Bedeutung zuweisen. Wenn die gesamte Plangrafik stimmiger wird, ist es später auch möglich, den bis dahin unbestimmten grafischen Elementen nachträglich eine Bedeutung zuzuweisen. Diese bilden dann meistens auch später in der gebauten Realität eine harmonische Einheit. Dies ist ein sehr interessantes Phänomen, das im Planungsprozess unbedingt berücksichtigt werden sollte.

> Hören Sie niemals damit auf, Ihre Zeichnungen kritisch zu betrachten.

> Bei allen diesen Übungen geht es darum, Worte und Gedanken in das neue Medium Zeichnung zu transformieren. Sie werden ständig mit der Problematik der passenden Darstellung konfrontiert und müssen Ihre Gedanken und Ideen nun anhand einer grafischen Übersetzung neu definieren.

Bei diesem Prozess, sofern man sich richtig auf ihn einlässt, entstehen oft neue und interessante Ideen. Oft passiert es, dass diese Skizzen neue Ideen entstehen lassen bzw. alte Vorstellungen als unwichtig oder sogar falsch entlarven.

Bei Zeichnungen oder Plänen, die eine Präsentation der eigenen Ideen für Dritte sein sollen, ist eine entsprechende Plangrafik natürlich von besonderer Wichtigkeit und Bedeutung. Oft ist die „Verpackung" hier wichtiger als der „Inhalt", auch wenn diese Tatsache von den meisten Planern geleugnet wird. Ein Blick auf die grafischen Tricks bzw. die manipulative Herangehensweise der Werbeindustrie und ihrer Erfolge vermittelt im Zusammenhang mit diesem Bereich sicher mehr Erkenntnis als die meisten „Pläne-zeichnenden-Gewerke".

Es helfen die besten Ideen und Konzepte nicht viel, wenn aufgrund einer schlechten Plangrafik oder Präsentation der Inhalt nicht kommuniziert werden kann. Im Prozess der Planung gibt es das entsprechende Projekt ja nur in der Vorstellung, die durch den Plan sichtbar gemacht wird. Somit kann der Plan selber (und nicht nur seine Repräsentation!) bis zum Beginn der Bauarbeiten als Projekt betrachtet werden. Der physische Plan ist lange Zeit das einzig „greifbare" Element des gesamten Projektes.

Ein sehr schönes, wenn auch extremes Beispiel für diese Thematik ist das Projekt eines Kollegen: Dieser Architekt war unter mehreren Teilnehmern zu einem Ideenwettbewerb für die Gestaltung eines Grundstückes eingeladen worden. Seine Idee war, das Grundstück mit Linien zu bestücken (!); ein augenscheinlich komplett inhalts- und bedeutungsfreies Gestaltungskonzept. Er hat diesen Wettbewerb gewonnen! Es waren natürlich sehr schöne Linien. Diese scheinen bei der Jury so viele positive Eindrücke hinterlassen zu haben, dass er aufgefordert wurde, diesen Auftrag zu realisieren. Obwohl er im Zuge des Wettbewerbs keine Angabe darüber machte, was diese Linien bedeuten sollen (ich glaube, dass es ihm zu diesem Zeitpunkt auch egal war), hat er die Jury mit seiner Grafik überzeugen können, die geeignete Person für dieses Projekt zu sein. Fairerweise muss ich erwähnen, dass sich dieser Kollege – ein sehr humorvoller

> Bis zur Umsetzung eines Projektes ist der Plan das einzig „greifbare" Element des Entwurfes.

Mensch, der seine Kunden (mit einem verschmitzten Lächeln im Gesicht) immer als „Opfer" bezeichnet – bei der Projektrealisierung natürlich auch sehr ernsthaft Gedanken über die Bedeutung seiner Linien machen musste.

Wege und Plätze

Ein leeres Blatt Papier kann oft Furcht einflößend wirken. Die ersten Striche oder Linien haben eine ganz besondere Bedeutung. Jede Person, die schon einmal versucht hat, einen Plan zu zeichnen, kennt diese Problematik. Um diesen Startschwierigkeiten erfolgreich zu begegnen, gibt es viele Möglichkeiten. Eine sehr effektive und wichtige Strategie ist die folgende:

> Versuchen Sie, die Bewegungen, die Sie auf dem Grundstück vornehmen würden, mit einem weichen Bleistift auf dem Transparentpapier über den Bestandsplan zu skizzieren. Setzen Sie den Bleistift nicht ab!

Starten Sie vom Haus und machen Sie Ihre „Morgenrunde" durch den Garten, verbringen Sie den Vormittag im Gemüsebereich und legen Sie sich zwischenzeitlich in die Hängematte. Das Telefon im Haus klingelt! Gehen sie dran! (Egal, ich weiß, Sie besitzen ein Handy, aber Sie haben es im Haus liegen gelassen!) Auf dem Rückweg zum Garten machen Sie sich noch einen Kaffee und genießen diesen in der schönen Vormittagssonne. Bei der Kaffeepause entdecken Sie, dass Obst auf einigen Bäumen bereits dringend zu ernten ist. Sie gehen zum Gartenschuppen und holen sich die entsprechenden Werkzeuge und Kleidung und ernten das reife Obst. Sie haben ein Lagersystem und bringen es dorthin. Entsprechende Kisten und Behälter sind für die Ernte wichtig. Wo stehen diese und wo bringen Sie das Obst dann zwischenzeitlich unter? Kurz vor den letzten Erntegängen hören Sie das dumpfe Donnergrollen eines ungewöhnlichen Herbstgewitters und beobachten, wie sich der Himmel schnell verdunkelt! Hoffentlich kein Hagel! Sie möchten vor dem Regen aber noch das faule Obst und ein paar abgebrochene Äste und heruntergefallene Blätter zum Komposthaufen bringen. Wo ist das entsprechende Werkzeug hierfür, wo befindet sich der Komposthaufen? Während die ersten Tropfen schon fallen, werden Sie mit Ihrer Arbeit fertig und verstauen noch schnell das Gartenwerkzeug und Ihre Arbeitskleidung, um sich dann im Haus vor dem Unwetter in Sicherheit zu bringen … Spinnen Sie diese Geschichte weiter und hüpfen Sie zwischen verschiedenen Situationen, Jahres-, Tag- und Nachtzeiten hin und her …

Überlegen Sie sich Alltagssituationen, die Ihnen bei der Planung helfen, die richtigen Entscheidungen zu fällen.

Schauen Sie sich Ihre nun entstandene Skizze an. Es sollte ein Wirrwarr an geschwungenen Linien sein, die teilweise dichter und teilweise weniger dicht sind. Eine Analyse gibt Ihnen Aufschluss über ein mögliches Wegesystem und potentiell sinnvolle Positionen für die verschiedenen fixen Gestaltungselemente und größeren Pflanzen auf Ihrem Grundstück. Wenn die Linien dichter sind und sich häufig kreuzen, zeigt dies an, dass Sie sich sehr oft in diesen Bereichen aufhalten. In den anderen Bereichen erhalten Sie aufgrund der grafisch geringeren Dichte entsprechende Informationen über die geringere Besuchsfrequenz. Wo

Analysieren Sie Ihre Skizzen!

keine Linien sind, gibt es mögliche Bereiche für „Wildniskulturen", die äußerst selten oder nie betreten werden. In den Bereich der ganz dichten Linien gehören diejenigen Gestaltungselemente, die relativ viel Pflege und Aufmerksamkeit bedürfen, da diese Bereiche ja häufig frequentiert werden.

Somit können über ein potenzielles Wegesystem auch diverse Garten- bzw. Landschaftsgestaltungselemente sinnvoll platziert werden. Die Arten, Anzahl und Größen dieser Gestaltungselemente sind natürlich abhängig von dem Grundkonzept, das für dieses Projekt vorher entwickelt worden ist. Alle diesbezüglichen Entscheidungen sollten immer durch das Grundkonzept generiert werden.

Wege und Plätze sind ein ganz zentraler Bestandteil der Planung. Auch in der Ausführung wird zuerst das Wegenetz geschaffen. In der Planung gibt es Hierarchien. Bei der oben angeführten Übung haben Sie sicherlich gemerkt, dass allzu lange und komplizierte Wegführungen für Bereiche, die sehr häufig genutzt werden, sehr umständlich sind, und auf Dauer das Grundstück sehr mühselig zu bewirtschaften sein wird. Sie werden auch festgestellt haben, dass es Wege gibt, die wichtiger sind als andere. Diejenigen Wege, die für das Projekt von zentraler Bedeutung sind, werden in ihrer Ausführung auch anders behandelt als solche, die nur selten genutzt werden. Gewisse Wege sollten bei jeder Witterung bequem begehbar sein, ohne dass man bei einem leichten Regen schon im Matsch versinkt. Das bedeutet, dass diese entsprechend befestigt sein sollten; ob dies mit Schotter, Natursteinen oder Pflasterung geschieht, sollte von der jeweiligen Nutzung und den Anforderungen des Projekts abhängig gemacht werden; wohingegen Wege, die ganz selten benutzt werden, gar nicht als solche erkennbar sein müssen. Diese könnten z. B. als Teil einer Grünfläche verstärkt von Bewuchs freigehalten werden, indem sie als Rasenfläche öfter gemäht werden als die angrenzenden Bereiche.

Wege und Plätze sollten im Planungsprozess relativ nahe am Anfang stehen.

    Auch spielt die Breite der Wege eine Rolle. Die Breite sollte der Nutzung angepasst werden. Ein Weg, der mit dem Traktor befahren werden soll, sieht natürlich anders aus als ein Weg, der ausschließlich zu Fuß begangen wird. Wege sollten nie breiter sein als notwendig, da kein Platz von den Kultur- und Naturflächen verschwendet werden darf. Idealerweise können natürlich Wege geplant werden, die gleichzeitig auch Anbauflächen für einjährige Pflanzen darstellen. Die Terrassierung eines Hanges kann als mäanderförmige Wegeführung konzipiert werden, so dass die verschiedensten Terrassen wahlweise entweder als Anbaufläche oder Weg zu nutzen sind. Diese Wege können dann natürlich breiter sein, falls die Topografie das zulässt, weil sie eine flexible Mehrfachnutzung aufweisen.

Überlegen Sie sich immer eine potenzielle Mehrfachnutzung von bestimmten Bereichen.

Bei der Planung ist unbedingt darauf zu achten, dass einerseits ein sehr ökonomisches Wegesystem, das bedeutet kurze Wege zwischen häufig frequentierten Bereichen, und andererseits ein ästhetisch ansprechender Entwurf geschaffen werden.

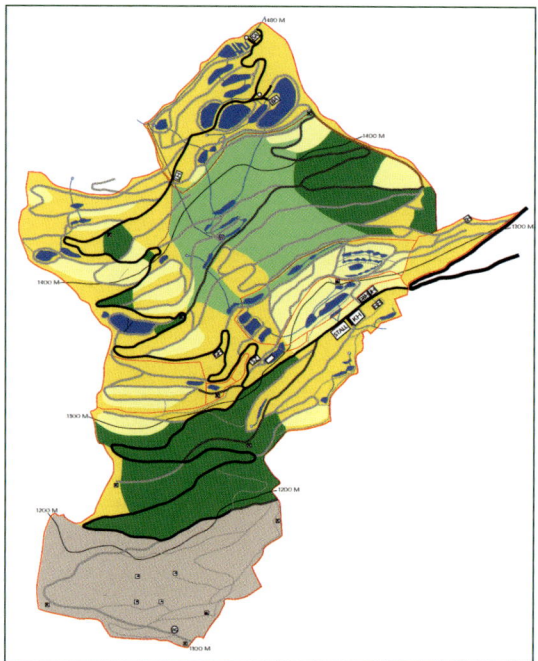

Lageplan des Krameterhofes, gezeichnet von Stefan Rotter

Wie uns möglicherweise aus unseren ersten Geometrieunterrichtsstunden der Schulzeit noch erinnerlich ist, stellt die Linie die kürzeste Verbindung zwischen zwei Punkten dar. Ein gerader Weg mag zwar die theoretisch kürzeste Verbindung sein, ist aber für Landschafts- und Gartengestaltung selten sinnvoll. Wie viele gerade Linien gibt es bei Ihrer oben erstellten Handskizze? In der Natur bzw. bei der Bewegung von Menschen und Tieren kommen selten gerade Linien zustande. Natürliche Trampelpfade von Wildtieren sind meistens geschwungen, passen sich den Geländekonturen an und geben Zeugnis von den komplexen Verhaltensmustern dieser Tiere.

Für eine naturnahe Gestaltung eignet sich die Betrachtung von Linienführungen, die aus der Natur selber kommen. Dreidimensionale, höchst komplexe „Wegesysteme" von z. B. Adern- oder Nervenbahnen – die ja auch aus einer strengen natürlichen Ökonomie stammen – kommen ihrer oben erstellten Handskizze sicher näher als das rechteckige Stadtplannetz von Manhattan. Da es sich bei den zu planenden Wegen und Plätzen eher um ein System als um einzelne, unabhängig voneinander strukturierte Wege handelt, ist es wichtig, Sackgassen zu vermeiden und stattdessen Rundwege zu bauen.

Auch ist die Planung von Kreuzungspunkten bzw. Abzweigungen und Abkürzungen von immenser Wichtigkeit. Diese sollten immer so geplant werden dass ein ungestörter Bewegungsfluss, auch mit Schubkarre, gewährleistet ist. Rechte und eckige Winkel sind störend und sollten deswegen vermieden werden.

Die Wegeführung sollte so entworfen werden, dass der Garten durchwandert und erlebt werden kann. Durch die geschwungenen, mäanderförmigen Wege ist es nicht mit einem Blick möglich, den gesamten Garten auf einmal zu erfassen. Strategisch gut platzierte Pflanzen und Gestaltungselemente sollten Neugier wecken und Ansporn für eine „Entdeckungsreise" sein. „Was befindet sich hinter der nächsten Wegbiegung?" oder „Wie sieht der Bereich hinter dieser Strauchgruppe aus?" sollten Fragen sein, die der allfällige Gast sich stellt.

Durch den netzartigen Charakter des Wegesystems entstehen verschiedene Bereiche in den einzelnen Inseln zwischen den Wegen. Es ist wichtig, dass die Wege nicht als Trennung dieser Bereiche konzipiert werden, sondern dass diese Bereiche außerhalb der Wege in verschiedene Zonen übergehen. Diese Nahtstellen sollten immer fließend ineinander übergehen. Wenn wir z. B. links des Weges eine Gemüsezone habe und rechts des Weges eine Konzentration an Kräutern, so können wir durch eine ähnliche Gestaltung von Natursteinen eine Verknüpfung dieser durch den Weg getrennten Bereiche bewirken. Wenn in der Umgebung dieser Steine ähnliche Pflanzen gesetzt werden, z. B. Lavendel, so haben wir einer-

Übergänge zwischen verschiedenen Bereichen sollten entweder immer fließend oder verzahnt verlaufen.

seits zwei klar getrennte Bereiche auf den beiden Seiten des Weges, die auch unterschiedlich gepflegt und bewirtschaftet werden können. Diese werden jedoch durch die Lavendel-Stein-Kombination verknüpft und wachsen in ein harmonisches und interessantes Ganzes zusammen. Grundsätzlich gilt auch hier: Bei einem guten Entwurf ist das Ganze immer mehr als die Summe der einzelnen Teile!

In dieser Art durchwandern wir den Garten und die einzelnen Bereiche fließen ineinander über und entsprechen unserem Bewegungs- und Erkundungsfluss. Auch hier lohnt es sich, die Natur zu beobachten: Die Grenzzonen zwischen einzelnen dominanten Pflanzengruppen sind selten radikal durch eine scharfe Trennlinie, sondern meistens durch Übergangszonen, die dann eine besonders reiche Artenvielfalt aufweisen, definiert.

Bei der Planung von Wegen, vor allem bei Hanglangen, ist es besonders wichtig, darauf zu achten, dass diese zum einen so trocken wie möglich bleiben und zum anderen eine „Kolkbildung" (rinnenartige Ausschwemmung bei Niederschlägen) vermieden wird. Durch eine leichte Querneigung der Wege und entsprechenden seitlichen Vertiefungen wird diesen unerwünschten Effekten gezielt entgegengesteuert.

*Kräutergestaltung für den Garten Spa des Hotel Der Steirerhof * * * * * in Bad Waltersdorf: Liegedecks mit Kräuterkissen (unten Grundriss, oben Schnitt) Konzept: Familie Holzer, planliche Darstellung Jens Kalkhof, 2009*

An manchen Stellen der Wegeführung können Wege ausgebuchtet werden, um Plätze, Rast- oder Ruhezonen mit entsprechender Möblierung zu schaffen. Diese sind ganz wichtig, damit der Garten erfahren und genossen werden kann. Ruhezonen laden dazu ein, die Natur zu beobachten und der Schnelligkeit des Alltagslebens zu entfliehen. Ein Garten muss auch genossen werden, dazu braucht es entsprechend Platz und Raum. Wenn der Garten nur zu Arbeit „verkommt", verfehlt er den Sinn und Zweck seiner Existenz.

*Kräuterkissen im Garten Spa des Hotel Der Steirerhof ***** in Bad Waltersdorf wenige Monate nach der Pflanzung. Entspannen im aromatischen Garten Spa*

Wasser

Wasser ist Leben. In jeder Planung sollte das Thema Wasser ein zentraler Bestandteil sein. Abgesehen von der globalen ökologischen Bedeutung von Wasser und entsprechender Verantwortung der Planenden, ist Wasser bei jeder Landschafts- und Gartenplanung ganz bewusst mit in die Überlegungen einzubeziehen. Man kann es ganz gezielt, oft mit einfachen Mitteln, für eine ästhetische und nachhaltige Bereicherung des Grundstückes benutzen. Wasser als Gestaltungselement wird in diesem Buch weiter unten in einem eigenen Kapitel ausführlich behandelt.

Zonierungen

Die Aufteilung eines Grundstückes in „Zonen" sollte nicht mehr als eine Hilfestellung im Planungsprozess sein.

Wie oben schon erwähnt, ist der Planungsprozess sehr hierarchisch. Das Konzept kontrolliert alle grundlegenden Entscheidungen, die Wege und das Wasser bestimmen das Bewegungsnetzwerk.

Was passiert mit all diesen möglichen Gestaltungselementen wie Kräuterspiralen, Kratergärten, Terrassenanlagen, Hoch- und Hügelbeete, Steinschlichtungen etc.? Wie werden diese geplant, wie sind sie zu positionieren? Worauf muss hier geachtet werden? Auch für die Planung und Positionierung dieser Elemente gibt es gewisse Regeln: In der nachhaltigen, naturnahen Planungstheorie besteht seit einigen Jahrzehnten das Konzept der „Zonierung" (Bill Mollison), das aus dem englischen Sprachraum stammt. Es ist kein in Stein gemeißeltes Regelwerk, sondern soll nur als Hilfestellung für die Problematik des Planungsprozesses dienen.

„Zonierung" ist ein Begriff, der in der deutschen Sprache leider sehr negativ behaftet ist und ohne ausführliche Erläuterung sehr schnell missverstanden werden kann. Nichtsdestoweniger hat dieses Konzept sehr viele wichtige und hilfreiche Aspekte für die Planung.

Grundsätzlich wird ein zu planendes Grundstück in sechs (0, I, II, II, IV, V) Zonen unter-
teilt. Diese Zonen werden als Hilfsmittel für eine effektive Wegeplanung und Bewirt-
schaftungsweise gesehen. So kommen bei einer guten Planung alle sechs Zonen vor
und nehmen in ihrem Flächenausmaß, von Zone 0 aufsteigend bis Zone VI, zu.

Folgende inhaltliche Schwerpunkte sind den einzelnen Zonen zugeordnet:

- **Zone 0:** Kernbereich, Bewohner, Haus, Zentrum
- **Zone 1:** Unmittelbare Nähe zu Zone 0, Bereich für Pflanzen und Tiere, die
  sehr intensiv für den täglichen Bedarf genutzt und/oder gepflegt werden
  (Küchenkräuter, Feingemüse, Hühner, Nebengebäude zur Verarbeitung der
  landwirtschaftlichen Produkte …)
- **Zone 2:** Intensive Bewirtschaftung, jedoch Intensität der Pflege geringer als
  Zone 1 (z. B. Gemüse/Kräutergarten, evtl. Lagerräume, Gartenschuppen …)
- **Zone 3:** Größere Flächen, die landwirtschaftlich intensiv genutzt werden,
  jedoch weniger Aufwand, als es in Zone 2 der Fall ist, in Hinsicht auf Pflege
  bedeuten (z. B. Kartoffelacker, Getreideanbau etc.)
- **Zone 4:** Größere Flächen, die landwirtschaftlich extensiv genutzt werden,
  jedoch weniger Aufwand als Zone 3 in Hinsicht auf Pflege bedeuten (z. B.
  Streuobstwiesen, Nussbäume, Freiland-/Robusthaltung von Nutztieren etc.)
- **Zone 5:** Wildnis, Natur; Zonen, die sich selbst überlassen bleiben und
  nicht mehr vom Menschen gepflegt werden

> Definieren Sie die Einteilung der einzelnen Zonen in Abstimmung mit Ihrem individuellen Projekt.

Diese Konzepte sind nicht neu. Historisch betrachtet wurden diese Prinzipien bei
landwirtschaftlicher Produktion der menschlichen Agrarkulturen mehr oder weniger unbewusst über einen sehr langen Zeitraum (bis heute) umgesetzt, weil sie sehr
sinnvoll sind. Die Theoretisierung und Studie dieser Planungsprinzipien stammen
aus einer bewussten Reaktion auf die Industrialisierung und Zerstörung der natürlichen Ressourcen, die in der zweiten Hälfte des letzten Jahrhunderts rasant zuge-
nommen hat. Sie ist hauptsächlich an Selbstversorger gerichtet, besitzt jedoch,
setzt man sich mit diesem Konzept genau auseinander, sehr viele nützliche und hilfreiche Prinzipien für die Planung von vielen unterschiedlichen Projekten. Für einen
kleinen Garten oder eine Stadtwohnung mit Terrasse kann diese Konzeption
genauso gut verwendet werden wie für eine Landwirtschaft mit 10.000 ha.

> Das Konzept der „Zonierung" kann auf viele verschiedene Aufgabenbereiche angewendet werden.

   Diese Zonen sind auf keinen Fall als Bereiche mit strikten Abgrenzungen auf-
zufassen, sondern als Bereiche, deren Grenzen fließend ineinander übergreifen.
Wenn beispielsweise Vogelfutter an Zone 0 (das Haus/Bewohner) platziert wird,
so kann es passieren, dass die Zone 5 (Wildnis/Natur) direkt an Zone 0 angrenzt,
und zwar, wenn Wildvögel kommen, um dieses Futter zu fressen.

Was nun ist die spezielle Bedeutung dieser „Zonierung"? Wenn man bei der
Planung beginnt, die Bereiche, die durch das grobe Wegesystem und Wasser-
konzept entstanden sind, in oben genannte Zonen einzuteilen, macht man sich
Gedanken über deren Nutzung und trifft Entscheidungen über Abschnitte, die
sehr intensiv und sehr extensiv bewirtschaftet werden können.

Gestaltungselemente, die besondere Pflege und Aufwendung brauchen, wie z. B. Kräuterspiralen und Kratergärten, werden dementsprechend in Zone 1 oder 2 positioniert. Diese Zonen sind in relativer Nähe zum Haus, und somit ist auch eine sinnvolle Nutzung dieser Strukturen möglich. Vielleicht sind sie vom Küchenfenster sichtbar und man kann schon beim Kochen entscheiden, welche Kräuter man für das Essen ernten wird.

Verschiedene Wetterverhältnisse sollten bei der Planung berücksichtigt werden.

Bei Schlechtwetter ist die Hemmschwelle, vor die Tür zu gehen, entsprechend größer. Oft sind es nur wenige Meter, die einen um den Genuss eigener Kräuter und/oder eigenen Gemüses bringen. Je näher die Kräuterspirale beim Haus steht, desto höher stehen die Chancen auf frischen Schnittlauch!

Das Konzept der „Zonierung" hilft als Kontrolle, sinnvoll und kompakt zu planen. Wenn die Wege zu lang und umständlich werden, nutzt uns auch eine liebevoll angelegte Kräuterspirale wenig, da wir sie nicht regelmäßig benutzen werden.

Ein anderer Vorteil einer kompakten Planung ist natürlich die Tatsache, dass der Natur mehr Raum gegeben werden kann. Bei einer naturnahen Planung sollte die Natur auch im Vordergrund stehen. Wenn die Kräuterspirale relativ weit weg vom Haus platziert wird, wir sie aber intensiv nutzen möchten, werden wir einen „matschfreien" Weg bis dorthin bauen. Dadurch geht natürlich wieder etwas Natur verloren. Das scheint jetzt nicht wirklich ins Gewicht zu fallen, jedoch macht die Summe meiner Gestaltungselemente und die entsprechenden intensiven und aufwändigen Wege dazwischen letztlich doch gar nicht so wenig Fläche aus.

Eine kompakte Planung ist von äußerster Wichtigkeit.

Wenn wir die Planung kompakt halten, die aufwändigen Wegführungen minimieren, sparen wir nicht nur bei der Errichtung der Anlage viel Geld, sondern werden auch in den kommenden Jahren weniger Gefahr laufen, uns unsere Gartenfreude durch unnötige Mühseligkeit zu verderben.

Ein weiterer Grund für eine kompakte Planung ist, dass in Hausnähe ein etwas milderes Mikroklima als auf offenem Gelände herrscht. Wir können somit die Grundstruktur des Hauses nutzen und beispielsweise durch einen Wintergartenanbau, Begrünung der Fassaden durch Spalierobst, Errichtung von diversen Wärme speichernden Strukturen wie Steinschlichtungen in Form von Kräuterspiralen oder Kratergärten in Kombination mit Feuchtbiotopen ein ganz spezielles Mikroklima schaffen. Hier können dann auch Pflanzen gedeihen, die etwas weiter entfernt womöglich nicht mehr unter so guten Bedingungen wachsen würden.

Minimieren Sie bei der Planung die Länge von Leitungsführungen.

Außerdem werden infrastrukturelle Maßnahmen wie eventuelle Elektro- und Wasserversorgung in Gartennähe durch geringere Leitungsführungen viel sinnvoller. Auch die Schaffung von Regenwasserbiotopen in Hausnähe ist durch die schon vorhandenen Regenwasserrohre des Daches um einiges einfacher und kostengünstiger zu realisieren.

Der Hausgarten mit unterschiedlichen Kräutergestaltungen direkt neben dem Haus ist um vieles wertvoller, als wenn er im hintersten Garteneck versteckt ist. Außerdem ist er vom Haus aus sichtbar und wir können uns täglich an den Pflanzen erfreuen, auch wenn wir uns nicht gerade im Garten aufhalten.

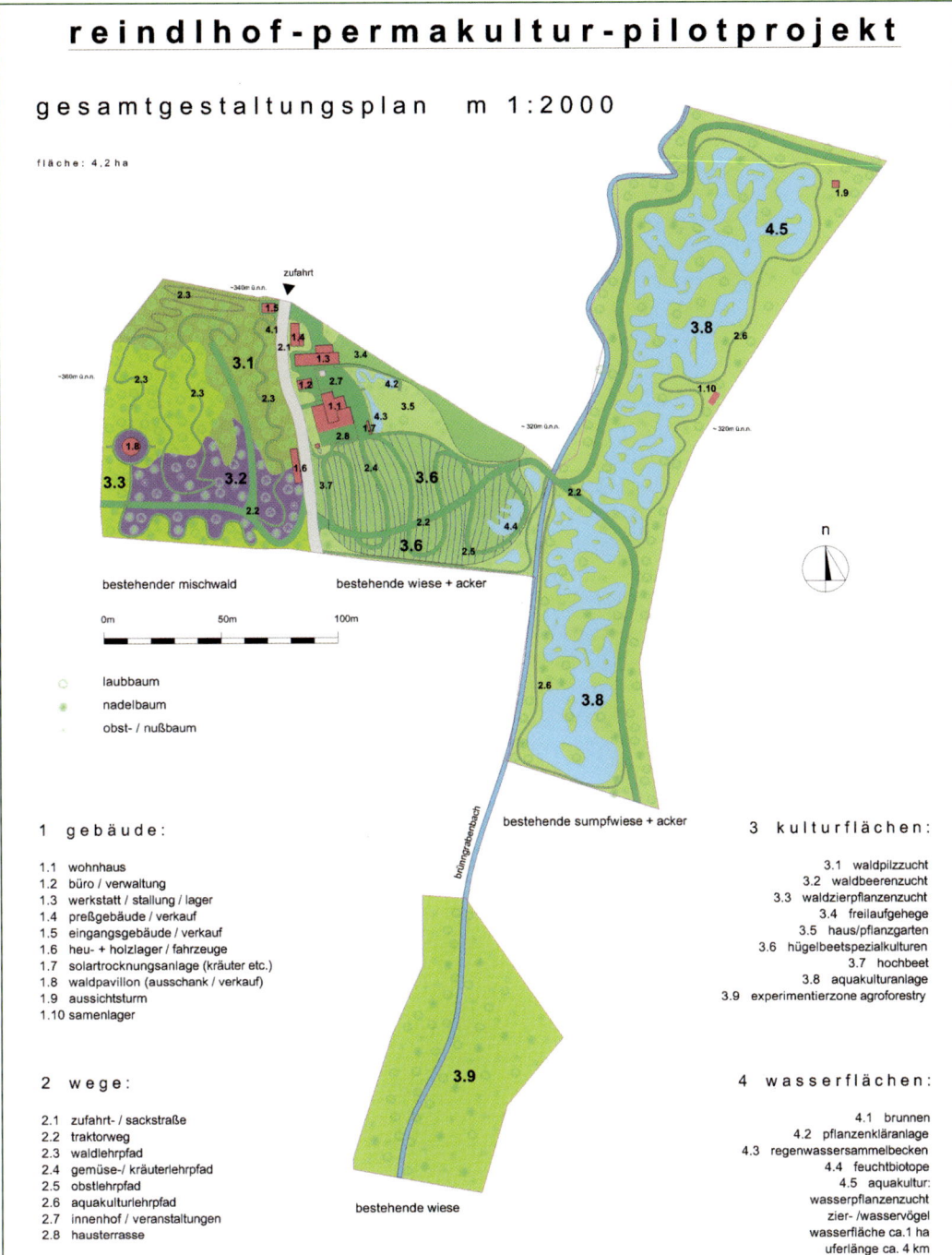

reindlhof-permakultur-pilotprojekt

gesamtgestaltungsplan   m 1:2000

fläche: 4,2 ha

zufahrt

bestehender mischwald

bestehende wiese + acker

bestehende sumpfwiese + acker

bestehende wiese

0m   50m   100m

n

○ laubbaum

✳ nadelbaum

· obst- / nußbaum

1 gebäude:

1.1 wohnhaus
1.2 büro / verwaltung
1.3 werkstatt / stallung / lager
1.4 preßgebäude / verkauf
1.5 eingangsgebäude / verkauf
1.6 heu- + holzlager / fahrzeuge
1.7 solartrocknungsanlage (kräuter etc.)
1.8 waldpavillon (ausschank / verkauf)
1.9 aussichtsturm
1.10 samenlager

2 wege:

2.1 zufahrt- / sackstraße
2.2 traktorweg
2.3 waldlehrpfad
2.4 gemüse-/ kräuterlehrpfad
2.5 obstlehrpfad
2.6 aquakulturlehrpfad
2.7 innenhof / veranstaltungen
2.8 hausterrasse

3 kulturflächen:

3.1 waldpilzzucht
3.2 waldbeerenzucht
3.3 waldzierpflanzenzucht
3.4 freilaufgehege
3.5 haus/pflanzgarten
3.6 hügelbeetspezialkulturen
3.7 hochbeet
3.8 aquakulturanlage
3.9 experimentierzone agroforestry

4 wasserflächen:

4.1 brunnen
4.2 pflanzenkläranlage
4.3 regenwassersammelbecken
4.4 feuchtbiotope
4.5 aquakultur:
wasserpflanzenzucht
zier- /wasservögel
wasserfläche ca.1 ha
uferlänge ca. 4 km

Gestaltungsplan des Kalkhof'schen Reindlhofs (nach dem Beratungsvorschlag von Sepp Holzer)

3-dimensionale Konzeption

Die Pläne sollten immer eine Repräsentation einer 3-dimensionalen Konzeption des Entwurfes sein. Wie schon oben erwähnt, ist es gerade bei Bepflanzungsstrategien (verschieden hohe Pflanzen), bei Wasserelementen, Wegen und anderen Gestaltungselementen wie Kräuterspiralen von immenser Wichtigkeit, Schnitte zu zeichnen.

Planung ist eine 3-dimensionale Konzeption.

Spätestens zu dem Zeitpunkt, an dem das Wege- und Wassernetz im Grundriss über grobe Skizzen definiert und die entsprechenden Zonen überlegt worden sind, sollten genauere Schnitte erstellt werden. Diese müssen nicht immer „realistisch" sein, d. h., durch eine echte lineare Schnittführung des Grundrissplans definiert sein. Meistens sind konzeptuelle Schnitte viel sinnvoller, da sie genau das zeigen, worum es in dem Entwurf geht.

Bei konzeptuellen Schnitten handelt es sich um Schnittführungen, die immer genau diejenigen Bereiche darstellen, die von großer Bedeutung sind. Man kann z. B. einen Schnitt entlang der geschwungenen Hauptwegeführung legen und in der Ansicht diejenigen Gestaltungselemente darstellen, die bei einer Durchwanderung des Weges sichtbar wären. So ist es möglich, die unterschiedlichen 3-dimensionalen Bezüge (die Höhenentwicklung und Ausdehnung) sehr anschaulich zu planen. Bei geneigtem Gelände ist die Methode noch wichtiger, da dann natürlich auch das Gefälle der Wegeführung offenbar wird.

Als Faustregel für Wegeplanung gelten folgende Planungsrichtlinien:

> Ein Weg gilt noch als rollstuhlgerecht befahrbar, wenn er 6 % Gefälle (6 cm Höhendifferenz bei 1 m Weglänge) nicht überschreitet. Bis ca. 10 % Gefälle können Wege noch einigermaßen bequem mit einer gefüllten Schubkarre befahren werden, danach wird es langsam aber sicher mühsam. Neigungen unter 2 % Gefälle lassen Oberflächenwasser schwer von selber abfließen; d. h., bei Gelände mit geringerer Neigung kann es zu unerwünschter Pfützenbildung bzw. Staunässe führen.

Wege sollten mit einer möglichst geringen Steigung geplant werden.

Testen Sie Ihren groben Entwurf im Grundriss durch verschiedene Schnitte. Sie können z. B. auch zweimal die gleiche Schnittführung nehmen und einmal zur einen Seite der Schnittführung schauen und beim zweiten Mal in die andere Richtung. Der zweite Schnitt wäre dann natürlich zur Schnittachse gespiegelt. So können Sie sehr kontrolliert entwerfen, wie die Gestaltungselemente in Ihrem Gelände liegen und wie diese erfahren bzw. errichtet werden können.

Wie Sie durch diese Beispiele erkennen können, sind Planungen ohne Schnittzeichnungen nicht sinnvoll. Grundsätzlich sollte bei einer naturnahen Planung mit so wenig Aufwand wie möglich der größte Effekt erzielt werden. Das gilt natürlich nicht nur für die Planung sondern auch für die Ausführung der Gartengestaltung. Da wir es bei allen Gestaltungselementen mit 3-dimensionalen Strukturen zu tun haben, ist es bei der Planung, in dieser Phase wichtig, sich ständig auch Gedanken über eine möglichst einfache Ausführung zu machen. Bei der Schnittzeichnung durch eine Kräuterspirale können beispielsweise bereits

Nutzen Sie Schnittzeichnungen, um die Höhenrelation Ihrer einzelnen Gestaltungselemente zu definieren.

Gedanken darüber angestellt werden, wie viel und von welchen Bereichen das Material für den Bau dieser stammen soll. Idealerweise soll so wenig Material wie möglich unnötig über das Gelände transportiert werden. D. h., bei der Planung können wir die Bereiche genau definieren, die abgegraben bzw. aufgeschüttet werden.

Im Schnitt gibt es eine Grundlinie, nämlich die Schnittlinie, die das ursprüngliche Gelände repräsentiert. Diese Linie ändert sich natürlich auch bei jeder Geländemanipulation. Liegt das neue Gelände unterhalb der ursprünglichen Geländelinie, so handelt es sich in diesem Fall um eine Absenkung bzw. Abtragung des Naturgeländes. Dieses abgetragene Material muss natürlich an eine andere Stelle gebracht werden. Wenn jetzt unmittelbar neben den Geländeabtragungen Aufschüttungen (z. B. Kräuterspirale) geplant werden, ohne dass Material entfernt oder hergeführt werden muss, so müssen im Schnitt die beiden Flächen, die sich aus dem Polygon des ursprünglichen Geländes zu den neuen Geländelinien respektive ober- und unterhalb ergeben, identisch sein.

> Bei Geländegestaltungen sollte das vorhandene Erdmaterial effizient genutzt werden.

Zu beachten ist natürlich die Tatsache, dass sich das Volumen des abgetragenen Erdreiches, abhängig von seiner Beschaffenheit, bis zu einem Drittel im Vergleich zum gewachsenen Boden vergrößert. Wenn keine entsprechenden Maßnahmen, wie z. B. künstliche Verdichtung erfolgen (bei der Erstellung von kleineren Pflanzbereichen die Erde vorsichtig nur so weit verdichten, dass es zu keinen ungewollten Rutschungen kommt; ein leichtes Festklopfen mit der Hand ist meistens ausreichend), sinkt nach einem Jahr dieses Erdreich zum größten Teil wieder zu seinem ursprünglichen Volumen zurück.

Plan-Finalisierung

Wie Sie nun erkennen können, ist der Prozess des Planzeichnens ein ständiges „Hin- und Her" zwischen Grundrissen, Schnitten und Detailzeichnungen. Es müssen nicht alle Bereiche im gleichen Detail dargestellt werden, sondern nur diejenigen, die eine entsprechende intensive Planung und Darstellung benötigen. Ein Wildgartenbereich beispielsweise, bei dem keine Geländeveränderungen vorgenommen werden, kann im Plan nur als Zone definiert werden, wohingegen eine Kräuterspirale oder Terrassierung genauer gezeichnet werden sollte.

> Stellen Sie in Ihren Plänen nur relevante Details dar.

Bei komplizierten Geländestrukturen ist es oft hilfreich, sich ein Geländemodell aus z. B. Knetgummi zu bauen, um die Auswirkungen der geplanten Modellierungsmaßnahmen zu verstehen. Dieses Modell kann dann in Grundriss und Schnitt „abgezeichnet" werden. Wenn ein solches Modell maßstabsgetreu gebaut wird, kann man mit einem kleinen spitzen Gegenstand (z. B. Zahnstocher oder Messerspitze) die Arbeit eines Baggers sehr kostengünstig und matschfrei simulieren, indem man beispielsweise Material aus dem Gelände herauskratzt, z. B. für das Anlegen eines Kratergartens. Dieses überschüssige Material kann dann an anderen Stellen, wie z. B. für die Gestaltung eines nahegelegenen Kräuterhügels, wieder verwertet werden. Solche Modelle sind ein guter Test für eine optimale Nutzung des vorhandenen Bodenmaterials und um verschiedene Gestaltungsvarianten schnell und günstig auszutesten.

> Um einen Plan zu erstellen, werden oft sehr viele Pläne oder Planskizzen gezeichnet, die bei jedem Planungsschritt immer genauer und detaillierter werden. Letztlich ist die Planung dann aber so weit fortgeschritten, dass der Plan „ins Reine" gezeichnet werden kann.

Hier bleibt es dann jedem selbst überlassen, wie viel Liebe in das Detail und die Plangrafik fließen. Pläne können dementsprechend auch richtige Kunstwerke werden. Man kann z. B. auch Collagen anfertigen. Wenn es gewisse Pflanzbereiche auf dem Plan gibt, ist es möglich, sich entsprechende Fotos z. B. aus Gartenmagazinen herauszuschneiden und diese dann auf die relevanten Stellen zu kleben. Bei der Benutzung blühender Pflanzen kann diese Technik natürlich sehr überzeugende Ergebnisse liefern.

Erstellen Sie Pläne, die Ihren Wünschen und Vorstellungen entsprechen. Entwickeln Sie „Handwerksstolz".

Wie oben bereits erwähnt: Schauen Sie sich einige Beispiele in entsprechenden Fachmagazinen an und versuchen Sie einen Plan zu erstellen, der Ihren Wünschen entspricht.

Planbeispiele

Szenario 1: Planung für eine Wohneinheit mit Gartenanteil

Reihenhausbebauung mit kleinem Gartenanteil von ca. 150 m²

Sie besitzen eine kleinere Gartenfläche von ca. 150 m² im südlichen Teil einer Reihenhausbebauung mit mehreren Parteien. Der Gartenanteil steht Ihnen, da Sie in einer Erdgeschosswohnung leben, zur freien Gestaltung zur Verfügung. Durch die begrenzte Fläche sollte diese optimal genutzt werden. Es ist Ihr Wunsch, eine naturnahe und nachhaltige Gartengestaltung mit Schwerpunkt auf Kräuter zu realisieren. Die Fläche soll so konzipiert sein, dass Sie diese auch alleine betreuen können.

> Da diese Fläche relativ klein ist, wäre es wichtig, die einzelnen Gestaltungselemente so zu platzieren, dass einmal ausreichend Platz für eine möglichst große Vielfalt an Pflanzen und Gestaltungselementen vorhanden ist; des Weiteren gibt es natürlich auch Bereiche, die der Entspannung und kleineren Gartenfesten vorbehalten sind. Insgesamt soll der Garten ein Hobby bleiben, der, entsprechend Ihrer zeitlichen und finanziellen Kapazitäten, leicht zu pflegen ist.

Folgende Vorschläge und Möglichkeiten bieten sich an: Angrenzend an Haus bzw. Gartenausgang sollte es einen Terrassenbereich geben, der befestigt ist und einen wetterfesten Tisch mit Stühlen besitzt. Auch könnte hier eine kleine Feuer- bzw. Grillstelle mit anschließendem Garten- bzw. Geräteschuppen integriert werden. Dieser Bereich sollte die Möglichkeit aufweisen, zumindest teilweise beschattet werden zu können. Die Hauswand sollte für Kletterpflanzen

Versuchen Sie harmonische Übergänge zwischen Haus und Garten zu schaffen.

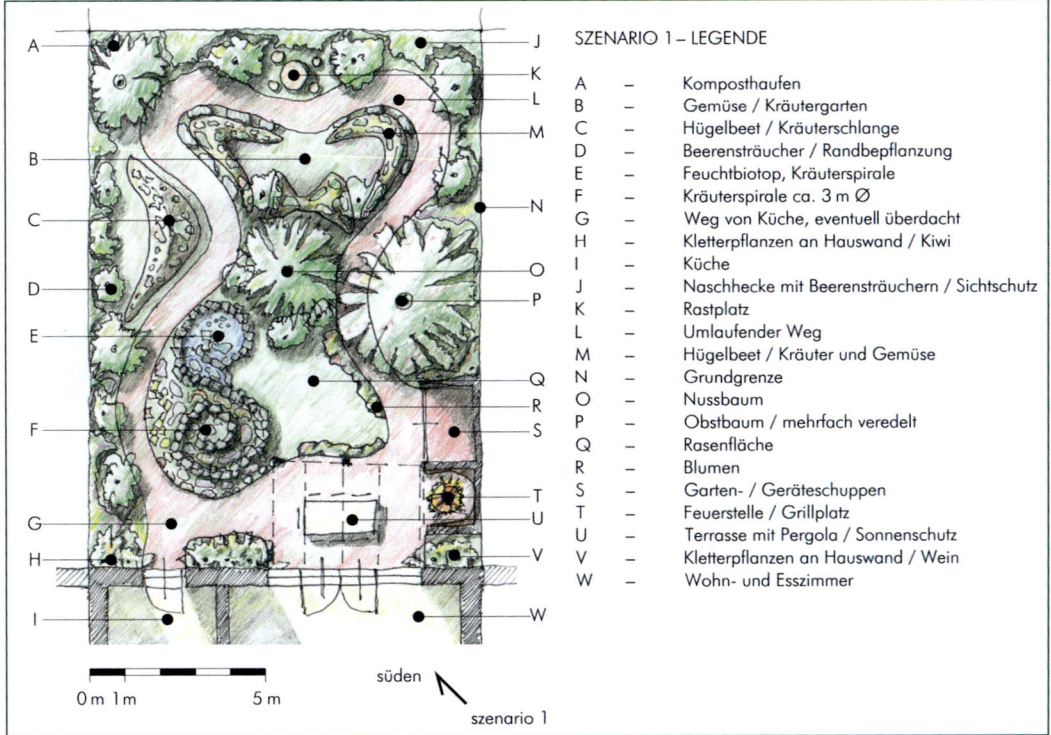

SZENARIO 1 – LEGENDE

A	–	Komposthaufen
B	–	Gemüse / Kräutergarten
C	–	Hügelbeet / Kräuterschlange
D	–	Beerensträucher / Randbepflanzung
E	–	Feuchtbiotop, Kräuterspirale
F	–	Kräuterspirale ca. 3 m Ø
G	–	Weg von Küche, eventuell überdacht
H	–	Kletterpflanzen an Hauswand / Kiwi
I	–	Küche
J	–	Naschhecke mit Beerensträuchern / Sichtschutz
K	–	Rastplatz
L	–	Umlaufender Weg
M	–	Hügelbeet / Kräuter und Gemüse
N	–	Grundgrenze
O	–	Nussbaum
P	–	Obstbaum / mehrfach veredelt
Q	–	Rasenfläche
R	–	Blumen
S	–	Garten- / Geräteschuppen
T	–	Feuerstelle / Grillplatz
U	–	Terrasse mit Pergola / Sonnenschutz
V	–	Kletterpflanzen an Hauswand / Wein
W	–	Wohn- und Esszimmer

0 m 1 m   5 m

süden

szenario 1

und/oder Spalierobst genutzt werden. Je nach Lage und Klima würden sich hier wärmeliebende Pflanzen, wie Wein, Marillen, Kiwis oder Feigen, anbieten. Es ist wichtig, möglichst nahe beim Haus einen Küchenkräuterbereich zu haben, damit die Kräuter bei jeder Witterung leicht erreichbar sind. Idealerweise könnte hier eine kleine Kräuterspirale von 2 m–3 m Durchmesser mit südlich angrenzendem Feuchtbiotop und einem überdachten Zugang positioniert werden.

Szenario 1
(Konzept Jens Kalkhof)

Ein geschwungener Rundweg sollte so geplant werden, dass alle Bereiche des Gartens „matschfrei" erreichbar sind. Bei kleinen Gartenflächen ist ein Rasenweg natürlich aufgrund seiner Kostengünstigkeit und seiner sowohl sparenden als auch flexiblen Flächennutzung sehr attraktiv. Die Benutzbarkeit eines solchen Weges ist natürlich auch äußerst witterungsabhängig. Bei feuchtem Wetter verwandelt sich dieser bei häufiger Nutzung schnell in einen Schlammweg. Außerdem ist das Befahren mit einer Schubkarre nicht immer einfach. Wenn jedoch ein befestigter Weg bevorzugt wird, wäre ein Schotterweg eine günstige Variante. Man muss sich dennoch darüber bewusst sein, dass der Schotter nach einer gewissen Zeit von Pflanzen besiedelt wird. Dann muss man entweder jäten und/oder in gewissen Zeitabständen eine neue dünne Schotterschicht aufbringen.

Bei kleineren Grundstücksflächen ist es angezeigt, die Erdoberfläche zum Beispiel durch Kräuterspiralen und Hügelbeete zu vergrößern.

Eine Pflasterung entweder aus Kunststeinen, Betonpflaster oder Natursteinen und ist wahrscheinlich für diese Gartengröße die sinnvollste Variante – Natursteine sind natürlich die charmanteste Lösung. Die Pflasterung sollte im Splittbett verlegt werde, damit die Flächen nicht komplett versiegelt sind. Bei einer im Mörtelbett verlegten Randeinfassung wird der Weg lange wartungsarm bleiben. Dieser Weg sollte keine Sackgassen aufweisen. In einem gewissen Abstand zu der Grundgrenze führt dieser in geschwungenen Linien um das Grundstück. In den verschiedensten Ausbuchtungen können spezielle Gestaltungselemente, wie Kräuterhügelbeete in Schlangenform, Bäume, Sträucher oder eine Sitzgruppe, platziert werden. Verteilt an den Wegrändern, können immer wieder kleinere Blüten- und Blumenrabatte angelegt werden, um nicht nur die Insekten, sondern auch das Auge zu erfreuen.

> Geschwungene Wege bieten viel Platz für Mischkultur-Randbepflanzungen.

Die Grundgrenze wird mit einer gemischten Blüh- und Beerenhecke bepflanzt. Bei der Pflanzenauswahl kann man darauf achten, dass die jeweiligen Pflanzen zu unterschiedlichen Jahreszeiten blühen, damit während der gesamten Vegetationsperiode eine blühende Hintergrundkulisse mit changierenden Farben den Gartentraum subtil untermalt. Solche Mischhecken bieten natürlich auch einen optimalen Lebensraum für die unterschiedlichsten Nützlinge. Der Wunsch, den Garten möglichst naturnah und nachhaltig zu gestalten, stände zu einer Monokulturhecke in einem gewissen Widerspruch, da die extrem reduzierte Pflanzenauswahl natürlich auch den potentiellen Nützlingsreichtum entsprechend reduziert, wenn nicht sogar verhindert.

> Denken Sie in langfristigen Zeiträumen: Wie können Bereiche im Laufe der Zeit für sich ändernde Bedürfnisse optimal genutzt werden?

Ein oder zwei mehrfach veredelte Obstbäume (das bedeutet z. B. verschiedene Apfel-, Zwetschken- oder Birnensorten auf ein und demselben Baum) inmitten des Gartens bilden einen schönen Blickfang und geben einen angenehmen Schatten.

Der Komposthaufen sollte im äußersten Grundstückseck hinter einer kleinen Baum- oder Strauchgruppe versteckt werden, damit er nicht der prallen Sonne ausgesetzt ist – wichtig für den Zersetzungsprozess – und die Gartenoptik nicht negativ beeinflusst.

Inmitten des Grundstückes gibt es eine kleine Rasenfläche, die zwischen Grillstelle, Kräuterspirale und Terrasse positioniert ist und als Grünfläche eine Erweiterung der sozialen Aspekte der Hausterrasse darstellt. Je nach Gartengröße kann hier z. B. auch Tischtennis oder Federball gespielt oder einfach nur auf einer Gartenliege die Schönheit der Natur und die Wärme der Sonne genossen werden.

Szenario 2: Planung für ein Einfamilienhaus

Gehen wir davon aus, dass eine Rasenfläche von etwa 700 m² zur Verfügung steht. Die Fläche ist eben und wird von einem Zaun nach 3 Seiten hin begrenzt. Das Grundstück ist nach SW hin ausgerichtet, also sehr sonnig. Das Haus wird von einer Familie mit zwei Kindern im Alter von 3 und 7 Jahren bewohnt. Die Wünsche der Eltern für die Gestaltung ihres Gartens sind folgende:

> Einfamilienhaus mit ca. 700 m² Gartenanteil.

> Wir sehen den Garten als Aufenthaltsort, wo wir die Sonne genießen und mit den Kindern spielen wollen. Wir essen gerne im Freien, im Sommer laden wir öfters Freunde zu gemeinsamen Grillabenden ein. Gesunde Nahrung ist uns wichtig, wir

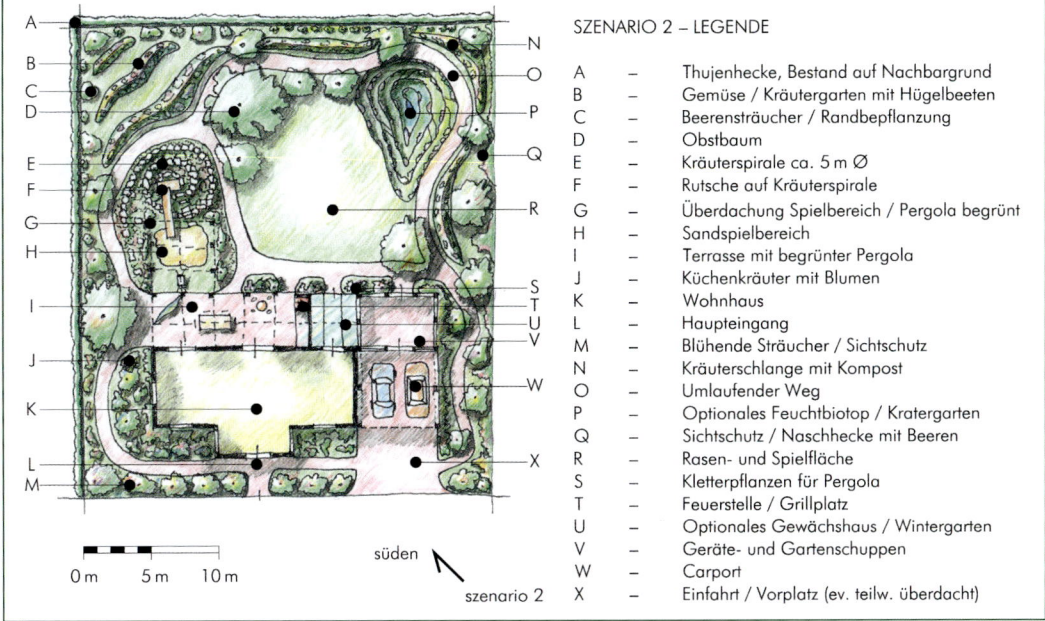

SZENARIO 2 – LEGENDE

A	–	Thujenhecke, Bestand auf Nachbargrund
B	–	Gemüse / Kräutergarten mit Hügelbeeten
C	–	Beerensträucher / Randbepflanzung
D	–	Obstbaum
E	–	Kräuterspirale ca. 5 m Ø
F	–	Rutsche auf Kräuterspirale
G	–	Überdachung Spielbereich / Pergola begrünt
H	–	Sandspielbereich
I	–	Terrasse mit begrünter Pergola
J	–	Küchenkräuter mit Blumen
K	–	Wohnhaus
L	–	Haupteingang
M	–	Blühende Sträucher / Sichtschutz
N	–	Kräuterschlange mit Kompost
O	–	Umlaufender Weg
P	–	Optionales Feuchtbiotop / Kratergarten
Q	–	Sichtschutz / Naschhecke mit Beeren
R	–	Rasen- und Spielfläche
S	–	Kletterpflanzen für Pergola
T	–	Feuerstelle / Grillplatz
U	–	Optionales Gewächshaus / Wintergarten
V	–	Geräte- und Gartenschuppen
W	–	Carport
X	–	Einfahrt / Vorplatz (ev. teilw. überdacht)

0 m   5 m   10 m

süden

szenario 2

möchten für uns und unsere Kinder auch einen produktiven Garten haben, der uns mit etwas Obst, Beeren, Gewürzen und etwas Gemüse versorgt. Da wir beide berufstätig sind (Vater arbeitet ganztags, die Mutter arbeitet halbtags), muss der Garten aber sehr pflegeleicht sein. Wir brauchen auf jeden Fall auch genügend Platz für die Kinder zum Toben, Ballspielen und einen Schattenplatz für die Sandkiste. Ein Biotop kommt für uns, solange die Kinder klein sind, noch nicht in Frage. Ein Platz hierfür sollte aber bei der Planung vorgesehen werden, damit in einigen Jahren auch dieses wertvolle Gestaltungselement nachträglich realisiert werden kann. Auf der Westseite des Grundstückes brauchen wir eine Hecke, die zum einen den Straßenlärm abhält und zum anderen Sichtschutz bietet. Entlang der Süd- und Südwestseite des Zaunes ist keine Hecke nötig, da auf den Nachbargrundstücken dichte Thujenhecken gepflanzt wurden, die auf einer Höhe von etwa 1,8 m gehalten werden.

Szenario 2 (Konzept Jens Kalkhof)

Mit der Gestaltung des Gartens sollten die Bedürfnisse aller Familienmitglieder befriedigt werden. Es ist hier jedoch wichtig, sich darüber klar zu sein, dass jede Form der Gartengestaltung, die alle gewünschten Elemente (Gemüse, Obst, Beerensträucher, Kräuter) beinhaltet, in jedem Fall pflegeintensiver ist als die derzeitige Rasenfläche.

Die Gartengestaltung sollte den Wünschen und Bedürfnissen aller Familienmitglieder so weit wie möglich entgegenkommen.

Nehmen wir als Beispiel einen Zwetschkenbaum: Die Familie freut sich im Frühling über die Blüten, genießt an heißen Sommertagen den Naturschatten unter dem Baum. Ab dem Sommer wird die Familie bemerken, dass durch Wind und Witterung immer wieder Früchte vom Baum fallen, die natürlich verschiedene Insekten anlocken. Aus Angst, die Kinder könnten auf eine Wespe treten, werden alle Früchte fein säuberlich aufgesammelt und kompostiert. Bis die Zwetschken schließlich Anfang September reif sind, fallen immer mehr Früchte zu Boden und verursachen damit den Besitzern abendliche Rundgänge. Die Zwetschkenernte ist an einem warmen Sonntagnachmittag erledigt, es wird eigene Marmelade, Powidl und Zwetschkenröster gemacht. Ein Teil der Früchte wird für den Winter eingefroren. Eltern und Kinder helfen einander begeistert. Der Laubfall hat bereits eingesetzt und stört den Ordnungssinn der Eltern im herbstlichen Garten. Nun wird täglich Laub gerecht und kompostiert, bis der Baum im Spätherbst schließlich kahl ist.

Am Beispiel dieses einen Baumes wird ersichtlich, dass hier deutlich mehr Aufwand betrieben wird, als es bei nur einer Rasenfläche der Fall ist. Natürlich müsste nicht jede abgefallene Frucht aufgesammelt und nicht jedes einzelne Blatt weggetragen werden, der betriebene Aufwand wäre also nicht nötig. Alles, was vom Baum fällt, kann, wie es in der Natur geschieht, natürlich vor Ort verrotten. Wer aber den Anspruch hat, einen „sauberen" Garten zu haben, der wird sich wohl des Öfteren bücken müssen. Dies gilt es den Besitzern bereits zu Beginn klarzumachen. Wir haben schon oft Menschen getroffen, die eine sehr idyllische Vorstellung von ihrem zukünftigen Garten hatten, ohne damit zu rechnen, dass er auch Arbeit verursachen könnte. Wer allerdings etwas „Wildnis" im Garten schätzt, kann sich einiges an Arbeit sparen und mit verhältnismäßig geringem Aufwand alle zuvor erwähnten Ansprüche erfüllen.

Folgende Vorschläge und Möglichkeiten bieten sich an: Eine Holzterrasse mit Pergola und Grillplatz wird, angrenzend an das Haus, als Regenschutz und Schattenspender situiert. Holzterrassen haben gegenüber Steinterrassen den Vorteil, dass sie sich im Sommer nicht übermäßig aufheizen; lange Zeit im Jahr auch barfuß betreten werden können und einen hohen Selbstreinigungsgrad aufweisen. Heimisches, splitterfreies und wetterbeständiges Holz (z. B. Akazie oder Eiche) ist natürlich eine Preisfrage und muss mit den gängigen splitteranfälligen Lärchenholzterrassen auf Kosten/Nutzen abgewogen werden.

Grill-Gewürzkräuter (Thymian, Oregano, Majoran, Schnittlauch, Petersilie) befinden sich in nächster Nähe zum Haus. Die Pergola geht L-förmig weiter, d. h., ein Teil davon befindet sich auf Naturboden, darunter ist eine Sandkiste, für die auch die Vorteile der Hausnähe sowie Witterungs- und Sonnenschutz gewährleistet sind. Hängesessel, Hängematten oder Schaukeln können an die Pergola-Pfosten montiert werden. Ferner kann eine Leiter in die Pergola-Konstruktion integriert werden, über die dann ein kleines Plateau oder Spielhäuschen erreicht werden kann. Von dort kann dann wiederum eine Rutsche nach unten führen. Im südlichen Bereich wachsen ein oder mehrere Schattenbäume (Obst- oder Nussbaum): Schatten für die Sandkiste ist durch die Pergola gewährleistet, und zwar, bevor die Bäume groß genug sind. Die Pergola wird mit Kletterpflanzen wie Wein oder Kiwi bepflanzt – deren Früchte sind essbar und gewährleisten im Sommer Schatten und im Winter Licht.

Auf der Südseite der Pergola kann mit bruchsicheren Sicherheitsglas oder Dachziegeln ein kleines Vordach für Tomaten gebaut werden. Tomaten nutzen

Ein „sauberer" Garten bedeutet viel (unnötige) Arbeit.

Südlich gelegene Steinterrassen heizen sich im Sommer stark auf und sind barfuß schwer begehbar.

Der Garten darf und soll sich während seiner Nutzungsdauer ändern können.

die Pergola als Kletterhilfe, sind in Griffweite und vor zu viel Regen (Fäule) geschützt. Am Fuß der Pergola gibt es eine Holzkonstruktion, die Erde für Tomaten hält – diese kann auch für Gurken verwendet werden. Optional bieten sich in Erweiterung der Pergola-Konstruktion und/oder als Ausbaustadium ein Gewächshaus oder Wintergarten an. Wenn hier der Grillplatz integriert ist, wäre diese Glaskonstruktion auch mit Holz beheizbar und könnte so künstlich die Vegetationsperiode verlängern. Im Anschluss könnte der Geräte- und Gartenschuppen mit Carport positioniert werden. Dieser kompakte Nebengebäudekomplex hätte für Haus und Bewohner nicht nur viele mikroklimatische und energetische, sondern auch praktische Vorteile. Im Süden gibt es ein oder mehrere kleine, geschwungene Gemüsehügelbeete, die natürlich wahlweise auch mit Kräutern und Blütenpflanzen aufgelockert werden können. Auf der Westseite des Grundstückes wird eine Mischhecke mit immergrünem Kirschlorbeer, Holunder, Felsenbirne, Schneeball und Rosen als Sicht- und Schallschutz gepflanzt.

> Gartenstrukturen sollten multifunktional sein.

Das Wegesystem vermeidet Sackgassen und ist so geplant, dass alle Bereiche gut erreichbar sind. Ausbuchtungen des Weges können für Ruhezonen oder besondere Gestaltungselemente vorbehalten sein. Ein Biotop bzw. Kratergarten ist optional im Bereich der Westecke des Grundstückes in einer solchen Ausbuchtung situiert.

Weitere Obstbäume sind im Garten verteilt. Diese dienen natürlich auch als Schattenbäume. Im Zentrum des Gartens wird eine großzügige Spielfläche für Ballspiele frei gelassen. Kleine Hügelbeete werden entlang des Zaunstückes geplant, auf dessen Außenseite Thujen wachsen. Dort finden sich auch Beeren und ein Minzegarten: Himbeeren, Brombeeren, Gartenheidelbeeren, Apfelbeeren, Stachelbeeren. Dazwischen wächst Pfefferminze, Apfelminze, Grüne Minze, Ölminze, Marokkanische Minze, Zitronenmelisse. Der Zaun dient den Beeren als Halt, ins Hügelbeet werden Bambusstöcke gesteckt, die wiederum mit weiteren Bambusstöcken quer verbunden wurden. Diese verhindern, dass die Beeren bei Fruchtbehang ins Garteninnere hängen.

Am sonnigem Gartenplatz ist das zentrale Gestaltungselement, die begehbare Kräuterspirale, mit etwa 5 m–6 m Durchmesser, ohne Biotop. Die Kräuterspirale könnte so gestaltet sein, dass eine Rutsche eingebaut werden kann bzw. der höchste Punkt als kleines Holzplateau für die Kinder gestaltet wird. Wenn die Kinder größer sind, lässt sich diese Konstruktion leicht entfernen und bepflanzen. Die Kräuterspirale wird dadurch für Jung und Alt zum Anziehungspunkt.

> Die Kräuterspirale kann multifunktional zum Beispiel auch als Kinderspielhügel genutzt werden.

Szenario 3: Planung für einen öffentlichen Bereich/Volksschule oder Kindergarten

Sie möchten den Frei- und Pausenbereich für und mit Ihre(n) Kindern neu gestalten. Die Fläche sollte so genutzt werden, dass für die unterschiedlichsten Bedürfnisse aller Kinder unterschiedliche Bereiche geschaffen werden. Es soll einerseits „aktive" Bereiche zum Toben, zum Ball- oder Sandspielen geben sowie andererseits Bereiche, die zur Ruhe und Entspannung dienen. Hier befinden sich Sitzgelegenheiten, eine Feuerstelle, ein „Naschgartenbereich" mit Kräuterspi-

> Frei- und Pausenbereich (ca. 2000 m²) für 100 Kinder.

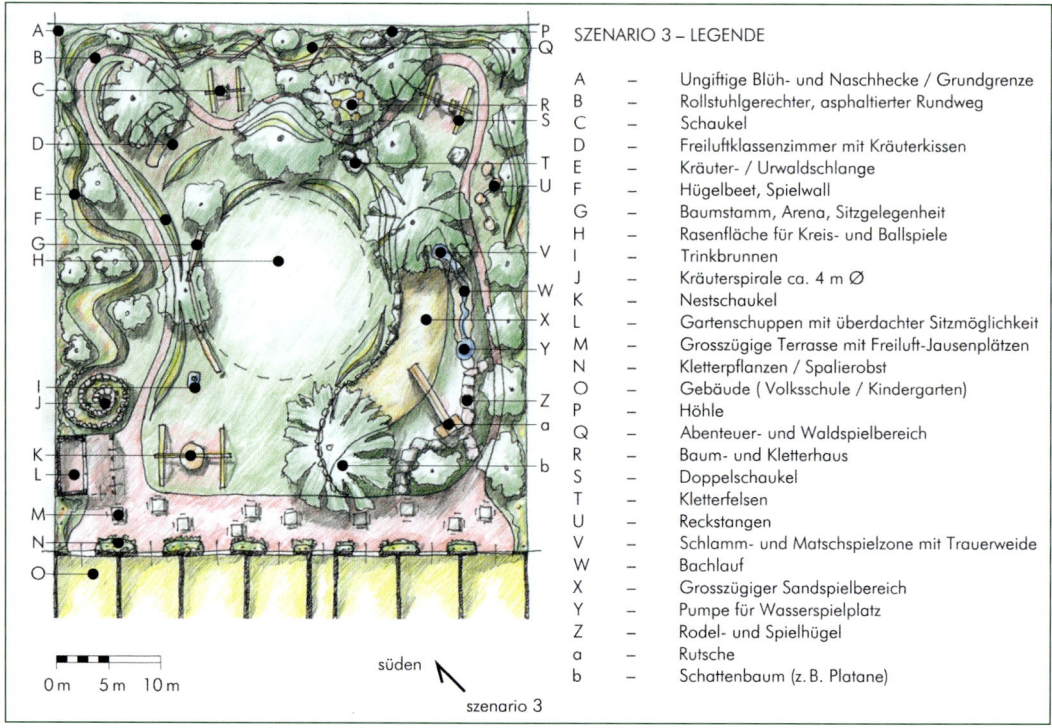

SZENARIO 3 – LEGENDE

A	–	Ungiftige Blüh- und Naschhecke / Grundgrenze
B	–	Rollstuhlgerechter, asphaltierter Rundweg
C	–	Schaukel
D	–	Freiluftklassenzimmer mit Kräuterkissen
E	–	Kräuter- / Urwaldschlange
F	–	Hügelbeet, Spielwall
G	–	Baumstamm, Arena, Sitzgelegenheit
H	–	Rasenfläche für Kreis- und Ballspiele
I	–	Trinkbrunnen
J	–	Kräuterspirale ca. 4 m Ø
K	–	Nestschaukel
L	–	Gartenschuppen mit überdachter Sitzmöglichkeit
M	–	Grosszügige Terrasse mit Freiluft-Jausenplätzen
N	–	Kletterpflanzen / Spalierobst
O	–	Gebäude (Volksschule / Kindergarten)
P	–	Höhle
Q	–	Abenteuer- und Waldspielbereich
R	–	Baum- und Kletterhaus
S	–	Doppelschaukel
T	–	Kletterfelsen
U	–	Reckstangen
V	–	Schlamm- und Matschspielzone mit Trauerweide
W	–	Bachlauf
X	–	Grosszügiger Sandspielbereich
Y	–	Pumpe für Wasserspielplatz
Z	–	Rodel- und Spielhügel
a	–	Rutsche
b	–	Schattenbaum (z. B. Platane)

0 m   5 m   10 m

süden

szenario 3

Szenario 3 (Konzept Jens Kalkhof)

rale und Bereiche, die der Natur „überlassen" werden, damit sich die Kinder aktiv mit der heimischen Tier- und Pflanzenwelt auseinandersetzen können. Es gibt ungefähr 100 Kinder, die einen Grünbereich von ca. 2000 m² zur Verfügung haben. Das Gelände ist umzäunt, das Gebäude wird von der Straße her über das Gebäude erschlossen.

Folgende Vorschläge und Möglichkeiten bieten sich an: Wichtig ist, vor dem Gebäude eine große befestigte Terrasse zu planen, die genügend Platz für alle Kinder bietet. Auf diese Weise ist es möglich, eine „matschfreie" Pufferzone zum Haus zu gewährleisten und mit den Kindern bei den unterschiedlichsten Witterungsbedingungen Zeit an der frischen Luft zu verbringen, auch wenn die Rasenflächen aufgrund ungünstiger Witterungsverhältnisse einmal nicht betreten werden können. Auf der Terrasse gibt es ausreichend Tische und Stühle, um z. B. gemeinsame Gruppenjausen im Freien abzuhalten. Da die Terrasse nach Südwesten ausgerichtet ist, sind Beschattungsmaßnahmen unausweichlich.

Für die Kinder soll es „ruhige" und „aktive" Zonen geben.

Von dieser Terrasse ausgehend, gibt es einen Rundweg, der das Grundstück konzeptionell in eine „aktive" und „ruhige" Zone teilt. Außerhalb des Weges befindet sich die „ruhige" Zone, innerhalb die „aktive". Diese Trennung sollte sehr subtil sein, denn die einzelnen Bereiche greifen ineinander über. Wichtig ist, dass grundsätzlich Zonen für die unterschiedlichsten Bedürfnisse und Aktivitäten geschaffen werden.

Die Oberfläche des Weges sollte aus einem stolperfreien Material bestehen (z. B. feiner Asphalt), so dass ein rollstuhlgerechtes Befahren ohne Hindernisse und Schwierigkeiten ermöglicht wird. Entsprechend sollte der Weg auch eine Breite von 1,5 m nicht unterschreiten und ein maximales Gefälle von 6 % nicht überschreiten. Dieser asphaltierte Weg könnte zusätzlich auch zur Verkehrsfrüherziehung genutzt werden und mit entsprechenden Zeichen, Markierungen und Symbolen versehen werden. Die Kinder könnten diesen Weg mit Dreirädern, Rollern, Fahrrädern (evtl. mit Stützrädern) oder Rollschuhen sogar als „Rennstrecke" benutzen. Entsprechend werden hier lange gerade Strecken vermieden und gezielt enge Kurven als „Schikanen" eingebaut.

Behindertengerechtigkeit und eine Ausführung, die Verletzungen minimiert, gehören zu den zentralen Gestaltungsprinzipien.

Wichtig ist, das ganze Gelände so interessant zu gestalten, dass die Kinder animiert werden, es kreativ zu benutzen. Ebene und offene Flächen sollten auf das absolut notwendige Ausmaß reduziert werden (für z. B. Ball-, Kreis- und Gruppenspielbereiche); das restliche Gelände sollte so dreidimensional wie möglich gestaltet sein.

Mulden, Hügel, Höhlen und Berge sind die interessanten Topografien, die von Kindern geliebt und gerne genutzt werden. Bereiche, die man erobern und mit dem Körper erfahren muss, die sich auch zum Versteckspielen eignen, sollten bei der Planung oberste Priorität besitzen.

Rodelhügel mit Sand- und Wasserspielplatz im Bau – Kinderspielplatz Kindergarten Schönaugasse/Graz 2008/2009 – Konzeption und Umsetzung: Josef Fromm/Jens Kalkhof

„Biedere" und „aufgeräumte"
Spielplätze schränken Kinder
in ihrer Kreativität ein.

*„Urwaldschlange" im Bau:
Kinderspielplatz Kinder-
garten Schönau-
gasse/Graz 2008/2009;
Konzeption und Umset-
zung: Josef Fromm/Jens
Kalkhof*

Die aktive Zone wird im Nordwesten durch einen großen Hügel begrenzt. Dieser Hügel ist multifunktional und besitzt einen großen Sandspielbereich an seinem Fuß im Süden. Der Sandspielbereich sollte auch sehr „natürlich", vielleicht wie eine Düne, gestaltet sein. In einer Mulde, die mit Vlies ausgekleidet wird, werden 3–4 LKW-Ladungen Sand gekippt. Die entstehenden Sandberge können ruhig von den Kindern „verspielt" werden und brauchen von den Erwachsenen vorher nicht „geglättet" zu werden. Die „Sandkiste" muss nicht unbedingt „ordentlich" aussehen. Das ist für Kinder langweilig und hindert ihre Entfaltungsmöglichkeiten.

Im Winter ist der Hügel als Rodelhügel nutzbar. Gleichzeitig bildet er einen gewissen Schall- und Sichtschutz zur dahintergelegenen Terrasse und zum Gebäude. In diesem Bereich gibt es auch eine Rutsche, die auf dem Hangrücken sitzt, sowie im Südwesten eine Matschspielzone. Große Schattenbäume an beiden Enden des Sandspielplatzes spenden den notwendigen Sonnenschutz. Auf dem Hügel gibt es eine Pumpe, die über einen befestigten „Bachlauf" mit Schleusen einen Wasserspielbereich darstellt. Wasser ist kostbar und die Kinder müssen sich anstrengen, um es aus der Erde zu pumpen, um damit zu spielen. Erdwälle mit Baumstämmen als Sitzgelegenheit definieren die zentrale, ebene Rasenfläche, die für Ball-, Kreis- und Gruppenspiele zur Verfügung stehen. Die umliegenden Erdwälle definieren nicht nur die zentrale Zone, sondern können auch als „Tribünen" genutzt werden.

In den verschiedenen Ausbuchtungen des mäanderförmigen Rundweges sind verschiedene Spielgeräte wie Schaukeln und Reckstangen integriert. Generell werden Spielgeräte „von der Stange" sehr reduziert und vorsichtig angeboten und ein Hauptaugenmerk liegt auf der neuen Geländetopografie, die zusätzlich zu den diversen Erdwällen mithilfe von großen Klettersteinen und Balancier-Baumstämmen zusätzlich noch interessanter gestaltet wird. Im Südwesten gibt es eine dichte Baumbepflanzung, die als Abenteuer- und Waldspielbereich angeboten wird. Dort könnte auch ein Baum- oder Kletterhaus stehen. Das Vorhandensein einer „Höhle" in diesem Bereich wird von den Kindern gerne angenommen.

Angrenzend dazu gibt es im Süden das „Freiluftklassenzimmer", das in Kombination mit kleinen Terrassen, Kräuterliegen und Baumstämmen die Möglichkeit bietet, „Unterricht im Freien" abzuhalten.

Ein „Unterricht im Freien" bereichert den Stundenplan.

Im Südosten gibt es neben der Grundstücksgrenze, die umlaufend mit ungiftigen blühenden und essbaren Beerensträuchern das Gelände zusätzlich zum Zaun einfriedet, einen ruhigen Garten und Pflanzenexperimentierbereich. Hier befindet sich die „Urwaldschlange", ein großes, geschwungenes und begehbares Hügelbeet, das die verschiedensten Kräuter und essbaren Pflanzen beinhaltet. Die „Urwaldschlange" mündet im Osten in eine große Kräuterspirale oder einen Kräuterberg. Unmittelbar daneben ist der Garten- und Geräteschuppen, der auch zur Lagerung diverser Spielgeräte dient, positioniert. Er könnte zusätzlich einen überdachten Terrassenbereich beinhalten, von dem das gesamte Gelände gut überschaubar ist. Ein Elektro- und Wasseranschluss sollte für dieses Nebengebäude unbedingt vorhanden sein. Im aktiven Bereich im Osten gibt es in Gebäudenähe zusätzlich noch eine große Nestschaukel und einen Trinkbrunnen.

Durch diese unterschiedlichsten topografischen Gestaltungselemente in Kombination mit einer dreidimensionalen Bepflanzung entsteht eine Spielplatzfläche, die Möglichkeiten für die Bedürfnisbefriedigung aller Generationen bietet und somit auch ein harmonisches Zusammenleben der verschiedenen Altersgruppen begünstigt.

Zeitrahmen und Ablauf definieren

Nach der Planerstellung kann man sich nun ernsthaft und detailliert Gedanken über eine mögliche Realisierung machen. Dazu gehört natürlich die Abschätzung des Zeitrahmens mit entsprechenden Realisierungsabschnitten im Zusammenhang mit den budgetären Mitteln.

Leider werden bei den meisten Planungen diese Überlegungen gleich an den Anfang dieses vorher beschriebenen Planungsprozesses gestellt. Das hat natürlich viele gute nachvollziehbare Gründe, gerade wenn es um Projekte mit Geldern aus der öffentlichen Hand geht, deren Budgetierung oft um Jahre im Voraus geschieht und bevor es überhaupt konkrete Vorstellungen für das Projekt gibt.

Überlegungen in Hinsicht auf zeitliche und finanzielle Ressourcen sind Teil des Planungsprozesses.

Die Planung wird dann „auf das Budget" entsprechend hin, mit teilweise unrealistischen Terminen ausgerichtet (z. B. Baubeginn im November, eine Woche vor Schneefall!). Man kann sich leicht vorstellen, dass durch diesen Planungsablauf viele Projekte nicht das Potential und die Qualität erreichen, die eigentlich möglich wären.

Einen fixen Zeitrahmen und ein Budgetkorsett im Kopf zu haben, bevor die Konzepterstellung und Planungsphase beginnt, hat natürlich fundamentale Nachteile. Diese Vorgaben hindern zweifelsohne den kreativen Prozess, weil jede gute Idee mit den Gedanken der terminlichen und monetären Realisierungsmöglichkeiten aufgewogen wird und somit viele Potentiale im Vorhinein ausschließt.

Im Extremfall entsteht eine Situation, in der geplant wird, um zu sparen, anstatt zu planen, um das zu bekommen, wofür ursprünglich das Projekt eigentlich gedacht war. Spätestens wenn man merkt, dass man spart, koste es, was es wolle, sollte man sich noch einmal ernstlich Gedanken darüber machen, warum das Projekt überhaupt angegangen wurde.

> **Man sollte sparen, um zu bauen, und nicht bauen, um zu sparen.**

In diesem Kapitel soll gezeigt werden, dass jede Planungsphase ihre eigenen Schwerpunkte hat und dass es um gute Ideen und ein qualitativ hochwertiges Projekt geht. Wenn dies nicht die Hauptbeweggründe sind, sollte das Projekt gar nicht erst in Angriff genommen werden und das Geld besser für einen ausgedehnten Urlaub ausgegeben werden.

Wir gehen jetzt von einer Situation aus, in der ein gutes Projekt in Form eines Planes vorliegt, das unbedingt realisiert werden soll. Nun können Überlegungen bezüglich eines Budgets und Zeitrahmens erstellt werden. Wenn beispielsweise eine ausreichende Menge Geld vorhanden ist, ist es möglich, das gesamte Projekt in einer Bauphase zu realisieren. Dies hat natürlich den Vorteil, dass innerhalb relativ kurzer Zeit die Bauarbeiten abgeschlossen werden können und das Gelände nicht mehr gestört wird. Meistens ist dies jedoch nur bei kleineren Flächen der Fall.

> **Große und komplizierte Bauvorhaben können auch etappenweise realisiert werden.**

Üblicherweise werden mittlere und größere Projekte in Etappen realisiert. Dies kann mehrere Gründe haben. Einerseits spielt natürlich die finanzielle Kapazität eine entscheidende Rolle, andererseits sind großflächige Landschaftseingriffe auch eine starke Beeinträchtigung der Natur.

Oft ist es sinnvoller, verschiedene Bereiche, vielleicht in Jahresabständen, nacheinander zu realisieren. Auf der einen Seite hat die Natur entsprechend Zeit, von einem Bereich zum anderen zu „übersiedeln", auf der anderen Seite entsteht die meiste Arbeit unmittelbar nach der neuen Geländegestaltung. Jungpflanzen müssen gesetzt und in den ersten Monaten entsprechend intensiver betreut werden, das Bodenleben muss durch Bepflanzungs- und/oder Mulchmaßnahmen neu aufgebaut werden. Wenn ein ganzes Gebiet auf einmal umgegraben wird, nehmen wir uns in diesem Zeitraum die Möglichkeit, Mulch am eigenen Grundstück zu produzieren bzw. Ausweichplätze für bereits vorhandene Pflanzen zu schaffen.

Bei den Überlegungen bezüglich Realisierungsetappen ist sehr sinnvoll, auf das Konzept der „Zonierung" zurückzugreifen. Zuerst soll die Zone 0 fertig gestellt werden: Es nutzt uns kein Gemüsegarten, wenn wir keine Möglichkeit haben, das Gemüse zu kochen, weil es noch keine Küche gibt. Danach werden die Zonen 1 und 2 in Angriff genommen. Dazu gehören auch wichtige Nebengebäude, die für Haus und Garten notwendig sind. Man darf für diesen Aspekt den Platzbedarf nicht unterschätzen. Es hat keinen Sinn, viel Geld für Gartengeräte auszugeben, die dann verrosten, weil es noch keinen Platz gibt, wo diese anständig gelagert werden können. Es wäre auch Unfug, einen Benzinrasenmäher in Zone 0 oder Zone 5 unterzubringen, weil die Zonen 1–4 gerade Baustellen sind.

> Ein klarer und gut durchdachter Bauablauf hilft, unnötige Arbeiten zu vermeiden.

Also: Man muss sich im Klaren sein, wie man sein Grundstück bewirtschaften will und eine entsprechende Infrastruktur einplanen. Dazu gehören eben auch Lager- und Verarbeitungsbereiche, wobei ein eventueller bestehender Hauskeller oder Anbauten an das Wohnhaus in diesem Fall eher der Zone 1 zuzuordnen wären und entsprechend genutzt werden können.

Zuerst sollten die bereits vorhandenen Ressourcen immer optimal genutzt bzw. umgenutzt werden, bevor neue Strukturen gebaut werden. Vielleicht gibt es eine Garage, die sich besser als Nebengebäude für den Garten eignet, und das Auto wird dann in einem Carport untergebracht. Ein Carport ist für die Lebensdauer eines PKW weitaus besser als eine geschlossene Garage!

> Vorhandene Ressourcen sollten erst optimal genutzt werden, bevor sie durch etwas Neues ersetzt werden.

Sind die Bereiche der Zone 1+2 soweit gediehen, kann man sich um die Zone 3 kümmern. Ein eigener Kartoffelacker ergibt eben nur dann Sinn, wenn es auch einen Ort gibt, wo die Ernte über den Winter anständig gelagert werden kann.

Die Zonen 4 und 5 können jederzeit angelegt werden. Bei der Zone 4, sofern es sich um Bepflanzungsmaßnahmen handelt, ist es natürlich sogar von Vorteil, wenn sie relativ früh angelegt wird. Da in diese Zone auch Obst-, Nuss- und andere Nutzbäume (auch, wenn klimatisch möglich, eventuell Esskastanie, Maulbeere, Feige etc.) gehören und sich Geländemanipulationen auf ein Minimum beschränken sollten, können diese Bereich sehr frühzeitig bepflanzt werden. Bis diese Pflanzen einen Ertrag bringen, vergehen einige Jahre und dann sollte die Infrastruktur der Zonen 0–2 soweit gediehen sein, dass Zone 4 gut genutzt werden kann.

Bei Zone 5 handelt es sich um die Wildnis-/Naturzone, die eigentlich keine gröberen Eingriffe erfordert. Es gibt kleine Ausnahmen, die dann die vorhandene Pflanzenvielfalt weiter diversifizieren und intensivieren Es könnten außerdem punktuell Trampelpfade und Ruhezonen (z. B. kleine Baumhäuser, Aussichtsplattformen, Sitzgelegenheiten etc.) in dieser Zone jederzeit nach Bedarf errichtet werden. In diesem Bereich sollten aber in diesen Ausnahmefällen ausschließlich Naturmaterialien mit einem temporären Charakter verwendet werden.

> Setzen Sie Baumaterialien entsprechend ihres ästhetischen und materiellen Charakters ein!

Die Zonen 3–4 eignen sich auch hervorragend als Ausweichplätze für Pflanzen, die eventuell bei den Gestaltungsmaßnahmen der Zonen 1+2 temporär entfernt werden müssen.

Kosten/Budget definieren

Wie viel Geld jeder zur Verfügung hat, um seine Träume zu realisieren ist immer unterschiedlich. Dennoch sollte jeder vorsichtig mit seinem Geld umgehen und für Arbeiten, die nicht selber durchgeführt werden können, von mindestens drei Firmen Angebote einholen.

Je genauer der Plan für die jeweiligen Bereiche ist, desto realistischer wird auch der Kostenvoranschlag sein. Die Arbeit, sich so viele Kostenvoranschläge erstellen zu lassen, erscheint auf dem ersten Blick äußerst mühsam. Sollte jedoch eine Differenz von „nur" 500 Euro zwischen dem günstigsten und teuersten Anbieter liegen, muss man sich den eigenen „Stundenlohn" für die Einholung der Angebote ausrechnen. Sollten es vier Stunden der eigenen Zeit gewesen sein, so liegt der eigene Stundenlohn dann bei 125 Euro netto und steuerfrei! Es lohnt sich!

> Durch das Einholen mehrerer Kostenvoranschläge kann viel Geld gespart werden.

Massenberechnungen

Eine weitere sehr sinnvolle und augenscheinlich sehr mühsame Aufgabe in der Planung ist die Massenberechnung. Ohne eine ungefähre Vorstellung der Menge an Erdbewegung oder das Gewicht der Steine für Gestaltungsmaßnahmen für mein Vorhaben zu haben, wird es sehr schwer gelingen, realistische Kostenschätzungen zu bekommen.

Wie der Materialbedarf berechnet wird, soll anhand eines kleinen Beispiels für die Errichtung einer Kräuterspirale mit 3 m Durchmesser veranschaulicht werden. Wenn wir das Aushubmaterial (Entfernung Grassoden/Humuserde) nicht mit berücksichtigen, weil es ja wieder eingebaut wird, ergeben sich folgende Berechnungen für das herzubringende Material: Da wir mit Naturmaterialien und mit keiner so großen Genauigkeit, wie in der Planung sonst üblich, arbeiten, vereinfachen wir die Berechnungen so weit wie möglich. Ganz ohne Mathematik geht es ab dieser Stelle leider nicht mehr. Als geometrische Figur ähnelt die Kräuterspirale einem Kegel. Das Volumen eines Kegels mit kreisförmiger Grundfläche besteht aus der Grundfläche, multipliziert mit einem Drittel der Kegelhöhe.

> Um ein Budget definieren zu können, müssen grobe Massenberechnungen durchgeführt werden.

Also hier ist die Formel für die Volumenberechnung eines Kreiskegels:

$$\text{Volumen (V)} = \frac{\text{Grundfläche (A) x Höhe (h)}}{3}$$

Die Grundfläche eines Kreises (A) wird aus dem Radius zum Quadrat (r^2) mit der Zahl Pi (ca. 3,14) multipliziert, also: Grundfläche Kreis (A) = r^2 x 3,14

Daraus folgt das Volumen eines Kreiskegels: $V = \frac{r^2 \times 3{,}14 \times h}{3}$

In unserem Fall runden wir die Zahl Pi einfach ab auf „3", kürzen diese mit der „3" im Nenner und erhalten die nun simplifizierte Kegelvolumenformel:

$$V \ (m^3) = r^2 \times h$$

Bei einem Durchmesser von 3 m ist der Radius r entsprechend halbiert, also 1,5 m.
$V (m^3) = 1{,}5^2 \times h (m^3) = 2{,}25 \times h (m^3)$

Jetzt fehlt nur noch der Wert für h. Bei einer Kräuterspirale sollte die Höhe ca.
1/3 des Durchmessers betragen (das bedeutet, dass die Höhe 2/3 des Radius
beträgt).
$V (m^3) = r^2 \times h (m^3) = 2{,}25 \times (1) (m^3) = 2{,}25 (m^3)$

Falls Ihnen die obige Ableitung doch etwas zu kompliziert ist, merken Sie sich
bitte Folgendes: Multiplizieren Sie die Hälfte Ihres Kräuterspiralendurchmessers
mit sich selbst und der Höhe und Sie erhalten das ungefähre Volumen der Spirale – oder nehmen Sie einfach nachfolgende Tabelle zu Hilfe:

1) Kräuterspirale Durchmesser ~1 m	> Höhe ~35 cm	> Volumen ~0,1 m³	
2) Kräuterspirale Durchmesser ~1,5 m	> Höhe ~50 cm	> Volumen ~0,3 m³	
3) Kräuterspirale Durchmesser ~2 m	> Höhe ~70 cm	> Volumen ~0,7 m³	
4) Kräuterspirale Durchmesser ~2,5 m	> Höhe ~85 cm	> Volumen ~1,4 m³	
5) Kräuterspirale Durchmesser ~3 m	> Höhe ~100 cm	> Volumen ~2,3 m³	
6) Kräuterspirale Durchmesser ~4 m	> Höhe ~135 cm	> Volumen ~5,4 m³	
7) Kräuterspirale Durchmesser ~5 m	> Höhe ~170 cm	> Volumen ~10,6 m³	

Hilfestellung für die Massenberechnung von Kräuterspiralen

Beim Bau einer Einfachen Kräuterspirale ist der Anteil Steine zu Erde ungefähr
gleich groß, gerechnet vom fehlenden Volumen über Bestandsniveau. Das würde
für eine Kräuterspirale mit 3 m Durchmesser bedeuten, dass zusätzlich zum
Sockelaushub etwas mehr als 1 m³ Erde und 1 m³ Steine für den Bau benötigt
wird (Gesamtvolumen ~ 2,3 m³, siehe Tabelle!).
    Kleine Abweichungen von den Tabellenwerten sind möglich und können beim
Bau entsprechend leicht ausgeglichen werden; die Kräuterspirale wird dann entsprechend leicht höher oder flacher, breiter oder schmäler. Man beachte, dass
die Relation zwischen Durchmesser und Volumen nicht linear, sondern exponen-
tiell ansteigt!
    Bei Steinbrüchen werden oft aber Preise nicht in Volumen (m³ ~ Kubikmeter
= 1000 Liter), sondern in Gewicht (t ~ Tonne = 1000 kg) angegeben. Deshalb muss
das Volumen der benötigten Steine in das entsprechende Gewicht umgewandelt
werden. Als Faustregel kann gelten, dass 1 m³ Steine ca. 2500 kg (2,5 t) wiegen.
Als Eichung für diese Berechnung wird die so genannte Rohdichte angegeben.
Ein Stein würde somit eine Rohdichte von 2500 kg/m³ besitzen. Erdfeuchter
Lehm hat je nach Beschaffenheit ungefähr eine Rohdichte von 2000 kg/m³, Holz
ca. 300–700 kg/m³. Wasser hingegen hat genau eine Rohdichte von 1000 kg/m³.
Dies ist kein Zufall, weil Wasser sozusagen der Ausgangspunkt für die Erstellung dieser Maßeinheiten ist. Alle Materialien, die eine Rohdichte von weniger
als 1000 kg/m³ aufweisen, schwimmen auf Wasser (da sie ja volumenbezogen
leichter sind), alle Materialien mit einem höheren Wert gehen unter.
    Dieses Beispiel einer Massenermittlung ist vielleicht für eine Kräuterspirale
etwas übertrieben, aber es gibt Projekte, bei denen Steinschlichtungen benötigt

Auch bei Massenberechnungen
und Kostenvoranschlägen ist
es wichtig, immer die gleiche
Einheit bzw. Leistung zu
vergleichen.

werden, die schnell einmal 100 t oder mehr Steine benötigen. Anhand des Planes kann ich mir das Volumen ausrechnen, entsprechend das Gewicht bestimmen und einen Preis bei mehreren Steinbrüchen erfragen.

Ähnliche Überlegungen sind natürlich für den Wegebau und Platzgestaltungen wichtig. Bei gepflasterten Flächen sollte ein Schotterunterbau von 20–40 cm vorgesehen werden. Man kann sich nun anhand der Wegbreite und -länge das Aushubvolumen berechnen und entsprechend die richtige Menge Schotter bestellen. Lassen Sie sich aber immer noch einmal vom lokalen Baustoffhandel beraten, welche Aufbaumöglichkeiten für die Pflasterung Ihrer Wahl mit den entsprechenden lokalen Bodenverhältnissen empfohlen werden. Bei diesen Bereichen jetzt zu stark in das Detail zu gehen, würde wieder einmal den Rahmen dieses Buches sprengen.

Weitere Tipps

Generell gilt, dass eine Materialzustellung per LKW gleich teuer ist, egal ob voll oder leer. Die Realisierungsabschnitte sollten so geplant werden, dass es zu einer effizienten Materialanlieferung kommt. Es sollte also ein voller LKW kommen, anstatt zweier halbvoller in einem geringem zeitlichen Abstand. Das Gleiche gilt natürlich auch für die Transportkosten von diversen anderen Baumaschinen. Man sollte schauen, dass, wenn z. B. gerade ein Bagger vor Ort ist, so viele Arbeiten wie möglich von diesem vorbereitet und abgeschlossen werden, auch wenn es sich um Bereiche handelt, die erst in einer anderen Etappe realisiert werden sollen.

Bei Materialbestellungen sollte die Anlieferung so ökonomisch wie möglich geplant werden!

Diese Tatsache spricht natürlich auch wieder für eine gute und wohl durchdachte Planung. Sollten z. B. Leitungen unter die Erde verlegt werden müssen, ist es von großem Vorteil, wenn von diesem Arbeitsabschnitt so viel wie möglich (auch für spätere Bereiche) fertig gestellt wird. Es gibt genügend Beispiele in der Praxis, wo an der gleichen Stelle mehrmals innerhalb kürzester Zeit wieder aufgegraben werden müsste, weil irgendetwas vergessen wurde, und Bereiche, die eigentlich bereits fertig waren, wieder im Mitleidenschaft gezogen wurden.

Führen Sie die Bauarbeiten in Zonen 0–3 so durch, dass zuerst die Bereiche unterhalb und dann oberhalb der Erde fertig gestellt werden. Die Realisierungsabschnitte sollten generell so gestaffelt sein, dass unnötige und doppelte Arbeiten vermieden werden. Es bietet sich an, die langen Wintermonate für eine ausführliche Planung zu nutzen, so dass im Frühling mit den Bauarbeiten zeitig begonnen werden kann und in der optimalen Pflanzzeit im April bereits auch Bäume und Sträucher gesetzt werden können. Bis zum Herbst kann Ihr Garten dann so ausschauen, als ob es zu Anfang des Jahres überhaupt keine Baustelle gegeben hätte. Die neue Gestaltung konnte sich prächtig zu einem naturnahen Ganzen entwickeln.

Die langen Wintermonate sind optimal für die Planungsphase des eigenen Gartens.

Bauen

Der Standort

Der optimale Standort einer Kräuteranlage hängt vom Zweck und der Nutzungsform ab. Je intensiver die Anlage genutzt wird, desto wichtiger ist die räumliche Nähe zum Haus bzw. zu den Verarbeitungsräumen. Extensiv genutzte Kräuteranlagen, die beispielsweise hauptsächlich als Bienenweiden oder zur Saatgutgewinnung dienen, können auch weiter entfernt eingeplant werden.

Bodenansprüche

Böden, die sich für eine landwirtschaftliche Nutzung eignen, sind zumeist auch für die Anlage eines Kräutergartens geeignet. Wichtig für den Anbau der meisten Kräuter, vor allem für Kräuter mediterranen Ursprungs, sind gut durchlüftete

Lupinen sind hervorragende Gründüngungspflanzen.

Böden. Schwere und verdichtete Böden sind aufgrund der schlechteren Wurzelbildung und der Gefahr von Staunässe problematisch. An solchen Standorten
können zur **Bodenverbesserung** beitragen:

■ **Mechanische Lockerung** und Belüftung der oberen Bodenschicht (händisch oder mit landwirtschaftlichem Gerät).

■ **Gründüngung als Vorkultur:** Pflanzen, die unterschiedliche Bodenhorizonte
durchwurzeln, tragen zu einer Belüftung und Lockerung des Bodens bei. Die
Grünmasse kann anschließend in den Boden eingearbeitet werden (Flächen-
kompostierung). Werden Leguminosen als Gründüngungspflanzen verwendet, dann wird zusätzlich noch Stickstoff gebunden und für die Pflanzen ver-
fügbar gemacht:

  ● **Einjährige Leguminosen zur Gründüngung**
    Futtererbse *(Pisum sativum)*, Platterbse *(Lathyrus sativus)*, Erdklee *(Trifo-
    lium subterraneum)*, Perserklee *(Trifolium resupinatum)*, Alexandrinerklee
    (Trifolium alexandrinum), Lupinen *(Lupinus spec.)*

  ● **Sonstige einjährige Gründüngungspflanzen**
    Senf *(Sinapis alba)*, Markstammkohl *(Brassica oleracea var. medullosa)*,
    Buchweizen *(Fagopyrum esculentum)*, Büschelschön *(Phacelia tanacetifo-
    lia)*, Lein *(Linum usitatissimum)*, Leindotter *(Camelina sativa)*.

■ **Verbesserung der Bodenstruktur**
Durch kontinuierliches Mulchen wird die Bodenstruktur verbessert und das
Bodenleben aktiviert. Dadurch können sich auch ehemals saure Böden in Rich-
tung des neutralen pH-Wertes entwickeln, der für das Gedeihen der meisten
Kulturpflanzen vorteilhaft ist. Das Einbringen bzw. Einarbeiten von Steinmehl,
Sand oder Kies kann bei sehr schweren Böden (tonige Lehme) nötig sein, wenn
Kräuter kultiviert werden, die besonders durchlässige Böden für gutes Wachstum brauchen. Durch diese Beigaben kann die Bodenstruktur kleinflächig verbessert, Luft in den Boden gebracht oder auch sichergestellt werden, dass sich
keine Staunässe bildet. Wir sind bisher jedoch auch auf verhältnismäßig
schweren Lehmböden immer gut ohne das Einmischen von Sand oder Kies aus-
gekommen. Laufendes Mulchen und eine durchdachte Platzwahl für die einzelnen Kräuter im Rahmen unserer Gestaltungselemente ermöglichen dies.

> **Ein gut durchlüfteter Boden mit aktivem Bodenleben ist wichtig für gutes Pflanzenwachstum.**

    Wer nicht so lange warten möchte, bis sich ein saurer Boden durch die
eigenen Bewirtschaftungsmethoden verbessert, kann sich durch das Einbringen von Naturkalk in Form von Kalksteinmehl, Algenkalk oder Kalkmergel
behelfen. Dadurch wird der pH-Wert des Bodens angehoben. Hier ist aber auf
die richtige Menge zu achten – wie für uns selbst gilt auch für den Boden:
„Allzu viel ist ungesund!" Wer es genau wissen möchte, besorgt sich Test-
Sets und stellt den pH-Wert des Bodens einfach fest. Aber seien Sie unbe-
sorgt: auch die kalkliebendsten mediterranen Kräuter wachsen in so großen
Toleranzbereichen, dass man auch ganz gut ohne Kalk- und pH-Wert-Untersu-
chungen auskommt, wenn nicht gerade versucht wird, am übersäuerten
Boden einer ehemaligen Fichtenmonokultur Salbei zu ziehen.

Wurzelkräuter

Pflanzen, die wegen ihrer Wurzeln angebaut werden (sog. Wurzeldrogen, z. B. Eibisch, Alant, Meerrettich), brauchen besonders tiefgründigen lockeren Boden. An solchen Standorten kann sich der Wurzelstock optimal ausbilden und auch die Ernte und Reinigung der Wurzel ist einfach durchführbar.

Vorbelastungen der Fläche

Wenn ehemals landwirtschaftlich genutzte Flächen umgestaltet werden, ist es wichtig, deren Vorgeschichte zu kennen. Es gilt herauszufinden, was in den letzten Jahren angebaut wurde und vor allem, welche Düngemittel und ggf. Spritzmittel verwendet

Eibisch ist eine wunderschöne Heilpflanze. Den größten Wirkstoffgehalt findet man in der Wurzel.

wurden, um eine eventuelle Belastung des Bodens abschätzen zu können. In manchen Fällen kann es sinnvoll oder sogar nötig sein, die Fläche ein bis zwei Jahre als Gründüngungsbrache zu bewirtschaften, bevor mit den Kräuteranbau begonnen wird. In dieser Übergangsphase zeigt sich nach dem Umbruch auch deutlich, welche unerwünschten Begleitpflanzen vorhanden sind. Sollten etwa Hühnerhirse, Ambrosia, Ampfer, Ackerkratzdistel oder Ackerwinde im ersten Jahr übermäßig stark vertreten sein, kann in der Übergangsphase noch sehr leicht darauf reagiert werden. Wenn das Gelände noch frei ist, also keine ausdauernde Kultur vorhanden ist, die geschont werden muss, ist der Einsatz von Maschinen problemlos möglich. Rechtzeitige Mahd vor der Blüte und Aussaat unerwünschter Beikräuter sind Maßnahmen, die jetzt noch einfach gesetzt werden können. Durch eine langfristige Planung kann der „Unkrautdruck" in den Kräuteranlagen deutlich minimiert werden. Dies gilt übrigens im Großen wie im Kleinen, denn auch im verwahrlosten Hausgarten ist ein Gründüngungsjahr als Vorbereitung auf den Kräutergarten oft sinnvoll.

Klima

Sonnige Lagen sind besonders günstig für Kräutergärten. Hier sind es wiederum vor allem die mediterranen Kräuter, die gerne an vollsonnigen und bei uns auch, wenn möglich, an windgeschützten Standorten stehen. Andere Kräuter, wie zum Beispiel Liebstöckel, verschiedene Minze-Arten, Bärlauch oder Waldmeister, gedeihen auch im Halbschatten sehr gut. Halbschattige Standorte lassen sich einfach durch die Gestaltung der Anlage (Hochbeete) und die Bepflanzung (Wildobst, Obstbäume, Beerensträucher) schaffen.

Die meisten Nutzpflanzen sehen ihre eigenen Ansprüche nicht so eng, wie sie in manchen Fachbüchern dargestellt werden.

Die meisten Kräuter haben auch mit Trockenheit im Sommer wenig Probleme. Ausgenommen sind davon Kräuter, die an sumpfigen Standorten, auf Feuchtwiesen, am Gewässerrand oder in Biotopen wachsen. Unter den Gewürzkräutern sind es Schnittlauch und Liebstöckel, die gerne etwas mehr Feuchtigkeit bekommen, und Basilikum, der gerne Wärme mit guter Wasserversorgung hat. Im Leben der Gartenkräuter gibt es *sensible Phasen*, in denen eine ausreichende Wasserversorgung von Bedeutung ist, und zwar:

- in der Anwuchsphase (also nach dem Einpflanzen), bis sich neue Wurzeln gebildet haben und die Pflanze sich selbst versorgen kann;
- nach der Ernte (nach dem Rückschnitt): die Pflanze braucht Energie und Wasser um neue Blattmasse zu bilden;
- nach der Aussaat: Saatgut sollte gleichmäßig feucht gehalten werden, damit es zügig keimt;
- bei der Stecklingsvermehrung: die Stecklinge müssen feine Wurzeln ausbilden können, bevor sie vertrocknen.

Ansonsten sind die meisten Kräuter sehr pflegeleicht und brauchen im Freiland nicht gegossen zu werden.

Oft stellt sich die Frage der Platzwahl nicht, da nur ein ganz bestimmter Standort zu Verfügung steht. Dann sollte man sich nicht von den Ausführungen über den optimalen Standort abschrecken lassen, sondern versuchen, die Standortbedingungen durch die Gestaltung zu verbessern. An schattigen Plätzen kann das die Auflichtung von Heckenpflanzungen bedeuten und die Schaffung vertikaler Strukturen – und damit Flächengewinn am verhältnismäßig hellsten und wärmsten Standort.

Die Auswahl der Pflanzen sollte an die Standortbedingungen angepasst werden, um gesunde und widerstandsfähige Pflanzen zu erhalten. Mehltauanfällige Arten wie etwa die Goldmelisse *(Monarda)* brauchen luftige und sonnige Plätze. Mehltau, der durch weißen Belag an den Blättern auffällt, wird durch einen Pilz hervorgerufen. Optimale Wachstumsbedingungen finden Pilze an feuchten und warmen Standorten vor. Wenn ich also beispielsweise unbedingt Goldmelisse in meinem halbschattigen Garten haben möchte, dann werde ich sie nicht an den Fuß einer Terrasse oder eines Hochbeetes pflanzen, wo Wärmestau und Windschutz gegeben ist, sondern eher an den höchsten Punkt, wo sie luftig steht und nach dem Regen schnell abtrocknen kann. Ansonsten liefern die meisten Gewürzkräuter auch an halbschattigen Standorten durchaus zufriedenstellende Erträge.

Jungpflanze mit gut durchwurzeltem Erdballen vor dem Einpflanzen

Staunässe vermeiden

Von großer Bedeutung ist es, Staunässe zu vermeiden. Auf Staunässe und fallweise Überflutungen (etwa bei Starkniederschlägen) reagieren viele Kräuter sehr empfindlich. Vor allem die große Gruppe der trockenheitsangepassten

Kräuter mediterranen Ursprungs (Thymian, Rosmarin, Lavendel u. v. a.) vertragen Staunässe sehr schlecht. Verursacht wird Staunässe entweder durch wasserundurchlässige Schichten in oberen Bodenhorizonten oder durch Senken und Mulden ohne Ablauf, in denen sich Niederschlagswasser länger hält. Darauf muss bei der Gestaltung und auch bei der weiteren Betreuung der Anlage unbedingt Rücksicht genommen werden, um Ausfälle zu verhindern. Wenn die Kräuteranlage regelmäßig und mit offenen Augen betrachtet wird, fallen „Problemstellen" sehr schnell auf. Hier ist es wichtig, auch mal bei Regenwetter nach draußen zu gehen, um das Verhalten des Oberflächenwassers genau beurteilen zu können. Solche Bereiche müssen dann geändert werden, indem entweder für eine bessere Wasserableitung gesorgt oder die Bepflanzung geändert wird. Meistens sind diese Arbeiten in einem Kräutergarten mit wenigen Handgriffen getan. Handelt es sich um eine größere Anlage, dann sind Änderungen zwar mit mehr Arbeit verbunden, aber aufgrund des höheren Schadensrisikos bzw. der geringeren Erträge umso notwendiger.

Kräuterterrassen am Probsthof

Kleinklimazonen schaffen

Vorteilhaft für die Vielseitigkeit eines Kräutergartens ist es, möglichst verschiedene Kleinklimazonen zu schaffen. Daraus ergeben sich allerlei Standorte (feucht, windstill, luftig, warm, trocken, sonnig, schattig), die es ermöglichen, viele unterschiedliche Pflanzen zu kultivieren. Um die Wirkung dieser unterschiedlichen Standorte auszutesten, können Pflanzen derselben Art an verschiedenen Plätzen gepflanzt und deren Wachstumsverhalten, Überwinterungsfähigkeit, Aroma-Ausprägung usw. selbst beobachtet und getestet werden. Wer kein Risiko eingehen will, kann auch einjährige Pflanzen (Ringelblume, Kamille) an verschiedenen Standorten säen und so mehr über die Qualität des Mikroklimas in Erfahrung bringen.

Nährstoffbedarf

Der Nährstoffbedarf zahlreicher Kräuter ist als vergleichsweise gering einzustufen. Wir haben bereits Kräuteranlagen auf sehr nährstoffarmen Böden mit nur spärlicher Humusschicht angelegt. Die Kräuter wachsen dort zwar im ersten Jahr deutlich langsamer, entwickeln sich aber ab dem 2. Jahr hervorragend. Dies wird darin begründet sein, dass wir unsere Anlagen mit organischem Material mulchen, was die Entwicklung einer nährstoffreichen Humusschicht begünstigt.

Als Mulchmaterial verwenden wir zu Beginn meistens Stroh, im Laufe des Jahres fällt in der Anlage dann genügend Grünmasse an, die grob zerkleinert zwischen den Kräutern als Mulch verwendet werden kann.

> Die Mulchschicht schützt den Oberboden vor Erosion und Austrocknung, reguliert damit den Feuchtigkeitshaushalt und hilft, unerwünschte Beikräuter zu unterdrücken.

Wenn gute Gartenerde bzw. eine ausgeprägte Humusschicht vorhanden sind, wachsen die Pflanzen natürlich im ersten Jahr schneller und bilden mehr Blattmasse. Es spricht nichts dagegen, diese humose Erde für die Kräuter zu verwenden, wenn sie vorhanden ist! Vorsicht ist jedoch bei jeder Art von Düngung geboten. Synthetische Düngemittel verwenden wir grundsätzlich nicht. Organische Dünger können in Form von Mist oder Kräuterjauche ausgebracht werden. Mist sollte nur gut abgelagert (mindestens 1 Jahr alt) verwendet werden, da er sonst zu „scharf" für die Pflanzen ist. Die Einbringung von Mist bei Neuanlagen ist nur dann sinnvoll, wenn es sich tatsächlich um sehr nährstoffarme Böden handelt und die Anlage bereits im ersten Jahr ertragreich genutzt werden soll. Pflanzen, die jedes Jahr viel Biomasse produzieren (viel Blattmasse), wie etwa Minze, Melisse oder Liebstöckel, haben einen höheren Nährstoffbedarf als verholzende mediterrane Kräuter mit geringer Blattmasse (wie etwa Thymian, Rosmarin oder Lavendel). Bei mehrmaligem

Mulchen schützt die Jungpflanzen, sorgt für lockere Erde und aktives Bodenleben.

Schnitt der Minzen (intensiver Nutzung, bis zu drei Schnitte im Jahr) steigt logischerweise auch deren Nährstoffbedarf. Um eine eventuelle Düngung also richtig einzuschätzen, müssen der Nährstoffbedarf der unterschiedlichen Pflanzen (Kulturanleitungen), der Nährstoffgehalt des Bodens und die Nutzung berücksichtigt werden. Allgemein sollte darauf geachtet werden, nicht zu viel und nicht zu spät im Jahr zu düngen. Durch die Düngung wird die Pflanze zur Bildung von Grünmasse angeregt; wenn dies zu spät im Jahr passiert, können die neuen Triebe nicht mehr verholzen (sog. Holzreife) und sind damit der Winterkälte schutzlos ausgeliefert. Sie erfrieren im Winter. Das Gleiche kann übrigens auch passieren, wenn die Pflanzen zu spät im Jahr tief zurückgeschnitten werden. Auch der Rückschnitt regt den Neuaustrieb an. Die Schnittflächen brauchen ausreichend Zeit zu verheilen, und die Holzreife muss auch hier noch vor dem Winter ausgebildet werden.

Einbau bestehender Elemente

Wenn ein bestimmter Platz für den Kräutergarten vorgesehen ist, kann es vorkommen, dass sich dort bereits verschiedene Gehölze – seien es Bäume, Sträucher oder Heckenpflanzungen – oder auch Mauern und Zäune befinden. Dann muss besonders sorgfältig geplant werden. All diese Elemente können unter Umständen gut in die Anlage integriert werden. Besonders ansprechend wirken Anlagen, in denen es gelungen ist, vorhandene Ressourcen sinnvoll einzugliedern. Bepflanzte Trockenmauern, Nutzung der Mauer als Wärmespeicher für die Kultivierung wärmeliebender Arten (Kachelofeneffekt), rankende Pflanzen an Zäunen und Gehölzen (z. B. Kapuzinerkresse, Jiaougulan oder Kletterrosen), ein schöner Sitzplatz unter einem großen Schattenbaum (Naturschatten!) mitten im Kräutergarten sind möglich. Es kann aber auch vorkommen, dass manche Bäume und Sträucher umgepflanzt und Hecken aufgelichtet werden müssen. Das Umpflanzen sollte während der Vegetationsruhe, d. h. vom Herbst bis Frühling, natürlich nur, solange der Boden offen ist (d. h. nicht gefroren ist und kein Schnee liegt), geschehen. Im Herbst bedeutet das nach dem Laubfall (etwa ab Oktober), im Frühling sollte möglichst noch vor dem Laubaustrieb gepflanzt werden (etwa bis Mai). Vorteil der Herbstpflanzung ist, dass die Pflanzen bis zum Frühling Zeit haben, anzuwachsen und neue Wurzeln auszubilden und die Gefahr von Trockenheitsschäden aufgrund der Winterfeuchtigkeit geringer ist. Von Nachteil kann die Herbstpflanzung in Gebieten mit starkem Wilddruck oder großen Hasen- und Wühlmauspopulationen sein, da die frisch gepflanzten Bäume anfälliger sind und der Verbissdruck in den Wintermonaten am höchsten ist. Auch in Gegenden mit starken Winterfrösten und auf sehr schweren Böden kann die Herbstpflanzung problematisch sein.

> Ein gut gestalteter Garten fügt sich harmonisch in den Landschaft ein.

Wahl der Baustoffe

Im Sinne der Nachhaltigkeit arbeiten wir bei Gestaltungen mit natürlichen Rohstoffen: Erde, Holz und Stein sind dabei die wichtigsten Baumaterialien. Naturmaterialien fügen sich in die Gestaltung gut ein und wirken nicht als Fremdkörper, wie es bei Plastikelementen der Fall wäre. Der Verwitterungsprozess verleiht ihnen einen besonderen Charme, wohingegen verwitterte, synthetisch hergestellte Baustoffe schnell unansehnlich wirken. Für künstlerische Gestaltungen eignen sich interessant geformte Steine, Holzstämme und Wurzelstöcke in besonderem Maße. In die Gestaltung integriert, verleihen sie der Anlage eine sehr individuelle Note und können zudem noch bepflanzt werden.

> Holz, Erde und Steine sind die wichtigsten Baustoffe im Naturgarten.

Neben dem optischen Effekt dienen sie damit auch als Wärmepuffer und Kletterhilfe. Sehr reizvoll ist es, auch den Spielbereich für die Kinder mit Naturmaterialien zu gestalten. Kletterbäume, Steinplateaus, natürlich ins Gelände integrierte Sandkisten mit Stein- oder Holzeinfassungen: die Bandbreite ist groß.

Balancierstämme, auf niedriger Höhe montiert, können auch als Sitzgelegenheit dienen. Höhlen und Verstecke lassen sich sehr einfach durch die Gestaltung und Bepflanzung der Anlage realisieren. Sind die Kinder erst einmal aus dem Spielplatzalter herausgewachsen, können die einzelnen Elemente einer anderen Nut-

zung zugeführt werden. Die Sandkiste wird anstatt mit Sand mit Kompost oder Erde gefüllt und dient als Gemüsebeet, Blumenrabatte oder Beerengarten. Am Kletterbaum ranken sich Weinreben, Kiwis oder Rosen usw. Abgesehen vom ökologischen und ästhetischen Wert, sind Naturmaterialien auch wesentlich günstiger als synthetisch hergestellte Gestaltungselemente.

Auch vorhandene Restbestände aus Sanierungs- und Bauarbeiten können in die Gestaltungen integriert werden. Dachziegel aus Ton, alte Tonziegel und Ziegelbruch können in Kräuterspiralen und Kräuterberge eingebaut werden.

Wasserlauf eines Kinderspielplatzes, vom steirischen Künstler Josef Fromm gemeinsam mit Kindern gestaltet.

Bei der Verwendung von Recyclingmaterial muss jedoch unbedingt auf die ökologische Unbedenklichkeit des Materials geachtet werden.

Holz als Baumaterial

Holz ist ein wunderbares Baumaterial für fast alle Bereiche im Garten. Beim Baustoff Holz handelt es sich nicht nur um einen relativ kostengünstigen, nachwachsenden Rohstoff. Holz ist vor allem ein natürliches Material, der sich harmonisch in die Gestaltung einfügt. Es kann als Schnittholz oder in seiner natürlichen Form verwendet werden.

Holz als Baustoff: organisch, praktisch, schön und leicht zu bearbeiten.

Gerade Naturholz , also Stämme, Äste, Wurzeln und ganze Wurzelstöcke, vermittelt, wenn es richtig eingesetzt wird, ein ganz besonderes Ambiente im Garten. Zu guter Letzt ist Holz auch noch leicht verarbeitbar.

In unseren Kräuteranlagen gibt es für „Bauholz" vielerlei Verwendungen. Meist wird es zum Aufbau einer vertikalen Struktur oder zur Stabilisierung solcher Strukturen herangezogen. Es kann aber auch für Stufen, Trittflächen, Sitzgelegenheiten, als Rankhilfe und zum Ausformen von Nischen verwendet werden.

Wer erst einmal auf den Geschmack gekommen ist, die Garteneinrichtung selber zu bauen, dem fallen noch viele weitere Anwendungsbereiche ein: von Gartenmöbeln, Fahrradständern, Blumenkisten, Brunnentrögen, Zäunen, Torbögen bis hin zum

Wäscheständer lassen sich die unterschiedlichsten Dekorationen und Gebrauchsgegenstände mit Schnitt- oder Naturholz gestalten.

Haltbarkeit von Holz

Fast jede/r hat wohl schon einmal gehört, dass Holz „lebt" und „arbeitet". Dies rührt daher, dass Holz die Eigenschaft hat, Feuchtigkeit aufzunehmen (Quellen) und auch abzugeben (Schwinden). Durch diese Vorgänge kommt es zu Formveränderungen, die sich je nach Situation und Holzart unterschiedlich stark auswirken können. Das Holz kann sich durch diese Formveränderung verziehen oder reißen.

Als organischer Rohstoff ist Holz natürlich biologisch abbaubar! Gerade im Außenbereich ist jedes Baumaterial großen Beanspruchungen ausgesetzt: Regen, Sonne, Wind, Schnee und Frost oder hohe Temperatur- und Feuchtigkeitsschwankungen. Diese Faktoren führen zu Verwitterungsprozessen, die je nach Holzart früher oder später deutlich werden.

> Die Haltbarkeit verschiedener Holzarten im Außenbereich hängt davon ab, wie beständig sie sich bei Wechselfeuchte und Erdkontakt verhalten und wie hoch die Resistenz, vor allem gegenüber Pilzbefall und Insekten, ist.

Grundsätzlich kann gesagt werden, dass Kernholz am widerstandsfähigsten gegenüber Umwelteinflüssen ist. Als Kernholz wird der innere Bereich im Stamm bezeichnet, welcher aus bereits abgestorbenen Zellen besteht. Es unterscheidet sich farblich meist stark vom lebenden Splintholz. Zahlreiche Bäume (nicht alle) bilden „echtes Kernholz" aus. Es entsteht dadurch, dass die Zellen im inneren Stammbereich absterben und ihre Verbindungen zu den lebenden Zellen im Randbereich (Splint) unterbrechen. Zudem werden so genannte Kernstoffe eingelagert, welche ebenfalls zu einer Erhöhung der Dauerhaftigkeit führen. Der Kern hat für den Baum eigentlich nur noch statische Bedeutung.

Die widerstandsfähigsten Holzarten für den Außenbereich sind in unseren Breiten in erster Linie Eiche, Robinie, Edelkastanie und Lärche.

Es gibt zwar einige südamerikanische oder afrikanische Holzarten, welche aufgrund der hohen Dauerhaftigkeit und Pilzresistenz ebenfalls bestens geeignet wären, diese kommen aber aus ökologischen Gründen für uns nicht in Frage. Außerdem legen wir Wert darauf, regionale Ressourcen zu nutzen und daher auch regionale Produkte zu verwenden.

Zur Widerstandsfähigkeit des Holzes muss noch erwähnt werden, dass es nicht nur auf die Baumart ankommt, sondern auch auf das individuelle Wachstum des einzelnen Baumes. Hier kommt es vor allem auf das Verhältnis zwischen Kernholz und Splintholz an. Je höher der Anteil an Kernholz, desto höher ist die Widerstandsfähigkeit des als Rundholz verwendeten Stammes. Auch der Zeitpunkt der Fällung ist von Bedeutung. So ist im Winter (Vegetationsruhe) geschlagenes Holz meist wesentlich besser zu verarbeiten und auch dauerhafter.

Bei der Verwendung von Holz im Außenbereich sollte man bei allen Baumaßnahmen die notwendige Haltbarkeit achten. Da wir im Garten selten etwas für

Man sollte nicht den Anspruch haben, für die Ewigkeit zu bauen.

Verwittertes Holz hat seinen eigenen Charme.

Langsam gewachsenes Holz ist meist widerstandsfähiger und haltbarer.

Links: Dieser Stamm ist nun als Höhle auf einem Naturkinderspielplatz im Einsatz.
Rechts: Einfache Holzstiege als Aufstiegshilfe auf eine Plattform in der Krone einer Steineiche im „Traumgarten" (Spanien)

die Ewigkeit bauen, ist dies meist kein Problem und sollte daher nicht von der Holzverwendung abschrecken. Lediglich bei statischen Problemstellungen sollte Vorsicht walten. Ist eine lange Haltbarkeit erwünscht, so muss das Holz möglichst trocken und ohne Erdkontakt verbaut werden.

Abschließend sollte noch erwähnt werden, dass die Gestaltung mit Naturholz eine relativ kostengünstige Alternative darstellt. Man muss bei der Beschaffung des Holzes nicht auf teures Bauholz zurückgreifen. Bei der für den Preis ausschlaggebenden Qualitätsbewertung spielen einige Faktoren eine große Rolle, die für viele Gestaltungen nicht relevant sind. So gibt es immer wieder Verwendung für kurze Stücke (bis 2 m), welche als Schnittware für die Sägeindustrie nicht geeignet sind und daher günstig (Brennholzpreis) zu erstehen sind. Auch krumme und sehr astreiche Stämme fallen in diese Kategorie. Gerade diese Stücke sind oft sehr reizvoll für eine kreative Gestaltung.

Steine als Baumaterial

Steine lassen sich sehr gut im Kräutergarten einsetzen, da sie gleich mehrere Funktionen erfüllen. Sie können zur Hangsicherung (bei sehr steilem Gefälle) verwendet werden oder als Trittsteine in Böschungen, Terrassen und auf Wegen dienen. Wunderschön sind auch bepflanzte Trockenmauern in Gartenanlagen. Mit kleineren Steinen lassen sich schöne Beeteinfassungen gestalten.

Ein besonders wichtiger Effekt von Steinen im Kräutergarten ist die Wärme-
speicherung. Steine nehmen tagsüber Wärme auf, speichern sie und geben
sie, wenn es kühler wird, wieder an die Umgebung ab. Diesen „Kachelofeneffekt" kann man sich im Kräutergarten bestens zunutze machen, indem man
kälteempfindliche Kräuter zu Steinen pflanzt.

Auf diese Weise konnten wir selbst im heurigen, sehr strengen Winter, nicht winterharte Rosmarinstöcke ohne jeden Winterschutz im Freien überwintern. Zur
Probe überließen wir auch einige an verschiedenen anderen Stellen gepflanzte
Rosmarinstöcke im Winter ungeschützt ihrem Schicksal. Wie zu erwarten war,
haben von diesen nur wenige überlebt. Bei den neben Steinen wachsenden Pflanzen gab es hingegen keinen Ausfall. Um den „Kachelofeneffekt" zu erreichen,
müssen die Steine ausreichend groß sein – je
größer der Stein, desto stärker ist auch seine
Wirkung.

Optisch stellen Natursteine eine Bereicherung für jeden Garten dar. Blauschwarze
Basalte, grünlich schimmernde Serpentinite,
helles Kalkgestein – die Auswahl an schön
gefärbten und interessant gezeichneten Steinen ist groß. Kostensparend und umwelt-
schonend ist es jedoch, die Steine von möglichst nahe gelegenen Steinbrüchen oder,
wenn vorhanden, direkt vom eigenen Grundstück zu verwenden. Es empfiehlt sich, dem
Steinbruch zuvor einen Besuch abzustatten
und sich die Steine vor Ort anzuschauen und
sich außerdem über die Frostbeständigkeit
der Steine zu vergewissern (nicht alle haben
diese notwendige Eigenschaft!). Am besten
nimmt man sich auch die Zeit, um beim Bela-
den des LKW dabei zu sein, damit die ausgesuchten Steine auch tatsächlich zu
Hause ankommen. So kann man besonders günstig geformte Steine aussuchen,
die sich etwa als Trittsteine oder für Sitz- und Liegeflächen gut eignen oder auch
für den Einbau in Kräuterberge und -spiralen. Das eingesetzte Arbeitsgerät muss
die ausgesuchten Steine einbauen können – dies sollte in der Euphorie der Stein-
auswahl nicht vergessen werden, denn im Steinbruch schauen die Steine viel
kleiner aus als im eigenen Garten!

Wie bei allen anderen Gestaltungsmaßnahmen sollte auch beim Einbau von
Steinen auf den natürlichen Charakter der Landschaft Rücksicht genommen werden. Wenn in eine sanfte Gegend, in der nur selten Steine zu sehen sind, ein
Alpengarten, der einem Felsmassiv gleich, gebaut wird, so wirkt das instinktiv
störend. Auch übertriebene, viele Meter hohe Trockenmauern zur Hangsicherung
bzw. als Flächengewinn aus Naturstein, haben in solch einer Landschaft eine

*Steine zur Sicherung einer
Böschung werden am Probsthof
mithilfe eines Baggers eingebaut.*

ähnliche Wirkung auf den Betrachter. Als Grundregel für den Umgang mit Steinen gilt daher, dass der neu gesetzte Stein bzw. die gesamte Anlage so aussehen soll, als ob sie einfach hier hingehören würde oder immer schon hier gewesen wäre.

> Beim Einbau der Steine in den Kräutergarten sollte genügend Zeit eingeplant und nichts übereilt werden – auch wenn die Baggerstunden teuer sind. Es handelt sich um eine einmalige Gestaltung, die zufriedenstellend ausfallen sollte.

Sepp Holzer beim Ausloten der passenden Stellung der einzelnen Steine im Klimagarten am Probsthof.

Es kommt nicht selten vor, dass wir Steine beim Einbau mehrmals drehen müssen, bis wir die passende Position für den Stein gefunden haben. Jeder Stein hat sozusagen seine eigene Persönlichkeit – sein eigenes „Gesicht" – und sollte so eingebaut werden, dass er bestmöglich präsentiert wird und seinen Zweck optimal erfüllt. Scharfe Kanten und Spitzen an ungünstigen Stellen können zu Verletzungen bei der Bewirtschaftung der Anlage führen, Mulden auf großen Tritt- und Liegesteinen halten Wasser, Frost und Eis länger und erhöhen ebenfalls die Verletzungsgefahr. Deshalb unbedingt mit Ruhe und Bedacht arbeiten: das ist immer noch erheblich billiger und schonender für die Anlage als eventuell nötige, nachträgliche Änderungen.

Basiswissen für Erdbewegungen

Der optimale Zeitpunkt

Da jede neu gestaltete Anlage sofort bepflanzt und/oder eingesät wird, ist der Frühling oder der Herbst der beste Zeitpunkt für diese Arbeit. In vollem Laub stehende Kräuter – oder auch Bäume und Sträucher – sind selbst, wenn sie nicht wurzelnackt, sondern als Containerware gekauft wurden, nach dem Pflanzen von ständiger Pflege abhängig. In der Vegetationsruhe haben die Pflanzen jedoch Zeit, anzuwachsen und genügend Wurzeln auszubilden, um sich selbst zu versorgen. Helfen kann eine ausreichend dicke Mulchdecke, die vor Austrocknung und Witterungseinflüssen schützt und das Bodenleben aktiviert. Da es jedoch im Herbst oft schwieriger ist, an Kräuterpflanzen und an Kräutersaatgut zu kommen (vor allem kleine Produzenten sortieren ihr Saatgut während der Wintermonate), wird es sich meist empfehlen, erst im Frühjahr mit der Gestaltung zu beginnen. Ein weiteres Argument, welches für den Frühling als geeigneten Zeitpunkt spricht, lautet, dass im Zuge einer (Kräuter-)Gartengestaltung oft auch ein Gemüsegarten angelegt oder verändert wird. Ein großer Teil unseres Gemüses wird erst im Frühjahr ausgesät und vorgezogen. Gestaltungsmaßnahmen mit sofortiger Einsaat und Bepflanzung reduzieren das Risiko eines zu starken Aufkommens von unerwünschten Pionierpflanzen, also von so genannten „Unkräutern". Entgegen der landläufigen Meinung können die meisten einjährigen Kräuter (vor allem heimische Arten) bereits im Herbst ausgesät werden; eben genauso, wie es von Natur aus geschieht.

> Die neu gestaltete Fläche sollte sofort eingesät und bepflanzt werden.

> Allgemein sollten Erdarbeiten bei günstigen Witterungsbedingungen durchgeführt werden. Nach ausgiebigen Regenfällen können Gestaltungsmaßnahmen schwierig sein. Dies ist vor allem bei schweren Böden (lehmige Böden) von Bedeutung, da sie die Fähigkeit haben, viel Wasser aufzunehmen und zu halten.

Wenn diese Böden nass sind, kann es durch den Einsatz schwerer Maschinen leicht zur Verdichtung tieferer Bodenschichten kommen. Zudem sind nasse Böden schwerer bearbeitbar. Daher sollte mit den Arbeiten gewartet werden, bis der Boden wieder abgetrocknet ist.

Bodenschichten

Boden ist aus Schichten, den so genannten Bodenhorizonten aufgebaut. Diese Schichten können unterschiedlich mächtig ausgebildet sein. Vereinfacht ausgedrückt lassen sich drei Haupthorizonte unterscheiden:

> Humus ist wertvoll und muss besonders sorgfältig behandelt werden.

- **Ober- oder Mutterboden (A-Horizont):** ist die oberste Bodenschicht, die am stärksten von Bodenlebewesen besiedelt ist und durch die Anreicherung von Humus dunkel gefärbt ist (Humusschicht). Sie ist die produktivste Bodenschicht, ermöglicht gutes Pflanzenwachstum und muss daher bei Erdbewegungen besonders sorgfältig behandelt werden. In der Regel wird sie bei Erdarbeiten vorsichtig abgetragen, separiert und nach den Gestaltungsmaßnahmen wieder als oberste Schicht aufgebracht (Humusieren).
- **Unterboden (B-Horizont):** ist ein heller gefärbter Horizont, der auf den Oberboden folgt, humusärmer und meist auch steiniger als der Oberboden ist. Stoffe, die aus dem Oberboden ausgewaschen werden, können sich im Unterboden anreichern.
- **Mineralischer Untergrund (C-Horizont):** ist das unverwitterte Ausgangsgestein, aus dem der Boden durch Verwitterungsprozesse gebildet wird.

> Durch eine Probegrabung können Sie die Mächtigkeiten der einzelnen Bodenhorizonte bestimmen.

Grundbegriffe

Die Entnahme von Erde wird als Bodenabtrag bezeichnet, es entstehen Senken, Mulden oder auch Anschnitte von Dämmen oder Böschungen. Aufschüttungen sind ein Bodenauftrag, es entstehen Schüttungen, Dämme und Böschungen.

Wird gewachsener Boden abgetragen, dann wird er dadurch gelockert. Das bedeutet, dass das Bodenvolumen steigt. Nach dem Einbau des Materials kommt es im Laufe der Zeit zur so genannten Setzung, also der Verdichtung der Erde in Richtung ursprüngliches Niveau; vielleicht ist dieser Vorgang einigen bekannt, die bereits Löcher im Rasen zugeschüttet haben. Um auf das gleiche Rasenniveau zu kommen, muss das neue Material etwas höher eingebaut werden. Das Ausmaß der Lockerung und Setzung ist abhängig von der Bodenart und kann zwischen 15 % (bei Sand) und 30 % (bei Lehm) betragen.

Wenn Setzungsrisse entstehen, wird nachgearbeitet.

Bei Gestaltungsmaßnahmen wird daher neu aufgebrachter Unterboden entweder mittels Baggerlöffel oder auch händisch mit der Schaufel etwas angedrückt, damit die geschaffene Struktur (Böschungen, Dämme) sich stabilisiert.

Diese Verdichtung ist sinnvoll, um der natürlichen Setzung vorzugreifen. Es muss aber darauf geachtet werden, dass dabei der Boden nicht zu stark verdichtet wird, was das Durchwachsen der Pflanzenwurzeln erschwert. Wir empfehlen daher, gerade so viel zu verdichten, wie nötig es ist, damit die Struktur der Anlage gut erhalten werden kann. Falls im Laufe der Zeit Setzungsrisse entstehen, wird händisch nachgearbeitet. Die oberste Schicht, also die Humusschicht, wird nur locker aufgetragen und nicht verdichtet, da ein hohes Porenvolumen für das Wachstum der Pflanzen von Vorteil ist.

Das richtige Maß ist entscheidend: lockere Erde und stabile Struktur

Umgang mit Erde – Materialverwaltung auf der Baustelle

Am Beginn der Arbeiten steht immer das Abnehmen und Separieren der Grasnarbe. Würde direkt auf die Grasnarbe Erde aufgetragen – womöglich noch unter hoher Auflast –, dann kann es durch den hohen Anteil an verrottbaren Pflanzen zum Entstehen einer Gleitschicht kommen, was dann wiederum zu Rutschungen führt. Grundsätzlich gilt, dass gleiches Erdmaterial nur mit gleichem verbunden werden soll, damit die Verbindung stabil ist. Die Grasnarbe wird in die Struktur der Anlage eingebaut. Dazu werden die Rasenziegel mit dem Bewuchs nach unten eingearbeitet, damit das Gras nicht wieder anwurzelt und durchwächst. So kann die Grasnarbe langsam verrotten und neuen Humus bilden.

Besonders wichtig ist uns ein möglichst effizienter Umgang mit anfallendem Material. Leider ist häufig zu beobachten, dass Aushuberde auf LKW, Dumper oder Traktoren verfrachtet und weggefahren wird, oder Erde, die für die Gestaltung gebraucht wird, von anderer Stelle zugebracht wird.

Es wird am besten so gebaut, dass man mit der vorhandenen Erde auskommt.

Wir planen Anlagen so, dass möglichst alles anfallende Material an Ort und Stelle wieder eingebaut werden kann und nur vorhandenes Erdmaterial verwendet wird.

Aushuberde, die etwa bei der Gestaltung eines Kratergartens anfällt, lässt sich sehr gut für den Aufbau von Hügel- und Hochbeeten, Kräuterspiralen und Kräuterbergen verwenden. Der Aufbau der Terrassen wird an die Geländeausformung

(Steigung) angepasst, so dass abgetragenes Material zum Aufbau der Böschung sofort wieder aufgetragen werden kann. Ein erfahrener Baggerfahrer lagert die Erde an günstigen Stellen ab, die er später, wenn er das Material wieder braucht, gut erreichen kann. Wenn Sie beim Bau Ihrer Anlage den Bagger ständig mit einem Löffel voll Erde kreuz und quer durch die Gegend fahren sehen, dann sollten Sie mit dem Fahrer kurz Rücksprache über den Stand der Dinge und den Grund für die langwierigen Fahrten halten. Ein Bagger ist kein LKW! Die Erklärung des gewünschten Ergebnisses ist manchmal bei mit der Materie ungeübten oder unmotivierten Fahrern schwierig. Die optimale Arbeitsweise (Materialverwaltung und Überblick auf der Baustelle) bedarf einerseits viel eigener Erfahrung und ist andererseits einem Maschinisten sehr schwer zu erklären. Zudem muss er die „Wichtigtuerei des Bauherrn" auch ernst nehmen wollen. Aus diesem Grund ist die Erfahrung des Baggerfahrers von sehr großer Bedeutung. Es ist in jedem Fall sinnvoll, sich umzuhören, welcher Baggerfahrer als Spezialist für Gestaltungen, Steinsetzungen (Trockenmauern) oder bei größeren Anlagen auch als Spezialist für den Forstwegebau gilt. Dies sind meist Menschen, die eine Freude an kniffligen Aufgaben haben und in ihrem täglichen Job mit allerlei unvorhergesehenen Problemen umgehen müssen. Maschinisten mit Erfahrung, Übersicht, Problemlösungskompetenz und Freude an neuen Aufgaben beziehungsweise der Lust am „Modellieren der Landschaft" werden gebraucht. Es gibt richtige Künstler – und genau das sind die richtigen für eine Baustelle dieser Art. Hier muss unter Umständen eine längere Wartezeit eingeplant werden, da diese Leute immer genügend Arbeit haben. Lohnend ist das Warten aber allemal – zum einen aufgrund des Ergebnisses und zum anderen wegen der geringeren Kosten aufgrund der routinierteren und deshalb schnellen Arbeit.

Baggerarbeiten bei kreativen Gestaltungen: Mit erfahrenen und kreativen Maschinisten macht das Arbeiten Spaß!

Zukauf von Erde

In manchen Fällen ist nicht genügend Erde für die Gestaltungsarbeiten vorhanden. Etwa wenn auf einem ebenen Grundstück ein Kräuterberg oder ein Hügelbeet gebaut werden soll, ohne ein Biotop anzulegen, wodurch Erde zur Verfügung stünde. Beim Zukauf von Erde für die Gestaltung ist Vorsicht geboten: Bringen Sie in Erfahrung, woher die Erde stammt, damit Sie nicht etwa belastetes Material oder auch die verschiedensten Problempflanzen (in Form von Samen und Wurzelteilen) mitgeliefert bekommen.

Oft kann es günstig sein, auf Baustellen bei Rohbauten nachzufragen. Beim Aushub der Baugrube fällt viel Material an. Humus wird dabei im Normalfall separat gelagert und häufig wissen die Bauherren nicht, wohin damit. Manchmal ist dort Erde für die Übernahme der Transportkosten (Selbstabholung) zu bekommen.

Steigung und Gefälle

Beim Aufbau von Terrassen, Böschungen, Hochbeeten etc. wird immer wieder von Steigung oder Gefälle die Rede sein. Die Steigung wird in % angegeben. Bei der Berechnung der Steigung einer Fläche gilt die Formel:

$$\text{Steigung in \%} = \frac{h \text{ (Höhe)}}{l \text{ (Länge)}} \times 100\%$$

Beispiel: Eine Terrasse steigt über eine Länge von 3 m um 10 cm an. Aus diesen Angaben können wir uns die Steigung der Fläche in % ausrechnen.

$$\text{Steigung in \%} = \frac{10 \text{ cm (Höhe)}}{300 \text{ cm (Länge)}} \times 100 = 3,3\%$$

Oft wird auch das Steigungs- bzw. Böschungsverhältnis angegeben, etwa 1:2. Das bedeutet, dass eine Böschung so aufgebaut ist, dass sie auf einer Länge von zwei Metern einen Meter ansteigt.

Für die Berechnung des Böschungsverhältnis gilt die folgende Formel:

$$\text{Böschungsverhältnis} = 1 : x; \quad x = \frac{\text{Höhe (h)}}{\text{Länge (l)}}$$

Würde eine Böschung so aufgebaut, dass sie auf einer Länge von 2 m etwa 80 cm ansteigt, rechnen wir

80 / 200 = 2,5 ➜ Das Böschungsverhältnis beträgt 1:2,5.

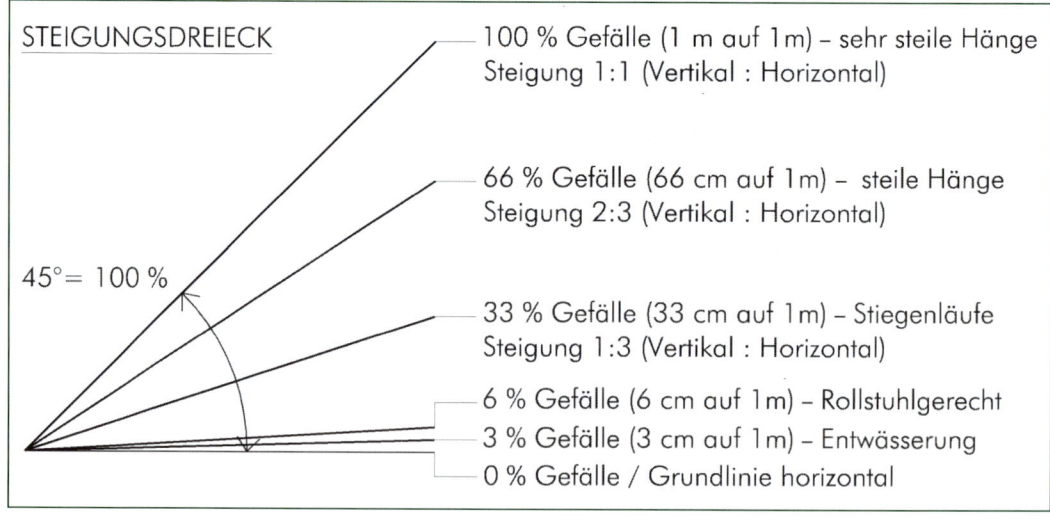

STEIGUNGSDREIECK

100 % Gefälle (1 m auf 1m) – sehr steile Hänge
Steigung 1:1 (Vertikal : Horizontal)

66 % Gefälle (66 cm auf 1m) – steile Hänge
Steigung 2:3 (Vertikal : Horizontal)

45°= 100 %

33 % Gefälle (33 cm auf 1m) – Stiegenläufe
Steigung 1:3 (Vertikal : Horizontal)

6 % Gefälle (6 cm auf 1m) – Rollstuhlgerecht
3 % Gefälle (3 cm auf 1m) – Entwässerung
0 % Gefälle / Grundlinie horizontal

Gestaltungsmöglichkeiten

Um die nachfolgend beschriebenen Gestaltungen an die vorherrschenden Standort- und somit auch Bodenverhältnisse anzupassen, sollten die Hinweise aus dem Kapitel „Standort" berücksichtigt werden.

Wasser als Gestaltungselement

Ein sinnvoller und schonender Umgang mit der Ressource Wasser ist für jede Gartengestaltung von elementarer Bedeutung. Ob Niederschlagswasser, Hangsickerwässer oder sogar eine eigene Quelle vorhanden ist – alles Wasser, das am Grund vorhanden ist oder mit dem gerechnet werden kann, sollte als Faktor in die Planung einbezogen werden. Dies ermöglicht es einerseits, das Wasser bestmöglich zu nutzen, und andererseits Schäden durch Starkniederschläge oder lange Trockenperioden zu vermeiden.

Die Anlage von Feuchtbiotopen und Gartenteichen ist ein besonders wertvolles Element jeder Gartengestaltung.

Doch auch wenn keine Wasserfläche am eigenen Grundstück eingeplant wird, ist es wichtig, den Faktor Wasser bei der Gestaltung zu berücksichtigen. Das gehäufte Auftreten von Starkniederschlägen in den letzten Jahren und daraus resultierende Schäden haben das Bewusstsein vieler Menschen geschärft, dem Thema Wasser in der Planung von Gebäuden, aber auch von Gärten, größere Bedeutung beizumessen.

Wie ist nun bei der Gartenplanung zu verfahren? Als Erstes ist es wichtig, das eigene Grundstück genauer zu betrachten, damit man die maximale Wasser-

Wasser ist Leben (Feuchtbiotop am Krameterhof).

menge, die zu erwarten ist, feststellen kann. Wie groß ist das Einzugsgebiet, aus dem Oberflächenwasser auf mein Grundstück gelangen kann? Befindet sich mein Grundstück am obersten Punkt eines Hügels, dann brauche ich nur mit der Regenmenge rechnen, die direkt auf das Grundstück fällt. Die Höhe des durchschnittlichen Jahresniederschlages der jeweiligen Region lässt sich leicht herausfinden, ebenso die durchschnittlichen Monats- und Tagesniederschläge (Österreich: Zentralamt für Meteorologie und Geodynamik [ZAMG, Hohe Warte, Wien bzw. Internetsuche mit den Stichworten „Klimadaten", „Klimadiagramme", „meteorologische Daten"]). Die Niederschlagsmenge wird dabei meist in mm angegeben. 800 mm Niederschlag entspricht beispielsweise einer Menge von 800 l/m^2 bzw. 8000 m^3/ha.

Wenn sich mein Grundstück in Hanglage befindet, muss ich mit größeren Wassermengen rechnen, falls die oberhalb liegenden Grundstücke auf meinen Grund hin entwässern. Die Größe des Einzugsgebietes spielt hier eine Rolle sowie auch die Bodenverhältnisse, der Bewuchs und eine eventuelle Bebauung (Bodenversiegelung) der Fläche. Bei starken Niederschlägen und wenn der Boden nach Regenperioden bereits gesättigt ist, kann wenig Niederschlagswasser versickern, ein Großteil fließt oberflächlich ab. Wir stellen uns also als Nächstes die Frage: Welchen natürlichen Lauf nimmt das Wasser über mein Grundstück? Vor allem bei Gestaltungen in Hanglagen ist dieser Punkt sehr wichtig. Durch die Gestaltung wird der natürliche oberflächliche Wasserlauf oft verändert. Man sollte darauf achten, das Wasser durch die Ausformung der Gestaltung so zu lenken, dass es für die eigenen Kulturen bestmöglich verwendet werden kann, beispielsweise durch die gleichmäßige Wasserversorgung aller Terrassen, strategisch wichtig platzierte Mulden, Feuchtbiotope, Retentionsbecken, Teiche, Seen, Feuchtzonen im Sockelbereich einer Kräuterspirale oder die Erstellung eines Kratergartens. Wenn Wasserflächen eingeplant werden, sollte immer darauf geachtet werden, das Wasser bei Hanglagen so weit oben wie möglich zu speichern. Es sollen Puffereffekte erzielt werden, so dass das Wasser an einem schnellen Abfließen gehindert wird und möglichst langsam und großflächig im Erdreich versickern kann. Eine kaskadenförmige Wasserplanung bei Hanglagen ist hier sicherlich ein sehr sinnvolles Gestaltungselement. Diese Kaskaden müssen nicht unbedingt direkt aneinandergrenzen, sondern können auch über ein unterirdisches Rohrsystem bzw. oberirdische Wasserläufe miteinander verbunden werden.

Mit Gestaltungselementen nimmt man Einfluß auf den natürlichen Lauf des Niederschlagswassers.

Bei der Planung sollte immer die maximal mögliche Wassermenge berücksichtigt werden. Die nächste Frage, die wir uns stellen, lautet schließlich: Wo verlässt das Wasser meinen Grund, wie verläuft der weitere Weg des Wassers? Wie auch gestaltet oder das Wasser gelenkt wird, überschüssiges Oberflächenwasser muss in jedem Fall so abfließen können, dass keine Schäden verursacht werden.

Oberflächen- und Hangsickerwasser kann in einem Humusrückhaltebecken gespeichert werden. Hier sammelt sich auch organisches Material der Böschungsbepflanzung. Wertvolle Rohstoffe, die für die Terrassenbewirtschaftung verwendet werden können.

Wer sein Grundstück gut kennt, weiß, woher Oberflächenwasser hauptsächlich kommt und welchen Lauf es über das eigene Grundstück nimmt. Wenn das Grundstück neu erworben wurde oder man sich erst auf der Suche befindet, ist es auf jeden Fall günstig, das Grundstück auch bei Regenfällen und knapp danach zu begutachten. Wasser sucht sich den Weg des geringsten Widerstandes nach unten, abhängig von Gefälle und Neigung der Fläche. Mit etwas Übung lässt sich der Weg des Niederschlagswassers auch bei trockener Witterung gut erkennen (ausgespülte Stellen auf Wegen, an Böschungen, durch Starkniederschläge transportiertes und abgelagertes Material, veränderter Bewuchs auf Flächen mit fallweiser Überflutung).

Kein Grundstück steht isoliert für sich selbst (sondern ist Teil einer größeren Geländeform).

Landschaftsformen sollten mit großem Überblick betrachtet werden, um das Eingebundensein des eigenen Grundstückes im Zusammenhang mit der umgebenden Landschaft zu erkennen.

Sonneneinstrahlung, Wind, Wetterlage (woher ziehen Schlechtwetterfronten) oder klimatische Bedingungen (Kälteseen, Nebelzonen etc.) lassen sich daraus ebenso ableiten wie Erosionsgefahren und der Wasserabfluss der Fläche.

Was im großen Maßstab gilt, behält auch bei kleinen Strukturen seine Gültigkeit. Unsere Gestaltungselemente sind dreidimensional – Kräuterspiralen, Hügel- und Hochbeete, Kratergärten, Terrassengärten, Kräutersofas –; hier überall wird das Gelände vertikal strukturiert. Das bedeutet, dass bei diesen Gestaltungen, egal ob in Hanglage oder im flachen Gebiet, stets auf den Wasserablauf des jeweiligen Gestaltungselementes Rücksicht genommen werden muss. Stimmt etwa das Gefälle der Kräuterspirale nicht und ich habe unbeabsichtigt eine Mulde eingebaut, dann wird sich dort Niederschlagswasser sammeln, was so manchem Heilkraut nicht behagen wird. Häufiger kommt dieser Fehler jedoch bei Gestaltungen vor, die mit größeren, nahezu ebenen Flächen arbeiten, wie beispielsweise bei Kräuterbetten oder auch bei terrassierten Gärten. Hier muss eine kontinuierlich ausgeführte leichte Neigung (mindestens 3 %) vorhanden sein, damit Wasser bei starken Niederschlägen nicht auf der Fläche stehen bleibt (Staunässebildung). Die Neigung muss auf jeden Fall mit freiem Auge erkennbar sein. Staunässe wird vom Großteil der Kräuter sehr schlecht vertragen und muss unbedingt vermieden werden. Wer verschiedene Gestaltungselemente kombinieren möchte, beispielsweise eine Terrasse mit darauf platzierter Kräuterspirale und halbmondförmigen Hochbeet, muss sich den natürlichen Wasserlauf durch die neue Gestaltung vorstellen. Sehr anschaulich ist es, sich dafür ein Modell anzufertigen. Oft hilft es auch, sich an das Spielen in der Sandkiste zurückzuerinnern oder die eigenen Kinder dabei zu beobachten. Hier werden spielerisch die verschiedensten Formationen gebaut und dann mit der Gießkanne gegossen. Sofort ist zu sehen, wie das Wasser seinen Lauf nimmt. Die Kinder entdecken meist auch sehr schnell, dass sie kleine Tümpel im Sand anlegen können, wenn sie etwas Erde oder Lehm in die Sandkiste schaufeln und ihre Teichbauten damit abdichten. Wie im Kleinen so im Großen – nur leider vergessen wir Erwachsenen diese wertvollen Erfahrungen aus der Kindheit oft wieder. Fantasie, Improvisation und Neugierde sollten wir uns über die Kindheit hinaus bewahren. So manche Gartengestaltung würde davon profitieren, hätten die Ausführenden zuvor in der Sandkiste ein dreidimensionales Modell der Gestaltung angefertigt und es mit einer Gießkanne übergossen!

Wasser kann großen Nutzen bedeuten, aber auch Schäden verursachen.

Wasser als Lebensraum

„Wasser ist Leben" – das Vorhandensein von Wasser im eigenen Garten stellt die Lebensgrundlage einer Vielzahl von Nützlingen dar. Jeder, der auch nur ein kleines Biotop im Garten hat, kann dies beobachten. Selbst Wasserschüsseln oder aufgestellte Vogelbäder im Garten ziehen innerhalb kürzester Zeit zahlreiche Tiere an.

Selbst kleine Wasserflächen beleben das Grundstück enorm.

Gibt es Wasser auf einer Fläche, so spricht sich das im Tierreich schnell herum. Offene Wasserflächen stellen Lebensraum für zahlreiche Wasserinsekten (Wasserläufer, Rückenschwimmer, Gelbrandkäfer, Eintagsfliegen, Libellen …), Wasserschnecken (Spitzhornschnecke, Posthornschnecke …), Wasserspinnen, Amphibien (Molche, Frösche, Kröten) u. v. m. dar.

Feuchtgebiete und Kleingewässer gelten als bedrohte Lebensräume, weshalb viele Arten der oben angeführten Tiergruppen bereits als gefährdet bzw. stark gefährdet gelten und auf der Roten Liste gefährdeter Tierarten geführt werden. Wer den Anspruch hat, seinen Garten naturnah zu gestalten, wird daher auf die Anlage einer Wasserfläche nicht verzichten wollen.

Auf das Mikroklima des Grundstückes wirkt sich jede Wasserfläche positiv aus. Wasser speichert Sonnenenergie in Form von Wärme und strahlt diese in der Nacht wieder ab. Somit werden Temperaturschwankungen ausgeglichen. Auch die erhöhte Luftfeuchtigkeit rund um Wasserflächen ist für das Wachstum vieler Pflanzen sehr vorteilhaft. Wenn Hänge oder Böschungen an eine Wasserfläche angrenzen, kann der Effekt einer Sonnenfalle erzielt werden: durch die Reflektion der Sonnenstrahlen an der Wasseroberfläche wird die angrenzende Böschung erwärmt. Die Wasserfläche wirkt als Spiegel. Dieser Effekt ist vor allem in Höhenlagen und kühlen Gegenden von großer Bedeutung. Zusätzlich verbessert die gleichmäßige Wasserversorgung des Erdkörpers die Wachstumsbedingungen umgebender Kulturen.

Wassergärten bieten Lebensraum, verbessern das Kleinklima und stellen ein Reservoir an Nutzwasser dar.

Des Weiteren ist das in den Biotopen gespeicherte Wasser noch als Brauchwasser für den Garten wertvoll. Die Bewässerung mittels Teichwasser ist nicht nur günstig bzw. gratis, das Wasser ist dazu noch organisch angereichert und steht immer in optimaler Temperatur zur Verfügung. Man braucht nur den Vergleich mit Leitungswasser anstellen, um den Unterschied im Pflanzenwachstum festzustellen.

Der Wassergarten ist ein wertvoller Lebensraum für zahlreiche Tier- und Pflanzenarten.

Schließlich sind Wasserflächen und Uferzonen wertvoller Lebensraum für verschiedenste Pflanzenarten – darunter zahlreiche Heilpflanzen –, die hier gezüchtet werden können:

- **Sumpfbereich am Gewässerrand**
  Blutweiderich *(Lythrum salicaria)*, Fieberklee *(Menyanthes trifoliata)*, Gelbe Sumpfschwertlilie *(Iris pseudacorus)*, Sumpfdotterblume *(Caltha palustris)*, Sumpfvergissmeinnicht *(Myosotis palustris)*, Gemeiner Froschlöffel *(Alisma plantago-aquatica)*, Schilfrohr *(Phragmites australis)*, Kalmus *(Acorus calamus)*, Echtes Mädesüss *(Filipendula ulmaria)*, Wasserdost *(Eupatorium cannabinum)*
- **Flachwasserzone**
  Breitblättriger Rohrkolben *(Typha latifolia)*, Schmalblättriger Rohrkolben *(Typha angustifolia)*, Igelkolben *(Sparganium erectum)*, Wasserfeder *(Hottonia palustris)*, Pfeilkraut *(Sagittaria sagittifolia)*, Hechtkraut *(Pontederia cordata)*
- **Tiefwasserzone**
  Gelbe Teichrose *(Nuphar lutea)*, Seerose *(Nymphaea alba)*, Seekanne *(Nymphoides peltata)*, Krebsschere *(Stratiotes aloides)*, Wassernuß *(Trapa natans)*, Wasserschlauch *(Utricularia vulgaris)*

> Viele Wasserpflanzen sind nicht nur attraktiv, sondern auch heilkräftig.

Überlieferte Heilwirkung ausgewählter Sumpf- und Wasserpflanzen

- Mädesüss: pflanzliches Aspirin! Enthält Salicylsäure (schweißtreibend, entzündungshemmend); Blüte als Tee oder Tinktur.
- Wasserdost: stärkt das Immunsystem (Echinacea des Wasserrandes); Tee oder Tinktur aus Teilen der oberirdisch blühenden Pflanze.
- Fieberklee: bei grippalen Infekten und Magen-Darmproblemen (Bitterstoffe!), Tee aus Blättern, Tinktur als Zusatz zu Kräuterbitter.
- Blutweiderich: blutstillend und wundheilend, bei Hautproblemen Waschungen bzw. Umschläge aus Blüten und Wurzeln in Wasser gekocht.
- Kalmus: bei Magen-Darmproblemen, rheumatische Beschwerden, Erschöpfungszuständen (psychischer und physischer Natur); Wurzelrhizome im Frühherbst ernten, reinigen, schälen, zerkleinern, trocknen. Als Tee oder äußerlich als Badezusatz.

Gelbe Sumpfschwertlilie (Iris pseudacorus)

Die einzelnen in diesem Buch vorgestellten Gestaltungselemente lassen sich sehr gut mit Feuchtbiotopen und Teichen kombinieren. Besonders bekannt und beliebt ist etwa die Platzierung eines Feuchtbiotopes an der südseitigen Basis einer Kräuterspirale. Die Anlage von Wasserflächen ist in jedem Fall sinnvoll und vorteilhaft für den Garten. Wenn jedoch aus diversen Gründen kein Feuchtbiotop o. Ä. gewünscht wird, spricht nichts dagegen, die einzelnen Gestaltungen auch ohne Wasserzone auszuführen. Die Kräuterspirale – um bei diesem Beispiel zu bleiben – wird auch ohne anschließendes Biotop sehr gut funktionieren.

Das Feuchtbiotop

Feuchtbiotope haben erfreulicherweise bereits in viele Gärten Einzug gehalten. Allerdings werden sie zumeist mithilfe von Plastikwannen oder Teichfolie angelegt. Dies ist nicht nur teuer, sondern in den meisten Fällen auch unnötig. Mit einigen Tricks ist es nicht schwer, Feuchtbiotope auch ohne den Einbau von Plastik dicht zu bekommen und dadurch einen natürlichen Gewässerboden zu schaffen.

Aufbau

Gelände beurteilen: Auch innerhalb eines sehr kleinen Grundstückes können die Bodenverhältnisse an verschiedenen Stellen stark variieren. Wenn ich die Wahl habe, an einer sandig-kiesigen oder an einer lehmigen Stelle ein Biotop zu bauen, werde ich mich für letzteres entscheiden.

Wasser für das Biotop sammeln: Wenn es eine eigene Quelle gibt, wird eine Zuleitung zur Wasserfläche gemacht – dann wäre es natürlich auch möglich, einen Badeteich, Gartenteich oder Teiche für die Krebs- und Fischzucht anzulegen, wozu allerdings mehr Hintergrundinformation nötig ist. Ist keine Quelle vorhanden, dann kann das Biotop ausschließlich auch durch Niederschlagswasser gespeist werden (sog. Himmelsteich). Dies wird bei der gesamten Gestaltung des Gartens berücksichtigt, damit genügend Wasser für die geplante Wasserfläche gesammelt wird. Wenn auch noch das Wasser von Dachflächen in das Biotop eingespeist wird, dann steht mit Sicherheit mehr Wasser zur Verfügung, als für ein Feuchtbiotop notwendig wäre.

Himmelsteiche werden ausschließlich von Regenwasser gespeist.

Natürliche Strukturen schaffen: Das Biotop soll kein rundes Loch im Boden sein, sondern eine möglichst geschwungene Struktur haben. Das Wasser wird stärker in Bewegung gebracht (Wind), es können sich Wellen bilden; der Sauerstoffgehalt des Wassers wird erhöht, was wiederum positiv für zahlreiche Wasserlebewesen ist.

Geschwungene Formen im Uferbereich sowie Flach- und Tiefzonen im Inneren zeichnen ein ideales Feuchtbiotop aus.

Auch vertikal braucht ein Biotop Struktur. Wie aus den verschiedenen Pflanzen und ihren Lebensräumen hervorgeht, sollte ein Feuchtbiotop aus Flach- und Tiefzonen aufgebaut sein. Das ermöglicht eine vielfältige Bepflanzung und Nutzung und schafft Lebensräume für verschiedene Tierarten.

> Wer sicherstellen will, dass das Feuchtbiotop trotz Bepflanzung nicht völlig zuwächst, sollte eine Tiefzone von 3 Metern einplanen, da viele verkrautende Wasserpflanzen nur bis zu einer Wassertiefe von etwa 2 m wachsen.

Biotop-Form ausheben: Die Form des Biotopes wird ausgehoben. Dabei wird unterschiedliches Material separiert. Humus wird auf jeden Fall eigens gelagert, damit er später auf die Außenseiten des Biotopes wieder aufgebracht oder auch an anderer Stelle im Garten verwendet werden kann.

Das Aushubmaterial kann zum Aufbau eines Dammes (bei Feuchtbiotopen in Hanglage) oder zur Gestaltung von Hügelbeeten, Kräuterspiralen, Terrassen u. v. m. verwendet werden. Es kann damit auch eine kleine Insel im Biotop gestaltet werden.

Aufbau eines Dammes: Wird ein Damm gebaut, der an die Wasserfläche angrenzt, dann muss er dicht sein. Deshalb brauchen wir möglichst homogenes Material. Für den Aufbau des Dammes werden zuerst Grob- und Feinteile des Erdmaterials getrennt, falls der Boden so steinig ist, dass dies nötig wird. Dazu kann der Aushub zu steilen Häufen aufgeschüttet werden. Der grobe Anteil rollt dabei seitwärts ab, die Feinteile bleiben in der Mitte. Nun kann der Damm schichtweise (30 bis 50 cm starke Schichten) mit Feinmaterial aufgebaut und gestampft werden. Bei größeren Anlagen werden die Schichten mithilfe des Baggers durch Niederfahren verdichtet. Das Grobmaterial wird später für die Außenböschung oder für andere Gestaltungen verwendet.

> Bei Aufbau des Dammes muss sehr sorgfältig gearbeitet werden.

Wie bekomme ich das Biotop dicht? Zum Abdichten wird am besten ein wenig Wasser in das Biotop eingelassen. Wenn das Biotop nicht dicht ist, wird das Wasser langsam auslaufen. Schlamm und Feinteile sammeln sich am Boden des Biotopes. Solange etwas Wasser im Biotop ist, kann ich den Grund durch Einrütteln verdichten. Dabei lagern sich immer mehr Feinteile am Grund an, bis schließlich kein Wasser mehr abfließt. Bei sandigen oder kiesigen Böden empfiehlt es sich, einfach ein paar Schubkarren Lehm zum Verdichten des Bodens zu holen. Je mehr verbundfähige Feinteile vorhanden sind, desto einfacher bekomme ich den Boden dicht. Wer wenig Zeit hat, kann auch Grasschnitt, Laub oder organisches Material, das sich schnell zersetzt, in das Biotop werfen und Wasser einlassen. Aus der zersetzten Biomasse entsteht ebenfalls recht schnell eine wasserdichte Bodenschicht.

Regulierung des Wasserstandes: An der tiefsten Stelle des Biotopes kann ein Standrohr eingebaut werden, womit durch einfaches Schwenken des Rohres der Wasserstand reguliert werden kann. Damit das Rohr schwenkbar bleibt, muss aus dem Verbindungsstück (sog. „Knie") der Dichtungsring entfernt werden. Sinnvoll ist auch die Einplanung eines Überlaufes. Sollte es zu sehr starken Niederschlägen kommen, dann kann das Wasser an einer dafür vorgesehenen Stelle breitflächig überlaufen, ohne dabei Schäden anzurichten.

Gestaltungen am Biotop: Knorrige verwachsene Baumstämme, sperrige Wurzelstöcke oder große Steine können zur Gestaltung des Biotopes am Ufer oder im Wasser platziert werden. Sie dienen verschiedenen Tieren als Unterschlupf und verbessern die Entwicklung in Richtung natürliches Ökosystem. Außerdem bieten diese Gestaltungen ins Wasser gefallenen Kleinsäugern (z. B. Igeln) die Möglichkeit, sich selbst ans Ufer zu retten. Zusätzlich können Stämme oder Steine als Sitzplätze, Trittsteine oder Naturbänke benutzt werden.

Wurzelstöcke im Wasser – nicht nur ein Gestaltungselement, sondern auch Rückzugsort und Versteck für viele Tierarten

Der Krater- oder Klimagarten

Kratergärten sind eine Kombination aus mehreren Gestaltungselementen. Sie sind eine Verfeinerung und Weiterentwicklung verschiedener dreidimensionaler Gestaltungen. Vereinfacht ausgedrückt besteht ein Kratergarten aus einem Biotop, welches von einer meist terrassierten Aufschüttung umrandet ist. Aufgrund dieser Ausformung und der Kombination aus Wasser- und Böschungsflächen entsteht im Inneren ein geschützter Bereich mit besonderem Kleinklima. Deshalb bezeichnen wir diese Gestaltung auch gerne als Klimagarten. Durch den Windschutz staut sich tagsüber im Inneren die Wärme. In der Nacht wird die gespeicherte Wärme von Wasser, Steinen und Erdkörper abgestrahlt und hilft somit, Temperaturschwankungen auszugleichen. Dadurch ist es möglich, sehr wärmebedürftige und frostempfindliche Pflanzen zu kultivieren. Abgesehen davon ist ein solcher Krater- oder Klimagarten ein ganz besonderer Blickfang! Je nach Höhe der äußeren Umrandung kann er so angelegt werden, dass er von außen einsichtig ist oder dass erst beim Eintreten die Innenausführung des Klimagartens ersichtlich wird. Es ergeben sich hier sehr reizvolle Gestaltungsmöglichkeiten und Kombinationen.

Klimagärten werden so angelegt, dass ein besonders vorteilhaftes Kleinklima entsteht.

Klimagarten mit terrassierter Böschung und Feuchtbiotop – ein optisch reizvolles Gestaltungselement, das viele Vorteile in sich vereint: verschiedenste Kleinklimazonen, vergrößerte Anbaufläche, Biotop, Retensionsraum

Aufbau im flachen Gelände

Man muss grundsätzlich zwischen Klimagärten in Hanglagen und jenen auf ebener Fläche unterscheiden, da der Aufbau ein anderer ist. Auf ebener Fläche wird in der bereits beschriebenen Weise ein Biotop der gewünschten Größe ausgehoben und das Aushubmaterial dazu verwendet, die Umrandung des Gartens zu gestalten.

Die einfachste und schnellste Variante ist ein einfaches, aber möglichst steiles und hohes Hügelbeet. Dieses Hügelbeet sollte nur aus Erde aufgebaut sein. Wären verrottbare Bestandteile im Inneren des Hügelbeetes, dann würde es mit der Zeit die Form verlieren. Da es sich aber bei einem Kratergarten um eine dauerhafte Gestaltung handelt, wäre das von Nachteil. Je nach vorhandenem Platz und Aushubmaterial kann die Umrandung auch in Form eines höheren, abgetreppten Hochbeetes gestaltet werden. Ein solches Hochbeet hat den Vorteil, dass der Kleinklimaeffekt durch den besser geschützten Innenbereich noch stärker ausgeprägt ist. Auch entstehen mehrere Bewirtschaftungsebenen (= kleine Terrassen) und dadurch größere Anbauflächen. Wie beim Terrassenbau muss man sich über die Breite der Ebenen Gedanken machen.

In flachem Gelände kann mithilfe eines Klimagartens ein geschützter Raum geschaffen werden.

> Terrassenbreiten unter einem Meter sind nicht empfehlenswert, sie könnten kaum sinnvoll genutzt werden (selbst das Manövrieren einer gefüllten Schubkarre wird bei so geringer Breite schwierig).

Der Flächengewinn ist im Klimagarten besonders groß.

Wenn man Fläche sparen muss, dann ist es möglich, Steinschlichtungen oder Krainerwände in die Böschungen einzubauen. Dadurch können die Böschungen wesentlich steiler angelegt werden und dafür die Terrassen breiter ausfallen.

Der Wasserstand wird mittels Abflussrohr so gehalten, dass die Basis der Umrandung nicht geflutet wird. Zwischen Biotop und Umrandung sollte ein Weg (als Ernteweg oder zum Flanieren) eingeplant werden. Das Biotop kann, wenn es groß genug ist, auch noch eine Insel haben, mit Zugang über eine Brücke. Bei dieser Art von Klimagarten befinden sich die Eingänge dort, wo die Hochbeete unterbrochen sind. Das Innere ist von außen nicht einsichtig. Man hat einen geschützten Raum geschaffen.

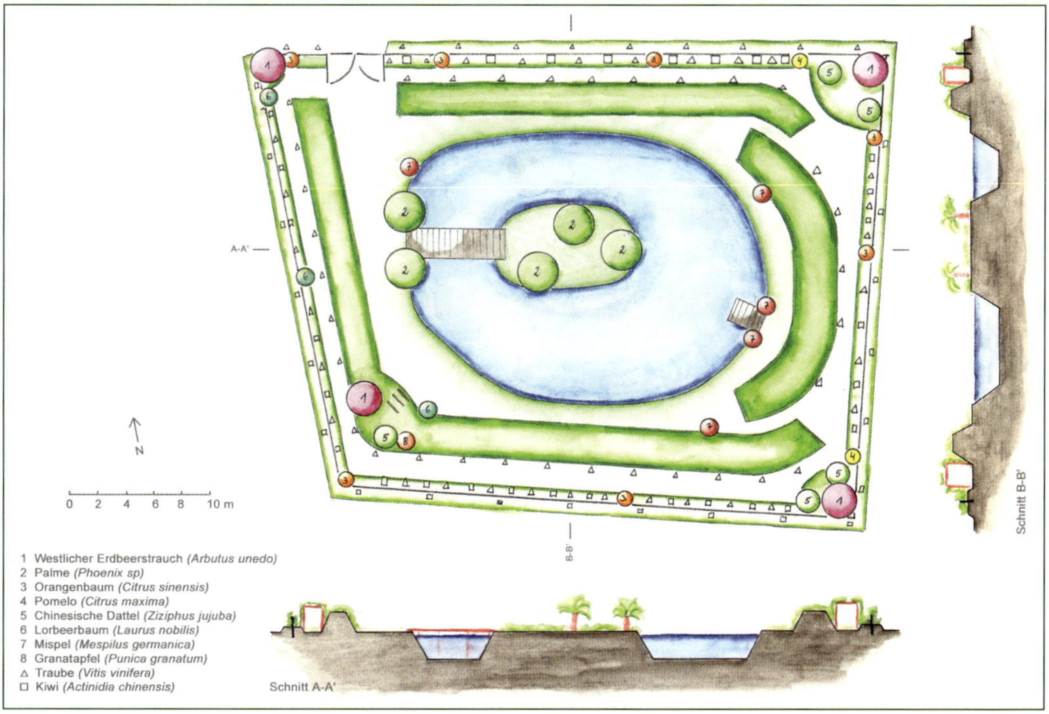

Legend:
1 Westlicher Erdbeerstrauch *(Arbutus unedo)*
2 Palme *(Phoenix sp)*
3 Orangenbaum *(Citrus sinensis)*
4 Pomelo *(Citrus maxima)*
5 Chinesische Dattel *(Ziziphus jujuba)*
6 Lorbeerbaum *(Laurus nobilis)*
7 Mispel *(Mespilus germanica)*
8 Granatapfel *(Punica granatum)*
△ Traube *(Vitis vinifera)*
☐ Kiwi *(Actinidia chinensis)*

Schnitt A-A'
Schnitt B-B'
A-A'
B-B'
N
0 2 4 6 8 10 m

Plan eines Klimagartens in flachem Gelände auf der Finca von Nora von Liechtenstein in Spanien.
Konzept Sepp Holzer, planliche Darstellung DI Claudia Kaufmann

Unten links: Rohbau des Klimagartens in Spanien: Hochbeete zur Umrandung, Wasserfläche mit Insel und Brücke im Inneren. Auf der Insel wurden bereits Dattelpalmen gepflanzt. Der Garten wird nun Tropengarten genannt.
Unten rechts: Der Tropengarten in Spanien wird unter Aufsicht von Sepp Holzer nach außen erweitert, um zusätzliche Kulturflächen zu schaffen und um einen Laubengang im äußersten Bereich errichten zu können.

Blick in den Tropengarten (Spanien): Der Laubengang wird von Kiwis und Wein bewachsen, bietet Früchte und spendet Schatten. Im Inneren finden wir günstige Kleinklimastandorte vor. Die Dattelpalmen gedeihen ohne Winterschutz.

Aufbau in Hanglagen

Anders verhält es sich, wenn ich ein ähnliches System in Hanglage bauen will. Hier wird das Material vom Aushub des Biotopes zum größten Teil dafür verwendet, im talseitigen Bereich einen Damm aufzubauen. Von oben wird der Garten immer einsichtig sein, wir befinden uns ja in einem Hang. Der optische Effekt der terrassierten Struktur dieses Kratergartens kann mit einem Plateau als Aussichtspunkt oberhalb der Anlage verstärkt werden. Der Charakter dieses Klimagartens ist ein völlig anderer, als der davor beschriebene. Anders als im flachen Gelände kann hier im unteren Bereich nicht einfach ein Hügel- oder Hochbeet aufgeschüttet werden, weil dieser Bereich durch die Hanglage außer der optischen und kleinklimatischen auch noch eine Sicherungsfunktion hat. Talseitig muss also ein Damm gebaut werden, der wie beim Thema Feuchtbiotop beschrieben aufgebaut wird.

Skizze eines Klimagartenschnittes im Hang mit entsprechenden Aushüben und Aufschüttungen relativ zum Urgelände (Jens Kalkhof)

Es ist nun also ein Feuchtbiotop (bei größeren Anlage ein Teich) mit terrassierten Innen- und teilweise auch Außenböschungen entstanden. Zur Regulierung des Wasserstandes wird auch hier ein Abflussrohr (Standrohr) an der tiefsten Stelle

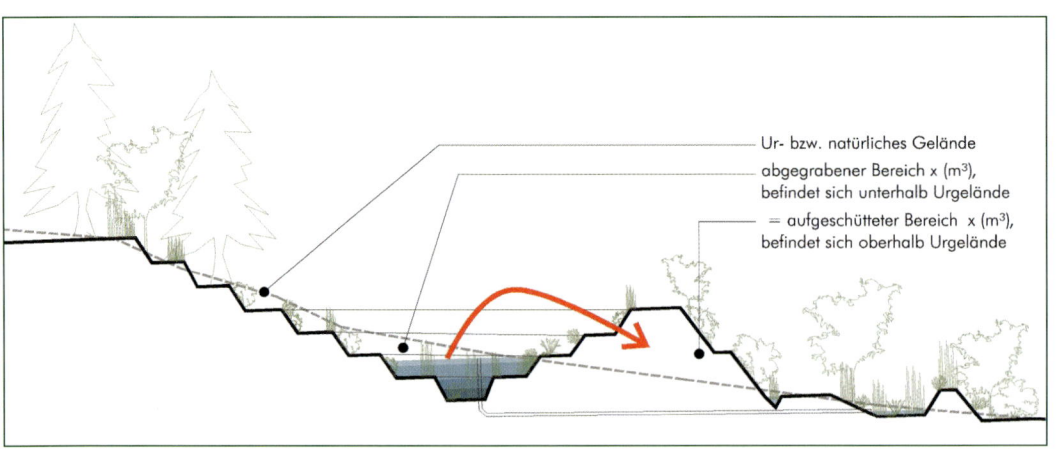

Ur- bzw. natürliches Gelände

abgegrabener Bereich x (m³), befindet sich unterhalb Urgelände

= aufgeschütteter Bereich x (m³), befindet sich oberhalb Urgelände

eingebracht. Das Abflussrohr funktioniert natürlich nur, wenn der Auslauf tiefer als die Teichsohle liegt. Dies ist bei der Platzwahl unbedingt zu berücksichtigen!

Sicherungsüberlauf: Ein zusätzlicher Sicherungsüberlauf sollte ebenfalls eingebaut werden. Dieser kann jedoch nicht, wie bei normalen Teichen, mittels einer Furt über die Dammkrone verlaufen. Dann würden die bepflanzten Terrassen bei Hochwasser überschwemmt werden. Aus diesem Grund sollte an der Stelle des höchsten erwünschten Wasserstandes ein Überlaufrohr in den Damm eingebracht werden. Dieses Rohr kommt erst dann zum Tragen, wenn das Abflussrohr die zulaufende Wassermenge nicht mehr bewerkstelligen kann. Dieses Ereignis wird zwar bei reinen Himmelsteichen (rein durch Niederschlagswasser gespeistes Gewässer) eher selten vorkommen, aber man sollte auf jeden Fall gerüstet sein.

> Abflussrohre werden im Zuge des Dammbaues eingebaut.

Bepflanzung: Je nach Breite können sowohl die ebenen Terrassen als auch die Böschungen bepflanzt werden. Dabei sollte man jedoch nicht die Notwendigkeit eines „Ernteweges" vergessen. Dieser kann beispielsweise einfach als Rasenweg oder mit Trittsteinen ausgeführt werden. Kratergärten eignen sich vor allem zur Kultivierung von ausdauernden und kälteempfindlichen Pflanzen. Auch der Randbereich des Biotops und die Wasserfläche selbst können bepflanzt werden.

Ob der Kratergarten nun für spezielle Experimente mit empfindlichen Exoten oder einfach nur zum Anbau von Kräutern, Obst oder Gemüse verwendet wird, bleibt jedem selbst überlassen. Durch geschickte Geländeausnutzung wird die Vielfältigkeit der Nutzungsmöglichkeiten jedoch beachtlich gesteigert.

Wenn genügend Platz vorhanden ist, passt auch eine Insel – hier sogar in Form einer Kräuterspirale – ins Innere des Krater- bzw. Klimagartens.

Klimagarten-Rohbau am
Probsthof im Frühling 2008
nach einem Konzept von Sepp
Holzer (Ansicht Richtung Osten)

Dieselbe Anlage (Blickrichtung
Richtung Westen): In die Terrassen wurden Steine eingebaut.
In den großen Zwischenräumen
stehen optimale Standorte
für zahlreiche Kräuter zur
Verfügung.

Klimagarten am Probsthof im
Sommer 2008, einige Woche
nach dem Bau. Die Anlage ist
gut eingewachsen, das Feuchtbiotop hat sich mit Niederschlagswasser gefüllt und die
Enten genießen ein Bad.

Der erste Winter im Klimagarten: Die Kräuter freuen sich über den Schutz der Steine, die Kinder laufen auf der vereisten Wasserfläche Schlittschuh.

Im Sommer 2009 entwickelte sich eine üppige Blüte, die Steine sind kaum noch zu sehen. Das Wasser aus dem Biotop wurde zur Wassererneuerung abgelassen und für die Pflege von Jungpflanzen verwendet. Der nächste Regen wird das Biotop wieder füllen.

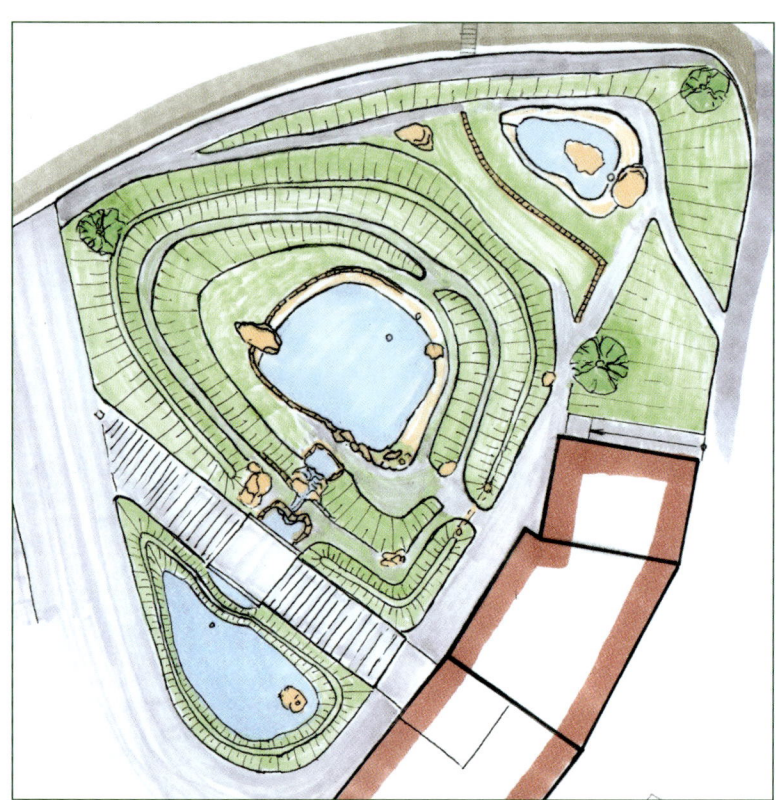

*Plan von Hans Wendl
(Holzer Permakultur-Praktiker)
zur Gestaltung eines
terrassierten Klimagartens*

*Das Grundstück vor
Beginn der Bauarbeiten*

Die Bauarbeiten sind bereits weit fortgeschritten, ein Brücke wurde gebaut, das oberste Biotop ist bereits gefüllt. Auf den Hügelbeeten sollen neben Kräutern auch Gemüse, Salat und Blumen für die Selbstversorgung kultiviert werden. Planung, Bau und Bepflanzung: Hans Wendl und Familie.

Terrassengärten

Wenn sich Ihr Grundstück in Hanglage befindet, dann bietet es sich an, einen terrassierten Garten anzulegen. Der Gedanke, steile Hänge durch Abtreppung leichter zugänglich und bewirtschaftbar zu machen, ist wahrscheinlich beinah so alt wie die Landwirtschaft selbst. Man findet Terrassen in diversen Formen überall auf der Welt. Fast jeder hat wohl schon einmal Bilder gesehen, sei es von den typischen asiatischen Reisfeldern, den Inka-Terrassen in Peru oder den Weinterrassen in Europa. Leider verschwinden diese Strukturen heute immer mehr, da in vielen dieser Regionen eine Abwanderung aus der Landwirtschaft stattfindet. Auch in Gebieten, in denen zunächst nicht mit großflächigen Terrassenkulturen gerechnet wird, findet der aufmerksame Beobachter oft die Überbleibsel. Beispiele hierfür gibt es genügend. Waren Sie schon einmal auf der griechischen Insel Santorini mit ihren (alten) groß angelegten Terrassenfeldern?

> Die Gründe für Terrassierungen sind schnell erklärt. Durch die Abtreppung wird eine Bewirtschaftung in steilem und unwegsamem Gelände erleichtert oder sogar oft erst möglich.

Auch heutzutage, wo viele Arbeiten in der Landwirtschaft maschinell durchgeführt werden, kann so manche Hanglage erst durch eine Terrassierung wirklich urbar gemacht werden. Terrassen verhindern das schnelle Abfließen von Niederschlagswasser und die damit verbundene Erosion von wertvollem Humus. Das Niederschlagswasser kann gezielt gelenkt werden und wird besser im Erdkörper

Der einmalige Einsatz eines Baggers zur Anlage von Terrassen bringt dauerhaften Nutzen.

Terrassierter Kräutergarten am Probsthof

gespeichert. Durch die neue Struktur ändert sich das Kleinklima. Es entstehen Kleinklimazonen, welche neue Anbauperspektiven bringen. Auch in Gärten mit geringerer Hangneigung bietet eine Terrassierung Vorteile. Jeder, der schon einmal auf einer schiefen Ebene versucht hat, ein Zelt aufzustellen, weiß ein ebenes Fleckchen Erde zu schätzen.

Eine einmal ausgeformte Terrasse ist auch variabel nutzbar. Sollten sich Ihre Ansprüche und Wünsche an den Garten ändern, kann aus einer ehemals für den Gemüseanbau angelegten Terrasse schnell wieder eine Spielwiese für Kinder oder eine Blumenwiese werden. Zusätzlich können Terrassen auch als Wege genutzt werden, was vor allem bei sehr steilem Gelände von Bedeutung ist. Und zu guter Letzt hat ergibt sich auch noch ein nicht zu unterschätzender Flächengewinn. All diese Vorteile können mithilfe eines einmaligen Baggereinsatzes zum Tragen kommen.

Tipps zur Anlage von Terrassen

Feststellung der eigenen Bedürfnisse – Konzept: Als Erstes sind – wie bei jeder guten Planung – Gedanken über die eigenen Bedürfnisse sowie der geplanten Bewirtschaftung anzustellen. Weshalb sind Terrassen für mich sinnvoll? Wie möchte ich sie bewirtschaften? Möchte ich die ebene Fläche vielleicht später einmal als Spielplatz oder für eine Gartenparty nützen? Möchte ich die Fläche maschinell oder manuell bearbeiten? Falls (zumindest teilweise) an Maschineneinsatz gedacht wird, und wenn es nur der Rasenmähertraktor ist, dann sollte die Fahrbreite sowie der nötige Wenderadius berücksichtigt werden. Geeignete Arbeitsgeräte (Kleintraktoren) gibt es übrigens schon ab einer Spurbreite von 1 Meter zu kaufen oder zu mieten. Die Herangehensweise an ein solches Projekt wurde im Kapitel Planung bereits ausführlich erläutert. Zunächst sollen nun erst einmal die offenen Fragen beantwortet werden.

Gelände beurteilen – Planung: Wenn ich mir über meine Vorstellungen im Klaren bin, versuche ich diese so gut es geht umzusetzen. Dafür ist ein Überblick über das eigene Gelände notwendig. Dies geschieht direkt vor Ort sowie auf dem Lageplan. Terrassen sind keine starren Gebilde, die einfach über ein x-beliebiges Gelände gestülpt werden. Die einfachste und auch natürlichste Form der Terrassierung ist eine Angleichung an die Ausformung des Geländes. Man passt sich dabei mit der Gestaltung an die Gegebenheiten der Landschaft an.

In der planlichen Darstellung sind diese Terrassen einfach nur als Verbreiterung der Schichtenlinien zu erkennen. Dabei wird das Erdmaterial, vereinfacht ausgedrückt, bergseitig abgetragen und (nach Separieren des Humus und Aufbau des Böschungsfußes wie es im Folgenden unter „Durchführung der Bauarbeiten" beschrieben ist) talseitig aufgeschüttet.

Für eine gut geplante Terrassierung sollte kein Material über den Rangierradius des Baggerarmes hinaus transportiert werden müssen. Die Breite der Terrassen ist bei dieser Vorgangsweise bereits grob vorgegeben. Je steiler das Gelände ist, umso geringer ist die mögliche Terrassenbreite. Je flacher das Gelände, desto breiter kann eine Terrasse gestaltet werden. Nun ist es hilfreich, einen Geländeschnitt anzufertigen. Dieses Instrument ermöglicht einen Überblick über die mögliche Terrassenanzahl, die mögliche Terrassenbreite, die Böschungswinkel, das zu manipulierende Materialvolumen usw. Abschließend müssen natürlich auch die Bodenverhältnisse berücksichtigt werden.

Die Ausformung der Terrassen wird an die natürliche Geländestruktur angepasst.

Zusätzliche Gestaltungselemente, wenn gewünscht, bereits einplanen:
Durch die Anlage von Terrassen wird doch einiges an Erde bewegt. Zu diesem Zeitpunkt ist es sehr leicht, genügend Erde für Kräuterhügelbeete, Kräuterspiralen, Kräuterberge und andere Gestaltungselemente „zur Seite zu legen". Diese können dann auf den Terrassen angelegt werden, oder man baut sie direkt im Zuge des Terrassenbaus mit auf, was meistens das Sinnvollste ist („auf der größten Terrasse machen wir gleich die begehbare Kräuterspirale, die Steine könnten wir ohne Bagger sowieso nicht bewegen ...").

Im Zuge der Terrassierung können auch zusätzliche Gestaltungselemente eingebaut werden.

Ein Tipp am Rande: Vielleicht lassen Sie sich auch an irgendeinem Platz, wo es nicht stört, ein wenig Erde/Humus deponieren (abdecken oder mit einjährigen Pflanzen einsäen). Es ist sehr praktisch, immer ein wenig Erde zur Verfügung zu haben.

Begehung mit einem professionellen Baggerfahrer: Eine kleine Veränderung, im Garten händisch oder mithilfe eines Minibaggers durchgeführt, ist nicht mit großem Risiko verbunden. Wenn jedoch größere Umbaumaßnahmen geplant sind, benötigt der Laie professionelle Unterstützung. Es hat sich als sehr hilfreich erwiesen, die geplante Baustelle noch vor Baubeginn mit einem erfahrenen Baggerfahrer zu begehen. Hier können die Vorgangsweise und Geräteauswahl besprochen werden, zudem erkennt man sofort, ob die eigene Idee verstanden und für durchführbar gehalten wird. Des Weiteren kann man den zu erwartenden Arbeitsaufwand besprechen und erhält oft noch gute Tipps zur Vorbereitung der Baustelle. Nichtsdestoweniger bleibt die Notwendigkeit, sich vorher intensiv mit der eigenen Planung auseinanderzusetzen!

Eine ausführliche Besprechung vor Ort spart Zeit, Geld und Nerven.

Es gilt die Regel: Nur wer weiß, was er will, bekommt auch das, was er will!

Jeder, der schon einmal mit einer Baustelle konfrontiert war, kennt die Schwierigkeiten, die auf einen zukommen können. Wenn sie über Ihre Möglichkeiten

Bescheid wissen, werden sie sich nicht mit einer schlechten Kompromisslösung zufriedengeben.

Durchführung der Bauarbeiten: Die ausführende Baggerfirma weiß normalerweise über die korrekte Durchführung der Arbeit Bescheid und haftet auch dafür. Wer sich Ärger ersparen will, sollte aber immer wieder ein Auge auf die Arbeiten haben. Wichtige Punkte sind:

> Als Bauherr/in sollte man während der Baggerarbeiten unbedingt anwesend sein!

1. Materialseparierung

Auf die Humusschicht muss größter Wert gelegt werden! Der Humus muss abgezogen, separiert gelagert und später wieder als oberste Schicht aufgebracht werden.

2. Materialverwaltung

Nachdem der Humus separiert wurde, sollte das bergseits abgetragene Erdreich talseitig wieder aufgetragen werden.

> Dabei wird im Idealfall nur etwa ein Drittel der Terrassenbreite aufgeschüttet. Zwei Drittel sollten aus festem Untergrund bestehen.

Normalerweise ist es nicht nötig, Erdreich zu transportieren. Alles Abgetragene wird auch wieder verbaut.

Bevor Sie mit den Baggerarbeiten beginnen, rufen Sie sich die Hinweise aus dem Kapitel „Basiswissen für Erdbewegungen" (im Speziellen: Materialverwaltung auf der Baustelle) in Erinnerung.

3. Böschungsneigung

Die Neigung der Böschung hängt von der Bindigkeit und den Gleiteigenschaften des Erdmaterials ab.

> In der Regel werden Böschungsneigungen von 1:1,5 bis 1:2 am häufigsten angebracht sein.

Dies ist jedoch vor Ort mit einer sachverständigen Person zu klären. Sehr steile Böschungen können auch mittels Steinschlichtungen oder Krainerwänden gesichert werden. Mehr zu Krainerwänden finden Sie im Kapitel „Kräuter-Krainerwand".

> Geschwungene organische Formen erfordern vom Maschinisten mehr Geschick als das Anlegen gerader Linien.

4. Böschungsfuß

Neben der Böschungsneigung ist auch der Untergrund der Böschung von großer Bedeutung. Für eine stabile Böschung muss ein stabiler Böschungsfuß aufgebaut werden. Grasnarbe und Humus müssen dazu im Bereich der Aufschüttung entfernt werden. Anschließend wird das „Fundament" der Böschung errichtet. Dazu wird eine Vertiefung mit bergseitiger Neigung angelegt. Sie dient als Abstützung für das lose aufgeschüttete Material. Würde die Aufschüttung ohne diese Maßnahme auf die vorhandene Grasnarbe durchgeführt, käme es leicht zu Rutschungen.

> Eine stabile Böschung braucht ein gutes Fundament.

> Hier gilt die goldene Regel „Es darf gleiches Material nur mit gleichem verbunden werden". Dadurch erreiche ich einen guten Bodenschluss und eine stabile Anlage. Leider wird das hin und wieder vergessen.

5. Wasser

Wasser ist Leben und kann durch Terrassierungen sehr effizient genutzt und gespeichert werden. Wasser kann aber auch, wenn es fließt, wo es nicht sollte, Schaden anrichten. Bei der Anlage von Wegen und Terrassen muss also immer auf das schadlose Abfließen des Oberflächenwassers geachtet werden.

> Auch eine Vernässung der Fläche muss durch eine leichte talseitige Neigung von zumindest 3 % verhindert werden. Diese Neigung wird ebenfalls häufig vernachlässigt.

Weitere wichtige Punkte zu diesem Thema sind eingehend im Kapitel „Wasser als Gestaltungselement" erläutert.

Ein richtig angelegter Böschungsfuß ist wichtig für die Stabilität der Terrasse.

Einsaat und Bepflanzung

Nach der Bauphase sollte die Fläche sofort bepflanzt und eingesät werden. Dies ist wichtig, um die Aufschüttungen zu stabilisieren und Bodenerosion vorzubeugen. Je nach Bodengüte kann entweder gleich mit der gewünschten Kultur begonnen werden oder der Boden muss erst durch Gründüngung, Mulch oder Komposteinbringung entsprechend verbessert werden. Bei hohen Böschungen ist auch eine Bepflanzung mit Bäumen und Sträuchern zur Hangsicherung empfehlenswert.

Saatgut und Pflanzen rechtzeitig besorgen!

Die Kräuterspirale

Die Spiralform ist ein Gestaltungselement, das in zahlreichen Kulturen in Kunst und Architektur immer wieder vorkommt. Auch in der Natur begegnet uns die Spirale in vielen verschiedenen Ausprägungen in Form von eingerollten Blättern, Ranken, Samenkapseln, Samenanordnungen auf Blütenpflanzen, Blattstelllungen, Schneckenhäusern, dem faszinierenden Gehäuse von Nautilus-Arten u. v. m. Auch in Form von Bewegung, wie etwa dem Strom feuchtwarmer Luftmassen in ein Wirbelzentrum oder im astronomischen Maßstab als Ansammlung von Materie in Galaxien, sind Spiralen zu erkennen. Schließlich beobachten wir das Wasser, das im spiralförmigen Wirbel die Badewanne verlässt und bemerken: Die Spirale ist eine Struktur, die uns in unserer Umwelt stets begleitet – im großen wie im kleinen Maßstab, bis auf die zelluläre Ebene hin. Das mag der Grund dafür sein, dass die Form der Kräuterspirale eine besondere Faszination auf viele Menschen ausübt.

Attraktiv, einfach und dennoch ein besonderes Highlight im Garten: die Kräuterspirale

Mikroklima

Aus der Spiralform ergeben sich folgende Kleinklimastandorte: Die Spiralspitze nimmt eine Sonderstellung ein. Hier befindet sich der sonnigste, trockenste und exponierteste Standort. Diese drei Faktoren ergeben sich schon aufgrund der Gestaltung, unabhängig davon, welches Erdmaterial verwendet wird. Die Sonneneinstrahlung ist optimal, Niederschlagswasser kann aufgrund der Struktur sofort abfließen, die Spitze ist Witterungsverhältnissen am exponiertesten ausgesetzt – Wind und Frost greifen hier am stärksten an.

Je größer die Spirale, desto ausgeprägter entwickeln sich unterschiedliche Kleinklimastandorte.

Unterhalb der Spitze werden durch die Gestaltung bereits etwas geschütztere und verhältnismäßig feuchtere Standortbedingungen geschaffen.

An der Basis der Spirale finden wir schließlich die am besten geschützten und ausgeglichensten Standorte vor. Man kann das Mikroklima an der Basis einer Kräuterspirale mit den Bedingungen an einer Trockenmauer oder sogar an einer Hauswand vergleichen. Die erhöhte Struktur im Hintergrund bietet Schutz vor Austrocknung durch Wind, schützt vor extremen Witterungseinflüssen, speichert Wärme und Feuchtigkeit.

> Mit etwas Einfühlungsvermögen kann das jeder nachvollziehen: Welche Bedingungen herrschen auf einer Anhöhe im Vergleich zu einem Felsvorsprung? Wie fühlt man sich im Sommer/Winter am Gipfel eines Berges oder in einer Nische? Welche Standorte würde man bei starkem Wind aufsuchen?

Man muss sich nur in diese Situationen hineindenken, dann ist das System sehr logisch und einfach zu erfassen.

Kräuterspiralen können in verschiedenen Größen und Ausführungen gebaut werden: von der kleinen mit 3 m Durchmesser bis hin zur begehbaren Kräuterspirale ist alles möglich. Je größer und höher die Spirale, desto ausgeprägter sind natürlich die Wirkungen des Mikroklimas. Während eine 1 m hohe Kräuterspirale kaum schattige und sonnige Bereiche aufweist, können 2 m hohe begehbare Spiralen bereits viel stärker kleinklimatisch differenzierte und unterschiedliche Standorte liefern.

Es gibt verschiedene Möglichkeiten, Kräuterspiralen aufzubauen. Am weitesten verbreitet sind Kräuterspiralen, die in Trockenmauer-Bauweise aufgesetzt wurden. Dabei wird die Spirale als Trockenmauer auf gewachsenem Boden aufgebaut und im Zuge des Aufbaues schrittweise mit Erde hinterfüllt. Da diese Bauweise die gängigste ist, werden wir sie im Folgenden schrittweise erklären.

Formschön, aber aufwändig: die Trockenmauer-Spirale

Bauanleitung für die Trockenmauer-Kräuterspirale

1. **Material (Steine, Erde, Humus) bereit stellen:** Die Größe und Beschaffenheit der Steine ist Geschmacksache. Mit etwas kantigeren Steinen lässt sich jedoch leichter eine stabile Trockenmauer aufbauen als mit runden. Die Menge des Materials, das Sie benötigen, richtet sich nach der Größe der Spirale. Die Berechnung der Menge kann im Kapitel „Planung – Massenberechnungen" nachgeschlagen werden.

2. **Grundfläche markieren:** Um eine schön geschwungene Grundfläche zu erreichen, binden Sie am besten eine Schnur an ein Stück Holz und schlagen das Holz im geplanten Zentrum der Spirale in den Boden. Die Länge der Schnur sollte der gewünschte Radius der Spirale plus etwa 20 cm sein. Die zusätzlichen 20 cm werden sich am Ende des Aufbaues außerhalb der Trockenmauer der Kräuterspirale befinden. Somit steht Ihnen an der Basis rund um die Kräuterspirale ein zusätzlicher Platz zur Verfügung, der ideale Voraussetzungen für eine Bepflanzung liefert: Der wärmespeichernde und Schutz bietende Effekt der Trockenmauer wird von den Pflanzen am stärksten ausgenützt, die hier an der Basis gepflanzt werden. Wenn dieser Standort für die Bepflanzung nicht genutzt wird, erfüllt die Trockenmauer hauptsächlich eine ästhetische Funktion, anstatt einer praktischen.

Die Grundfläche wird festgelegt und ausgehoben.

Die Grundfläche können sie mit Sand markieren oder ein paar Steine zur Orientierung auflegen.

3. **Grundfläche ausheben:** Die Grasnarbe und der Humus werden von der Grundfläche abgehoben. Humus ist die oberste, biologisch aktivste Erdschicht und kann unterschiedlich mächtig ausgebildet sein. Sie lässt sich durch die dunklere Färbung deutlich von der anschließend folgenden nährstoffärmeren und steinigeren Erdschicht unterscheiden. Grasnarbe und Humus werden separat gelagert, da sie im anschließenden Aufbau unterschiedlich eingebaut werden.

Wenn die Grundfläche ausgehoben ist und das Material bereitsteht, kann mit dem Aufbau begonnen werden.

4. Von der Südseite ausgehend, die Spiralform mit Steinen aufbauen und schrittweise mit Erde hinterfüllen. Die Steine werden mit einer leichten Neigung nach innen geschlichtet und sofort mit Erde hinterfüllt (d. h., es wird keine frei stehende Mauer gebaut, die erst am Schluss gefüllt wird).

Links: Aufbau der Trockenmauer auf gewachsenem Boden, rechts: Die Steine werden mit Erde hinterfüllt.

5. Füllmaterial: Im Inneren der Spirale kann nährstoffarme Erde (Unterboden), die auch steinig sein kann, eingebaut werden. Dazwischen können Sie immer wieder einen Rasenziegel einbauen. Die Seite des Bewuchses sollte dabei nach unten gerichtet sein, der Rasenziegel wird also „verkehrt herum" eingebaut. Damit wird sichergestellt, dass die Grasnarbe langsam verrottet und nicht wieder anwächst. Wenn Sie Tonziegel oder anderen biologisch unbedenklichen Bauschutt haben, spricht nichts dagegen, auch diesen ins Zentrum der Spirale einzubauen. Dabei muss besonders auf die Stabilität der Trockenmauer geachtet werden (evtl. große Bruchstücke mit Vorschlaghammer zerkleinern, mit Erde vermischen, je nach Material). Die Füllung wird an die vorliegenden Bodenverhältnisse angepasst. Bei schweren Böden (Lehm, toniger Lehm) ist es sinnvoll, grobes steiniges Material, Kies oder Sand einzubringen, damit auch für die Mittelmeerkräuter und alle anderen, die durchlässigen Boden brauchen, gute Standorte geschaffen werden. Auf mittleren und leichten Böden kommen wir gut ohne diese Beigaben aus und bauen die Spirale nur mit Erde auf.

Die Spirale wächst langsam in die Höhe.

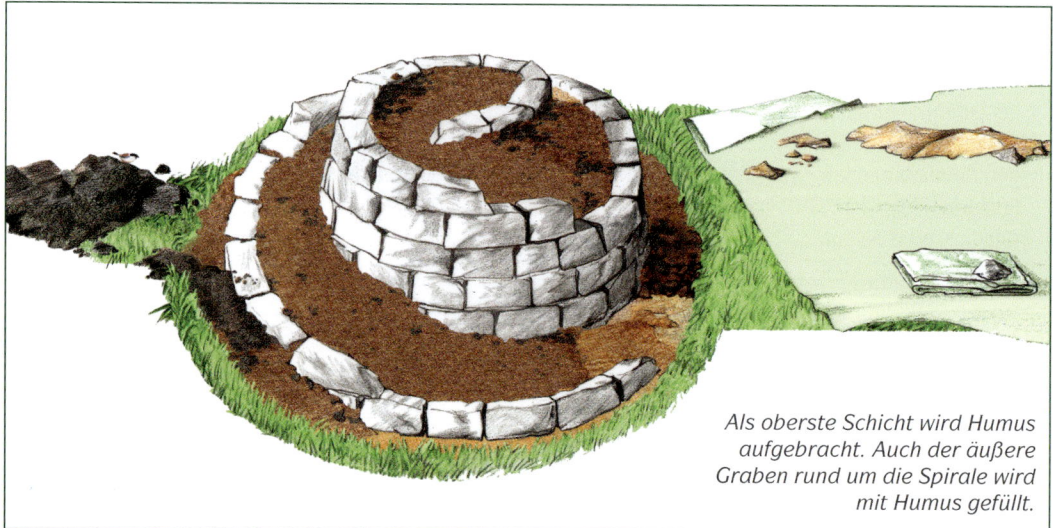

Als oberste Schicht wird Humus aufgebracht. Auch der äußere Graben rund um die Spirale wird mit Humus gefüllt.

Durch den Aufbau einer Trockenmauer auf gewachsenem Boden ergibt sich eine sehr schöne Form. Allerdings verschwinden auch einige Steine im Boden.

6. **Humus auftragen:** Die letzte und oberste Schicht, die Sie auf die Spirale aufbringen, ist Humus. Nun können Sie selbst entscheiden, ob sie den Humus als oberste Schicht gleichmäßig auf der Spirale verteilen oder unterschiedlich humose Standorte schaffen. Wenn genügend Humus vorhanden ist, dann ist es sinnvoll, ihn auf der gesamten Spirale zu verteilen. Vor Überdüngung brauchen Sie, wenn Sie mit Humus arbeiten, keine Angst zu haben! Sie erleichtern den Kräutern durch das Aufbringen von humoser Erde das Anwachsen und stellen die Nährstoffversorgung in der sensiblen Anwachsphase sicher. Auch der Bereich rund um die Kräuterspirale, der zusätzlich ausgehoben wurde, wird mit Humus gefüllt. Durch die dahinterliegende Trockenmauer und die Lage an der Basis der Spirale wirkt an diesem Standort der „Hauswand-Effekt". Hier können kälteempfindliche Kräuter am besten überwintern. Bei der Bepflanzung der Basis ist jedoch Rücksicht darauf zu nehmen, dass durch den Wuchs der Pflanzen der Zugriff auf das Innere der Spirale nicht versperrt wird. Mehrjährige buschige Rosmarinstöcke brauchen beispielsweise viel Platz; daher dazwischen immer wieder Lücken freilassen und evtl. Trittsteine setzen.

7. **Kompost einarbeiten** (auf Wunsch): Wenn besonders nährstoffliebende Kräuter gepflanzt werden, kann ein wenig Kompost in die ausgewählten Bereiche eingearbeitet werden.

8. **Mulchen und bepflanzen.**

Eine nach diesem System aufgebaute Kräuterspirale beinhaltet eine Trockenmauer, deren Basis auf gewachsenem (also nicht aufgeschüttetem) Boden
steht. Dieses stabile Fundament ermöglicht einen dauerhaften formschönen
Aufbau der Spirale, da es bei gewachsenem Boden nicht wie bei aufgeschüttetem Material zu Setzungen kommt. Wenn sich die Füllung der Spirale im Laufe
der Zeit etwas setzen sollte, kann etwas Erde oder Humus sehr einfach eingebracht werden. Nachteil dieser Bauweise ist allerdings, dass zum einen viele
Steine im Inneren der Spirale „verschwinden" und zum anderen der Aufbau relativ zeit- und arbeitsintensiv ist. Wer weniger Zeit und Steine investieren
möchte, kann sich für eine andere Bauweise entscheiden, wir nennen sie die
Einfache Kräuterspirale.

*Bepflanzt ist die Trockenmauer Kräuterspirale eine Schönheit. Vor allem der Außengraben um die Spirale
herum stellt einen sehr günstigen Standort dar. Trittsteine zwischen den Pflanzen sorgen dafür, dass man
die inneren Kräuter gut erreichen kann.*

Bauanleitung Einfache Kräuterspirale

Viel einfacher zu bauen und
mehr Platz für Kräuter: die
Einfache Spirale

Der große Unterschied zur zuvor beschriebenen Trockenmauer-Kräuterspirale besteht darin, dass hier im Zentrum der Spirale Erde aufgeschüttet wird und die Steinschlichtung im Zentrum auf das aufgeschüttete Material gesetzt wird. Dadurch bleibt der überwiegende Anteil der Steine im sichtbaren Bereich. Der Aufbau ist um vieles schneller und einfacher zu bewerkstelligen. Das aufgeschüttete Material wird sich natürlich im Laufe der Zeit setzten. Um diesem Prozess vorzugreifen, sollte die Erde etwas festgeklopft oder -getreten werden, soll eine stabile Form erreicht werden. Der oberste Bereich (etwa die letzten 20 cm Erde und Humus) braucht nicht verdichtet zu werden, sondern wird sofort nach Fertigstellung der Kräuterspirale gemulcht und bepflanzt.

Die **Schritte 1 bis 3** entsprechen dem Aufbau der Trockenmauer-Kräuterspirale (Material bereitstellen, Grundfläche festlegen und ausheben).

Die Einfache Kräuterspirale ist leichter zu bauen und kommt mit weniger Steinen aus. Das Modellieren von Erde und Stein ist ein kreativer Prozess.

4. Im Zentrum der Spirale wird Erde aufgeschüttet. Es handelt sich dabei um Füllmaterial (wie in Schritt 5 – Bauanleitung Trockenmauer-Kräuterspirale – beschrieben).

5. Die ersten Steine werden auf gewachsenem Boden gesetzt und mit Erde hinterfüllt. Sobald die Spirale in die Höhe zu wachsen beginnt, werden die Steine in das aufgeschüttete Material eingebaut. Um für die nötige Formsicherheit zu sorgen, wird die Aufschüttung gerade so weit verdichtet, wie es für eine stabile Konstruktion nötig ist. Es ist ein Modellieren mit Erde und Steinen. Die Steine sollten so eingebaut werden, dass sie stabil sitzen und nicht wackeln. Im Zuge dieser Arbeit entwickelt sich ein Gefühl für diese „Baustoffe". So arbeitet man sich bis zur Spitze der Spirale vor. Ob man am höchsten Punkt der Spirale einen großen zentralen Stein als Blickfang einbaut, einen kleinen

Erst durch die Böschungs-
bepflanzung wird die
3-dimensionale Struktur der
Spirale richtig genutzt.

Die Steine werden so eingebaut und mit Erde hinterfüllt, dass sie nicht wackeln.

Hügel aufschüttet oder ein leicht geneigtes Plateau ausformt, bleibt jedem selbst überlassen.

Die **Schritte 6 bis 8** (Humus einarbeiten, mulchen und bepflanzen) können, wie in der Bauanleitung Trockenmauer-Kräuterspirale beschrieben, ausgeführt werden. Humus resp. Kompost, die als oberste Schicht aufgetragen werde, brauchen nicht verdichtet zu werden, da sie keine stabilisierende Funktion in der Spirale haben.

Die Grundstruktur der Einfachen Kräuterspirale ist fertig aufgebaut. Nun wird der bereitstehende Humus aufgebracht und die Spirale kann bepflanzt werden. Anders als bei der Trockenmauer-Kräuterspirale können hier auch die Böschungen bepflanzt werden. Daher wurde rund um die Steine mehr Freiraum gelassen.

Querschnitt durch die Einfache Kräuterspirale. Auf leichten und mittleren Böden ist das Einbringen von Kies oder Sand unseren Erfahrungen zufolge nicht nötig. Auf schweren Böden (Lehm, toniger Lehm) ist es hingegen von Vorteil.

Die Einfache Kräuterspirale wird also mehr „modelliert" statt „konstruiert". Es entwickelt sich ein kreativer Prozess, in dem man lernt, mit Erde und Steinen eine stabile und optisch ansprechende Form zu gestalten. Wer nach diesem System eine Kräuterspirale baut, wird schnell herausfinden, dass es noch viele weitere Formen außer der Spirale gibt, die in ähnlicher Weise gebaut werden könnten. Vielleicht passt im eigenen Garten ein Halbmond besser ins Gelände oder ich baue eine „aufgeschraubte" Spirale, die innen begehbar ist.

Einfache Kräuterspirale (bepflanzt und gemulcht) am Reindlhof

Mehr Platz für Kräuter schaffen: Einer der Hauptgründe für den Bau einer Kräuterspirale ist die Vergrößerung der Anbaufläche im Vergleich zu Flachbeeten. Will ich die bepflanzbare Oberfläche noch weiter vergrößern, kann man dazu übergehen, nicht nur die horizontalen Flächen der Kräuterspirale zu bepflanzen, sondern auch die Böschungen als Pflanzflächen zu nutzen. Dazu lässt man zwischen den Steinen immer wieder ein wenig Platz, damit die Lücken bepflanzt werden können. An diesen Standorten kommt zudem die Temperatur ausgleichende Wirkung der Steine am besten zur Geltung. Rosmarin, Salbei, Lavendel, zwischen zwei Steine gepflanzt, entwickelt sich in unseren Breiten weitaus prächtiger, als es freistehend der Fall ist. Wir würden auf diese Pflanzstandorte keinesfalls verzichten, wenn wir uns schon die Arbeit machen, eine Kräuterspirale anzulegen. Diese Lücken und die Böschungsbepflanzung lassen sich bei der Einfachen Kräuterspirale sehr leicht realisieren.

Hinsichtlich der Größe können Kräuterspiralen individuell variieren. Am häufigsten sieht man Spiralen mit einem Durchmesser von 2 bis 3 Metern. Diese Spiralen werden von außen gepflegt und beerntet, bieten aber einer Familie schon eine beachtliche Menge an frischen Kräutern.

Begehbare Kräuterspirale

Wenn etwas mehr Platz zur Verfügung steht, lohnt es sich auf jeden Fall, eine begehbare Kräuterspirale anzulegen. Dies ist etwa ab einem Durchmesser von 6 m sinnvoll. Die Höhe einer solchen Spirale wird, je nachdem, wie viele Steine zur Sicherung der Böschung eingebaut werden, zwischen 2 und 2,5 m liegen. Auf einer Kräuterspirale diesen Ausmaßes lassen sich genügend Gewürz-, Tee- und Arzneikräuter kultivieren, um auch einen beachtlichen Wintervorrat an getrockneten Kräutern anzulegen, Liköre und Tinkturen anzusetzen und großzügig an Verwandte und Bekannte weiterzugeben. Bei begehbaren Kräuterspiralen kann der Spiralform entlang von der Basis bis zur Spitze gegangen werden, um die Anlage zu pflegen und zu beernten. Bepflanzt wird alles mit Ausnahme des Weges. Als Pflanzfläche dienen hier vor allem die Böschungen zwischen den Steinen.

Begehbare Kräuterspiralen bauen wir in jedem Fall nach dem System der Einfachen Kräuterspirale. Die Hilfe eines Minibaggers ist dabei sehr sinnvoll, da für die begehbare Spirale doch einiges mehr an Schaufelarbeit nötig ist. Zudem ist bei begehbaren Spiralen die Möglichkeit gegeben, schöne große Steine einzubauen, die ohne die Hilfe einer Maschine kaum bewegt werden könnten. Für den Aufbau der begehbaren Kräuterspirale am Probsthof mithilfe eines Baggers im Frühling 2007 (Durchmesser ca. 6 m, Höhe ca. 2,3) benötigten wir etwa vier Stunden. Es wurde ausschließlich mit Material gearbeitet, das am Hof zur Verfügung stand. Die Steine stammen aus einer durch Umgestaltungsarbeiten unnötig gewordenen Hangsicherung, das Material für das Innenleben der Spirale kam aus der Gestaltung einer Terrasse in Hanglage.

Bau der begehbaren Kräuterspirale am Probsthof. Es wurde
ausschließlich mit vorhandenem
Material gearbeitet.

Die Steine stammen aus
einer alten Hangsicherung,
die durch die Terrassierung
und Bepflanzung überflüssig
geworden war.

Die Spirale nimmt langsam
Form an. Am Gipfel wird ein
großer Stein mit der Bagger-
schaufel in die Erde gedrückt.

Der Rohbau der begehbaren Kräuterspirale ist fertig. In die erste Böschung wurden kaum Steine eingebaut, die Böschung wird zur Gänze bepflanzt.

Die begehbare Kräuterspirale ein Jahr nach dem Bau: Thymian, Salbei, Bergbohnenkraut, Oregano, Estragon, Schnittlauch, Schnittknoblauch und vieles mehr finden genügend Platz zu wachsen, Groß und Klein finden Platz zum Verweilen und Spielen.

Die Einfache Kräuterspirale begehbar gebaut: Hier werden vor allem die Böschungen bepflanzt. Der Aufbau ist mithilfe eines kleinen Baggers in wenigen Stunden zu bewerkstelligen.

Die Fertigteil-Kräuterspirale

Der Handel hat auf das öffentliche Interesse am Thema Kräuterspirale reagiert und so können bereits in verschiedenen Baustoffmärkten fertige Kräuterspiralen-Bausätze erworben werden, oft auch als Kräuterschnecken bezeichnet. Dabei handelt es sich um „künstliche Gebilde", entweder aus Plastikbausteinen im Steckkastensystem oder in Form von Zink-Aluminium beschichteten Drahtkörben (Gabione). Die Maße dieser Systeme betragen durchschnittlich 150 cm im Durchmesser, bei einer maximalen Höhe von 80 cm. Die Preise sind beachtlich: ab 269 Euro kann das Plastikbausteinset in losen Einzelteilen erworben werden. Für eine Gabionen-Spirale (Drahtkörbe) müssen bereits mindestens 279 Euro investiert werden – ebenfalls in Einzelteilen geliefert (Stand: August 2009). Dann kann die Bastelei losgehen. Erde und Kräuter sind nicht im Preis inbegriffen. Die Befüllung der Drahtkörbe natürlich auch nicht – dazu werden etwa 770 kg Steine in einer Korngröße von 25 bis 60 mm empfohlen. Mit einem natürlich gestalteten Kräutergarten haben diese standardisierten Kräuterspiralen selbstverständlich nichts zu tun. Der ästhetische Wert solcher Gebilde ist fragwürdig und wenn man sich einer derartigen Spirale letztlich entledigen will (künstliche Strukturen gewinnen durch Verwitterung nicht unbedingt an Reiz), dann muss sie noch aufwändig zerlegt und entsorgt werden. Auch die Funktionalität dieser Spiralen ist zu bezweifeln. Gabionen-Spiralen lassen keinen Spielraum für eventuelle Böschungsbepflanzungen; Plastikspiralen fehlt sogar der Effekt des Temperaturausgleiches.

Im Vorjahr haben wir für diverse Gestaltungen eine LKW-Ladung Steine (etwa 10 Tonnen) in einer Größe von 20 bis 40 cm gekauft. Es handelte sich um unterschiedlich gefärbte Steine, teilweise Rundlinge, teils kantige Bruchsteine. Inklusive Zustellung und Steuer betrug der Preis dafür etwa 170,– Euro. Genügend Material also für mehrere Kräuterspiralen vergleichbaren Ausmaßes der oben erwähnten EU-Standard-Spirale also.

Eine individuelle Kräuterspirale ist nicht nur unvergleichlich schöner und nachhaltig sinnvoller, sondern auch bei Weitem billiger als der künstliche Nachbau.

Zugegebenermaßen wird mehr Schaufelarbeit nötig sein, die Zeit aber, die für das Enträtseln des Bausatzes nötig wäre, sollte auch hier nicht unterschätzt werden.

Kräuterspiralen-Bausätze sind keine Alternative!

Der Kräuterberg

Im Wesentlichen ist der Kräuterberg eine weitere Vereinfachung der Einfachen Kräuterspirale. Er lässt sich aber um vieles schneller und einfacher anlegen als eine Kräuterspirale und erfüllt dennoch den gleichen Zweck. In einigen Punkten ist der Kräuterberg sogar sinnvoller als die Spirale: Dadurch, dass die Steine unregelmäßiger gesetzt werden und nicht in vorgegebener Spiralform, vergrößert sich die Anzahl der günstigen Kleinklimastandorte und auch die mögliche bepflanz-

Noch einfacher und schneller gebaut, aber ebenso effizient: der Kräuterberg

Kräuterberg am Krameterhof in 1500 m Seehöhe: viel einfacher zu bauen und ebenso produktiv wie eine Kräuterspirale

bare Oberfläche. Kurz gesagt: Rund um jeden einzelnen Stein, den ich auf den Berg bzw. Hügel setze, habe ich die Möglichkeit, Kräuter zu pflanzen und nutze die Vorteile dieses Standortes. Der gesamte Hügel kann bepflanzt werden, es bleiben dazwischen nur die Steine frei (optimale Ausnutzung der Böschungen).

Aufbau

Um einen Kräuterberg (oder Kräuterhügel) zu gestalten, geht man ebenso vor wie beim Bau einer Einfachen Kräuterspirale: Die Grundfläche wird festgelegt, Grasnarbe und Humus abgetragen und separiert, eine Aufschüttung im Zentrum gemacht und Steine eingearbeitet. Ebenso wie bei der Kräuterspirale können unterschiedliche Erdmaterialien verwendet werden, um nährstoffreiche und nährstoffärmere Bereiche am Kräuterberg zu schaffen. Da die Steine in die Böschungen eingebaut werden und nicht übereinandergeschichtet werden müssen, können dafür auch sehr unregelmäßig ausgeformte Steine verwendet werden.

Der Kräuterberg kann in jeder beliebigen Größe gebaut werden.

> Es empfiehlt sich, möglichst große Steine einzubauen, damit, wie oben angesprochen, auch ein einzelner Stein bereits eine gut spürbare Wirkung auf das Mikroklima der Anlage hat.

Die Ausgestaltung des Kräuterberges ist ein kreativer Prozess: Mit den Steinen können Symbole und Muster gestaltet werden, die Kräuter können ebenfalls in Form von Symbolen und Mustern gepflanzt werden. Bei großen Anlagen sind sogar ganze Kräuterschriftzüge möglich. Diese Gestaltungen müssen jedoch intensiver gepflegt werden, damit die Muster auch nach dem ersten Jahr sichtbar bleiben und nicht verwachsen. Besonders sinnvoll ist es, Steine auch so einzubauen, dass sie als Trittsteine verwendet werden können und dadurch die Pflege und Ernte der Anlage erleichtern. Auch diese Steine werden nicht nur auf die Oberfläche gelegt, sondern trittfest eingearbeitet. Selbst ein spiralförmig an die Spitze des Berges führender Trittsteinpfad ist möglich. Den Variationsmöglichkeiten sind kaum Grenzen gesetzt.

Je steiler die Böschung, desto weniger müssen Sie sich bei der Pflege bücken.

Versetzte und spiralförmig angeordnete Trittsteine am Kräuterberg

Kräuterberg mit unterschiedlicher Steinsetzung, links: Versetzte Trittsteine sind schnell eingebaut und verleihen dem Berg einen natürlichen Charakter. Rechts: Trittsteine wurden spiralförmig bis an die Spitze geführt. Die Steine sind begehbar, die bepflanzbare Oberfläche wurde maximiert.

Kräuterschlangen (Kräuterhügelbeete)

Hügelbeete sind ebenso wie Kräuterspiralen Gestaltungselemente, die in der Permakultur verwendet werden. Es handelt sich vereinfacht ausgedrückt um langgezogene aufgeschüttete Erdhügel, deren Innenleben aus organischem Material (Astschnitt bzw. Äste, Laub, Gras, Kompost, Erde etc.) besteht.

Hügelbeete bieten eine deutlich vergrößerte Oberfläche (mind. 1/3 mehr Fläche, je nach Höhe) und günstige Wachstumsbedingungen: Das organische Material im Inneren wird zersetzt, dabei wird Wärme frei, die für eine erfolgreiche Einsaat im Frühling wichtig ist. Durch die große Oberfläche der Hügelbeete und den verhältnismäßig kurzen Weg ins Innere gelangt ausreichend Sauerstoff in den organischen Innenaufbau. Das organische Material kann unter besten Bedingungen in nährstoffreiche Komposterde umgewandelt werden. Daher finden Hügelbeete solchen Aufbaues vor allem im Gemüseanbau Verwendung, wo nährstoffreiche Erde gebraucht wird. Durch den Zersetzungsprozess im Inneren werden

Hügelbeete werden vor allem zur Kultivierung von Gemüse angelegt.

die Hügelbeete im Laufe der Jahre immer flacher. Sie werden letztlich entweder als Flachbeete genutzt oder wieder neu aufgebaut.

Auch für den Anbau von Heilkräutern sind Hügelbeete sehr gut geeignet. Da es sich hier aber zumeist um ausdauernde Kulturen handelt, ist es sinnvoller, die Hügel dafür ohne oder mit wenig organischem Material aufzubauen.

Dauerhafte Hügelbeete unterscheiden sich im Innenaufbau von Gemüsehügelbeeten.

Dadurch behalten sie besser ihre Form und sind dauerhafter. Der Aufbau der Hügelbeete kann sehr gut an die geplante Kräuterkultur angepasst werden. Will ich meine Kräuterschlange mit mediterranen Kräutern bepflanzen, werde ich darauf achten, dass der Boden durchlässig ist (notfalls Sand, Kies, Ziegelbruch einbauen), will ich hingegen nährstoffliebende Kräuter wie Minzen und Melissen pflanzen, dann darf der Boden ruhig humos sein und eine drainierende Schichtung ist nicht nötig (solange die Pflanzen nicht im Wasser stehen).

Die Hügel können in jeder erdenklichen Form und in unterschiedlichen Höhen gestaltet werden. Wie beim Kräuterberg können natürlich auch hier Steine als Wärmespeicher, Trittsteine, Sitzsteine oder Ähnliches eingearbeitet werden.

Ein Hügelbeet, mit Kräutern eingesät und bepflanzt, ist dekorativ und produktiv zugleich.

Werden die Hügel ohne oder nur mit wenigen Steinen aufgebaut, können sie einfach ähnlich wie Flachbeete bearbeitet werden, was uns die Möglichkeit gibt, die Kräuterkulturen auf den Hügeln zu wechseln, also eine bestimmte Fruchtfolge zu betreiben. Die Ausformung der Hügel kann sich sehr gut an die Raumsituation im eigenen Garten anpassen, dadurch kann mithilfe von Hügelbeeten mit geringem Aufwand wesentlich mehr Platz geschaffen werden als mit Kräuterspiralen. Diese Faktoren spielen bei der Nutzung und Bepflanzung der Kräuterhügelbeete eine Rolle. Die Struktur gibt die Nutzung nicht so stark vor, wie es bei der Kräuterspirale der Fall ist. Will ich keine Kräuter mehr auf dem Hügelbeet, kann ich ebenso Erdbeeren und Beerensträucher darauf pflanzen oder mit etwas Schaufelarbeit wieder ein Gemüsehügelbeet daraus machen.

Aufbau

Wie bei den anderen Gestaltungen wird auch hier zuerst die Grundfläche festgelegt, dann Grasnarbe und Humus abgetragen und separiert. Sodann wird auf

der vorbereiteten Fläche ein Hügel möglichst steil aufgeschüttet (die Grasnarbe wird wie immer mit der der Seite des Bewuchses nach unten eingebaut), vorsichtig verdichtet und in der gewünschten Neigung ausgeformt.

Die Neigung des Hügels sollte mindestens 50 Grad betragen. Das bedeutet: Bei einem 2 Meter breiten Hügelbeet wird eine Höhe von etwa 1,2 Metern erreicht.

Je nach Material kann der Hügel noch steiler aufgebaut werden. Je steiler der Hügel, desto leichter ist die Hügelspitze von der Basis aus zu erreichen und desto einfacher kann das Hügelbeet dann auch gepflegt und beerntet werden. Wenn man das Hügelbeet mit einer sehr steilen Böschung anlegt, sind eine sofortige Bepflanzung und das Mulchen der Anlage besonders wichtig, da die Gefahr von Erosion besteht. Ist der Boden ungeschützt, kann es vor allem bei steilen Böschungen zu Bodenabtrag und Schäden an der Bepflanzung kommen. Wir empfehlen, beim Aufbau des Hügelbeetes einen Böschungswinkel von maximal 65 Grad nicht zu überschreiten. Sind die ausdauernden Kulturen erst einmal eingewachsen, besteht kaum noch die Gefahr der Erosion. Solange die Erde noch ungeschützt ist (die Anlage wurde gerade fertig gestellt, die Pflanzen eben erst gesetzt, sie sind noch nicht eingewachsen und decken die Erde noch nicht ausreichend ab), können steile Böschungen zusätzlich stabilisiert werden. Dazu können Abtreppungen aus Holz oder Bambus angelegt werden sowie Befestigungen

Durch die natürliche Setzung werden die Hügel selbst flacher.

aus Zweigen, Ästen oder Schilf angefertigt werden. Später übernimmt die Bepflanzung die Stabilisierung steiler Böschungen.

Variationsmöglichkeiten

Wenn es sich um ein längeres Hügelbeet handelt, das sich beispielsweise in Form einer Schlange durch den Garten zieht, kann der Böschungswinkel natürlich auch an verschiedenen Stellen variieren, ebenso wie die Höhe und Breite des Beetes. Vielleicht planen Sie auch an einer Stelle eine Stiege ein, die in Form von Stufen aus Steinen an einer niedrigeren Stelle über das Hügelbeet führt. Sollte an bestimmten Stellen ein sehr steiler Böschungswinkel aufgrund des Geländes oder der Gestaltung erforderlich sein, können Sie die betreffende Böschung auch durch das Einbauen von Steinen oder einer Holzkonstruktion sichern.

Links: Gestaltung des „Traumgartens" auf der Finca von Nora von Liechtenstein in Spanien nach einer Idee von Sepp Holzer. Um eine abgestorbene Stein-eiche wurde ein Hochbeet gebaut, von dem ausgehend Äste mit der Krone der Eiche verbunden wurden. So entsteht eine Naturlaube. Eine Plattform in der Krone ist über eine Naturholzstiege erreichbar. Der Traumgarten wurde mit Teilnehmern im Rahmen der Ausbildung zum/r Holzer-Permakultur-Praktiker/in 2008/2009 gebaut und bepflanzt.
Rechts: Die Außenseite des Hochbeetes wird mit Kräutern in Form eines Schriftzuges bepflanzt: EL JARDIN DE LOS SUENOS (Der Traumgarten).

> Die beschriebenen Hügelbeete können, abgesehen vom Kräuteranbau, noch weitere Funktionen erfüllen: Sicht-, Wind- und Emissionsschutz sind hier an erster Stelle zu nennen.

Wird das Hügelbeet an der Grundstücksgrenze angelegt, dann kann die Außenseite der Böschung mit einer Hecke (aus ökologischer Sicht ist wiederum eine blühende und fruchtende Wildobsthecke sinnvoll) bepflanzen, die Spitze des Hügels breiter gestalten, so dass sie begehbar (bei großen Anlagen sogar befahrbar) ist und die Innenseite des Hügelbeetes für den Anbau von Kräutern oder auch Beerensträuchern nutzen. Werden die Hügel sehr hoch angelegt (ab 2,5 Metern Höhe), dann ist es sinnvoll, in die Böschung noch eine Terrasse einzubauen. Dadurch bleibt die gesamte Böschung erreichbar und kann bearbeitet werden.

Der Traumgarten, zehn Monate später: Die Kräuter sind gut angewachsen und ergaben eine üppige Ernte.

Lebende Gartenmöbel: Kräutersessel und Kräuterliegen

Wer seine Kräuter in vollen Zügen und mit allen Sinnen genießen möchte, kann sich sehr einfach einen Kräutersessel oder auch eine ganze Sitzgruppe oder Couch bauen.

> Die Sitzflächen werden mit trittfesten, niedrigwachsenden Kräutern bepflanzt, für die Lehnen können auch etwas höherwachsende Kräuter verwendet werden.

An warmen Sommertagen kann man sich dann im aromatisch duftenden Kräutersessel entspannen oder eine kostenlose Aromatherapie-Stunde im Kräuterbett im eigenen Garten verbringen. Ätherische Öle werden verstärkt bei Berührung der Pflanzen oder dem Reiben an den Blättern freigesetzt; sobald die Sitzgelegenheiten benutzt werden, geschieht dies automatisch. Thymian-, Minzen- oder Kamillenaroma breitet sich aus und lässt den Alltag schnell vergessen. Vor allem in Gär-

Duftende Kräutermöbel für den etwas anderen Garten …

Auch die Kräutercouch ist Teil des Spielplatzes und wird von Kindern gerne angenommen (im Bild: Anica und Claudia Holzer).

ten öffentlicher Einrichtungen oder von Schulungs- und Seminarbetrieben kommen diese natürlichen und doch extravaganten Sitzgelegenheiten sehr gut an.

Für die Gestaltung von Sitzgelegenheiten bieten sich folgende Modelle an:

Freistehende Kräutersessel

Dazu wird ein Hügelbeet in der gewünschten Größe in U-Form gebaut. Die Sitzfläche wird im Inneren anschließend an die Böschung mit Erde ausgeformt. Vor allem bei sehr schwerem Erdmaterial (lehmige, tonige Erde) ist es sinnvoll, die Sitzfläche mit gut drainierendem Erdmaterial aufzubauen. Dadurch wird gewährleistet, dass die Sitze (oder auch Liegen) durch die Beanspruchung während der Nutzung nicht zu stark verdichten, die Erde ausreichend belüftet ist und Niederschlagswasser gut abfließen kann. Es kann dafür steiniges Erdmaterial oder auch biologisch unbedenklicher Bauschutt (Tonziegel, Kalkbruch, …) für den Innenaufbau verwendet werden. Wenn nötig, muss die Erde mit Sand aufbereitet werden. Humose und durchlässige Erde sind für das Funktionieren der Kräutermöbel von besonderer Bedeutung.

   Die Böschungsinnenseiten des U-förmigen Hügelbeetes stellen die Rücklehne und die Armlehnen des Sessels dar. Beim Aufbau des Böschungswinkels sollte daher eine komfortable Sitz- oder Liegeposition berücksichtigt werden. Am besten einfach während der Arbeiten immer wieder probesitzen oder -liegen, um die optimale Position für die eigenen Bedürfnisse herauszufinden. Die

> Das Design des lebenden Möbelstückes kann den individuellen Bedürfnissen angepasst werden.

Höhe der Armlehnen und der Rückenlehne kann selbstverständlich unterschiedlich sein und wird ebenfalls nach eigenem Ermessen festgesetzt. Die allgemeinen Hinweise zum Bau von Kräuterhügelbeeten sollten jedoch auch hier beachtet werden. Die Sitzfläche muss auf jeden Fall mit sichtbarer Neigung nach außen angelegt werden, damit Regenwasser, das auch von den Böschungen des Hügels auf die Sitzfläche gelangt, abfließen kann. Die Böschung der Sitzfläche selbst (von den Knien bis zum Boden) sollte möglichst senkrecht gestaltet sein, damit man sich – wie bei einem echten Sessel – gut und einfach setzen und vor allem auch wieder aufstehen kann. Zur Stabilität sollten hier Steine oder auch Holz eingearbeitet werden.

> Um die Sitzgelegenheit möglichst oft benutzen zu können, ist es sinnvoll, sie so im Garten zu platzieren, dass sie nach Niederschlägen und auch bei Morgentau gut abtrocknen kann.

Ihre Gäste wollen sich bei der Verwendung des organischen Sessels ja nicht völlig „schmutzig" machen. Sonnige und luftige Plätze sind also günstiger. Wichtig ist es auch, darauf zu achten, dass das neue Gartenmöbel nicht in einer Senke steht. Regenwasser, das sich rund um einen Kräutersessel sammelt und staut, behindert die Nutzung.

Variationen

Aus der Kombination von unterschiedlich ausgeformten Hügelbeeten mit kleineren oder größeren „Terrassen", die als Sitz- oder Liegefläche dienen, lassen sich die verschiedensten Designs von Wohnlandschaften nachbauen. Auch eine „Chaiselongue" (franz. Tagesbett) oder diverse Lounge-Möbel können hier als interessante Modelle für die lebende Garteneinrichtung dienen – oder man verwirklicht eigene Kreationen. Wer nicht auf der bepflanzten Erde sitzen will, kann die Sitzfläche aus Holz gestalten oder einen günstig geformten Sitz- oder Liegestein in das U-förmige Hügelbeet einbauen. So lässt sich auch eine besonders gute Sonnenfalle bauen, da der Stein, wenn er groß genug ist, auf den umgebenden Hügel abstrahlt. Hier kann die Abstrahlung der Wärme des Steines in den Abendstunden genossen werden; zugleich wurden sehr günstige Kleinklimastandorte geschaffen („Reptilo-Kräuter-Sonnenliege").

Kreativität im Garten steigert das Wohlbefinden.

In die Landschaft integrierte Gartenmöbel

Wer über einen hügeligen Garten verfügt oder vielleicht Böschungen gestalten will, die im Zuge eines Hausbaues angelegt wurden, kann lebende Gartenmöbel in diese bestehenden Böschungen integrieren. Der Neigungswinkel des neuen Möbelstückes ist durch die bestehende Böschung im Groben vorgegeben.

Für ein Kräutersofa wird die Grundfläche auf der Böschung festgelegt und wie immer Grasnarbe und Humus abgetragen. Die Sitzfläche wird wie eine Terrasse im unteren Bereich aufgebaut. Dabei sollte wiederum die starke Beanspruchung der Sitzfläche berücksichtigt werden und, wie beim freistehenden Kräutersessel

In die Böschung integrierte Kräutercouch. Vor dem Lagerfeuerplatz positioniert, stehen hier genügend Kräuter zum Grillen zur Verfügung, die als Außenumrandung der Couch dienen (Petersilie, Basilikum, Zitronenthymian). Die Sitzfläche und Lehne wird von Duftkissen-Thymian gebildet. Goldmelisse bildet mit ihren schönen roten Blüten die Krone der Couch.

beschrieben, gut drainierendes Erdmaterial verwendet werden. Auch hier sollte die Begrenzung der Sitzfläche (Knie – Boden) nach außen zur komfortablen Benutzbarkeit möglichst senkrecht sein. Also werden Steine in gewohnter Manier eingebaut oder eine Holzkonstruktion verwendet. Für die Lehne wird etwas Erde und im oberen Bereich der freigelegten Böschungsfläche aufgebracht und anschließend sofort bepflanzt.

Auf diese Art können sehr einfach individuelle Kräuterliegen oder -sessel gestaltet werden, die sich an die vorgegebenen Geländeformen anpassen.

Kräutermöbel sind stark strapazierte Standorte.

Bepflanzung der Kräutermöbel

Die Sitz- und Liegeflächen sind die am stärksten strapazierten Pflanzstandorte der lebenden Gartenmöbel. Daher sollten hier nur besonders robuste und trittfeste Kräuter verwendet werden. Bei der Pflanzenauswahl unbedingt auch auf niedrige Wuchshöhe achten (bis 5 bzw. 10 cm sind ideal)!

Lehnen werden nicht so stark strapaziert wie Sitz- und Liegeflächen. Auch trocknen sie in der Regel schneller ab. Daher können hier je nach persönlichen Vorlieben etwas höherwachsende polsterbildende Kräuter verwendet werden, sie richten sich nach Benutzung schnell wieder auf. Als dritten Pflanzstandort gibt es noch die Stellen auf den Kräutermöbeln, die nicht als Sitz- und Liegeflächen oder Lehnen verwendet werden. Dort können alle erdenklichen Kräuter oder auch Blütenstauden, Rosen oder Beerensträucher gepflanzt werden, abgestimmt an die Standortansprüche und die Klimaverhältnisse (Mikro- u. Makroklima). In warmen Gegenden kann an den höchsten Punkten der Lehnen Lavendel eine Krone rund um den Sessel bilden, ebenso können Salbei, Ysop oder Bergbohnenkraut hier sehr gut zur Geltung kommen und ihr Aroma auf die Möbel verbreiten. Natürlich können Sie diese Standorte (auch die Außenseiten der Gartenmöbel) ebenfalls als Kräuternutzgarten verwenden und hier Schnittlauch, Petersilie, Majoran, Thymian etc. kultivieren. Wenn jedoch einjährige Kräuter verwendet werden (bzw. solche, die im Winter einziehen), dann muss auf den Winterschutz der in der kalten Jahreszeit nackten Böschung geachtet werden.

Frühjahrs-, Sommer- und Herbstblüher sorgen für immer neue optische Reize.

Pflanzen für Sitz- und Liegeflächen
Besonders geeignet sind verschiedene Thymianarten wie etwa:

Teppichthymian-Züchtungen sind pflegeleicht und wuchsfreudig.

- **Teppichthymian-Züchtungen** (*Thymus serpyllum*-Züchtungen)
  flachwachsende, polsterbildende Thymian-Züchtungen, in unterschiedlichen Blütenfarben (weiß/rot) erhältlich, sehr robust.
- **Kümmelthymian** (*Thymus herba-barona*)
  kriechender, würziger Thymian (kann auch überhängend eingeplant werden).
- **Zitronenthymian, kriechende Züchtungen** (*Thymus herba-barona v. citriodorus*)
  Variation des Kümmelthymian, intensives Zitronenaroma, sehr wuchsfreudig.

- **Thymian „Orangenteppich"** *(Thymus x pulegioides)*
  fruchtiges Aroma, kriechender Wuchs.
- **Mattenthymian** (*Thymus praecox* Züchtungen)
  polsterbildende, niedrigwachsende Thymian-Züchtungen, teils langsam wachsend.

Auch mit der Teppich-Poleiminze *(Mentha pulegium ssp. repens)* und der Römischen oder Englischen Rasenkamille *(Anthemis nobilis)* haben wir gute Erfahrungen gemacht. Sehr schön (kleinwüchsig, polsterbildend) und aromatisch ist auch die Korsische Minze *(Mentha requienii)* für etwas feuchtere halbschattige Standorte, allerdings ist sie auch anfälliger für Pilzkrankheiten.

Sollen schöne Sitzflächen erreicht werden, sind die Pflanzen relativ eng zu setzen (etwa 10 cm-Abstände). So kann sich schnell ein durchgängiger Teppich bilden. Es ist sinnvoll, die Sitzfläche für eine Person auf jeden Fall mit ausreichend Pflanzen einer Art (Züchtung) zu bepflanzen, damit sich eine homogene

*Kräuterbänke und Kräuterliegen im Garten Spa der Hotel Der Steirerhof * * * * * in Bad Waltersdorf. Neuanlage im Frühling 2009 (Konzept Claudia und Josef Andreas Holzer)*

Dieselben Kräuterliegen im Sommer 2009

Struktur und ein schönes Bild ergeben. Wer hier zu viel durchmischt, wird schnell bemerken, dass die unterschiedlichen Pflanzen durch die engen Pflanzabstände schnell ineinanderwachsen und sich gegenseitig bedrängen und behindern. Pflanzen einer Art hingegen wachsen wie eine große Pflanze zusammen weiter.

Für schöne Lehnen und Sitz- oder Liegeflächen sollten Pflanzen einer Art immer in größeren Gruppen zusammengesetzt werden.

Freiräume zwischen den Pflanzen werden gemulcht. Nun ist es wichtig, die Anlage während der Anwuchszeit gut beobachten und nicht austrocknen zu lassen.

Sie können sich in Ihrer Kräuter- oder Staudengärtnerei beraten lassen, welche Pflanzen für Sitz- und Liegeflächen Ihrer Kräutermöbel zur Verfügung stehen. Fragen Sie nach aromatischen trittfesten, niedrigwüchsigen, winterharten Bodendeckern bzw. Polsterpflanzen.

Pflanzen für Lehnen

Lehnen werden weniger stark strapaziert.

Für die Bepflanzung der Lehnen eignen sich die bereits angeführten Pflanzen für Sitz- und Liegeflächen sowie höherwachsende Arten wie etwa: Zitronenthymian *(Thymus citriodorus)*, Orangen-Thymian *(Thymus fragrantissimus)*, Steinpilz-Thymian *(Thymus longicaulis ssp. odoratus)*, Quendel (wilder Thymian, *Thymus serpyllum)*, Kaskadenthymian *(Thymus longicaulis ssp. odoratus)*, kriechendes Bergbohnenkraut *(Satureja repandra)* etc.

Kräuter-Krainerwand

Krainerwände sind Stützbauwerke zur Stabilisierung von Hang- oder Uferböschungen.

Eine weitere Möglichkeit zur Schaffung vertikaler Strukturen ist die Kräuter-Krainerwand. Krainerwände werden üblicherweise zur Stabilisierung von Böschungen errichtet. Sie sind im Grunde genommen ein „Verbundsystem" aus Holzstämmen, welches, mit Erde hinterfüllt, zur Sicherung von abrutschgefährdeten Hängen und Böschungen dient.

Krainerwände haben sich vor allem im Wege- und Wasserbau bewährt. Sie sind vielfältig einsetzbar und lassen sich je nach Anforderung, Platz und Gelände einfach anpassen. Für die Böschungssicherung werden Krainerwände – je nach Gelände – nahezu senkrecht aufgebaut.

Um diese Struktur für den Kräuteranbau zu verwenden, versetzen wir die einzelnen Holzlagen so, dass kleine Pflanzterrassen entstehen. Auf diese Weise können wir selbst steile Böschungen in optisch ansprechende und leicht zu bewirtschaftende Kräuteranlagen umwandeln.

Bauanleitung

Für den Aufbau verwenden wir Lärchenrundholz, da es leicht zu verarbeiten und außerdem dauerhaft ist. Das Holz sollte möglichst viel Kernholzanteil haben und wenig Splint, damit es möglichst lange hält. Ideal ist es, wenn das Holz bereits trocken ist und nicht frisch verbaut wird. Für eine noch längere Haltbarkeit kann das Holz vor dem Aufbau entrindet werden. Wir arbeiten meist mit einem Holzdurchmesser von etwa 15 bis 20 Zentimetern. Sind die Stämme zu dünn, verringert sich die Haltbarkeit, zudem ist das Verhältnis von Kern zu Splint bei dünneren Stämmen ungünstiger.

Die Holzstämme werden lagenweise verlegt, je eine Lage parallel zur Böschung (Läufer) und eine Lage im rechten Winkel dazu (Binder). Die Binder werden zur besseren Fixierung an der Unterseite eingekerbt und mit den Läufern vernagelt. Bei der zweiten Reihe Läufer machen wir es umgekehrt, jetzt kerben wir die Läufer ein und vernageln sie mit den Bindern. Abwechselnd so fortgesetzt wird immer nur die Unterseite der aufliegenden Hölzer eingekerbt. Dies ist wichtig für die Haltbarkeit der Konstruktion. Macht man es umgekehrt, wird sich in den Einkerbungen Wasser sammeln. Diese Stellen beginnen dann schneller zu faulen.

Jede Lage wird sogleich mit dem gewünschten Erdmaterial befüllt. Im fertigen Zustand können diese Kräuterterrassen einfach wie eine Treppe begangen und beerntet werden. Je nach Untergrund, Lage, Niederschlag und Pflanzenwahl ist eine mehr oder weniger starke Drainagierung sinnvoll. Dafür wird in Richtung der obersten Terrasse mehr durchlässiges Material in den Kern der Krainerwand eingebracht. Grobes, steiniges Material eignet sich dabei am besten.

Die genaue Bauweise richtet sich nach den jeweiligen Anforderungen an die Krainerwand.

> *Etwas modifiziert gebaut, eignen sich Krainerwände sehr gut für die Kultivierung.*

> Sollte die Konstruktion zusätzlich zur Bepflanzung auch ihren ursprünglichen Zweck, nämlich die Stützfunktion eines Hanges erfüllen, dann muss die Dimensionierung, beispielsweise die Länge der Binder, daran angepasst werden. Der Bau von Krainerwänden an rutschgefährdeten Hängen sollte daher besser einem Profi überlassen bleiben.

Vielleicht bietet sich die Möglichkeit, bei einer solchen Arbeit einmal mitzuhelfen – dann wird einem schnell klar, worum es dabei geht. Eine Kräuter-Krainerwand ohne zusätzliche Sicherungsfunktion zu bauen, ist jedoch sehr einfach zu bewerkstelligen.

Der wichtigste Unterschied gegenüber einer konventionellen Krainerwand besteht darin, dass wir durch das Vergrößern der Abstände zwischen den Holzstämmen versuchen, möglichst optimale Pflanzbereiche (Pflanzterrassen) zu schaffen. Die Vorteile sind wie immer im vertikalen Aufbau zu finden – also in Flächengewinn, Wärmestau und verschieden gestalteten Anbaubereichen für Kräuter mit unterschiedlichen Standortansprüchen. Die Bedingungen sind also denen einer Kräuterspirale oder eines Kräuterberges ähnlich. Allerdings mit dem Unterschied, dass Steine im Gegensatz zu Holz eine stärker Wärme speichernde Wirkung haben. Daraus ergeben sich etwas andere Eigenschaften hinsichtlich Temperaturausgleich und Abstrahlung. Das Holz hat jedoch, in der Erde verbaut, den Vorteil, ein dauerhafter Feuchtigkeitsspeicher zu sein. Aus diesem Grund haben Kräuter-Krainerwände einen etwas besseren „Wasserhaushalt".

> *Kräuter-Krainerwände können sehr gut an die Ausformung der Böschung angepasst werden.*

Interessant an diesem System sind aber vor allem die diversen Anwendungsmöglichkeiten. In der gleichen Bauweise lassen sich freistehende, begehbare

Hochbeete in Form einer Bienenwabe ebenso bauen wie Kräuterpyramiden oder in die Tiefe versenkte Kratergärten, deren Böschungen mit Krainerwänden gehalten und bepflanzt werden. Neben diesen Gestaltungselementen lassen sich jedoch auch ganz einfache Gartenprobleme lösen. Gartenwege in steilem Gelände können talseitig gesichert werden. Die Böschungen sind dadurch leicht zu bepflanzen, aber auch wie eine Treppe begeh- und beerntbar. Da die Böschungen nun leicht zu überwinden sind, ist die Anlage zudem wesentlich besser erschlossen, da die „Holztreppe" als Abkürzung genutzt werden kann.

Links oben: Anfertigen der Grundkonstruktion eines Kräuter-Krainerbeetes am Krameterhof

Rechts oben: Nachdem die erste Lage mit Bindern und Läufern fertig ist, wird sie mit dem gewünschten Material hinterfüllt.

Rechts: Anbringen der zweiten Läufer-Lage; die Stämme werden dafür, wie auf dem Bild zu erkennen, wieder im Bereich der Binder eingeschnitten. Der eingeschnittene Stamm wird natürlich umgedreht, so dass die Einkerbungen auf den unteren Stämmen zu liegen kommen.

Links oben: Die Konstruktion wird nun mit starken Nägeln fixiert.

Rechts oben: Und weiter geht's! Die nächste Ebene wird errichtet.

Links: Die Kräuter-Krainerwand ist fertig und bekommt noch den Feinschliff.

Die Kräuter-Krainerwand ist vielseitig einsetzbar. Hier verschönert sie die Rückseite einer Holzhütte am Probsthof.

Das System der Krainerwände bietet noch viele weitere Möglichkeiten, der Kreativität sind hier kaum Grenzen gesetzt. Als Variationsmöglichkeit möchten wir noch ein weiteres Beispiel vorstellen:

Kräuterpyramide nach dem Krainerwandsystem

Die Kräuterpyramide

Der Aufbau ist dem einer Kräuter-Krainerwand sehr ähnlich. Anstatt die Stämme jedoch in Binder und Läufer zu unterteilen, wird aus je vier Stämmen ein quadratischer Kranz gefertigt. Zuerst werden die ersten zwei Stämme im gewünschten Abstand auf den Boden gelegt. Dann werden die nächsten beiden Stämme so auf die ersten gelegt, dass ein Quadrat entsteht. Die Holzverbindung erfolgt, wie bei der Kräuter-Krainerwand beschrieben, mittels Einkerbungen und Sicherung mit ausreichend dimensionierten Nägeln. Anschließend wird der Kranz mit Erde gefüllt und der zweite, kleinere Kranz nach demselben Muster aufgebaut.

Eine solche Kräuterpyramide ist nicht nur schnell gebaut, sie ist aufgrund der integrierten Holztreppe auch sehr gut begehbar und deshalb eine interessante Alternative zur Kräuterspirale. Die erste Etage der Pyramide kann übrigens sehr gut als Sitzgelegenheit modifiziert werden: dies ist entweder durch den Einbau einer Holz-(oder auch Stein-)sitzfläche möglich oder durch die Bepflanzung der ersten Ebene (oder ausgewählter Teile davon) mit Sitzpolsterpflanzen (siehe Kapitel „Lebende Gartenmöbel"). Dass Interesse Ihrer Besucher an dieser nicht alltäglichen Konstruktion dürfte Ihnen jedenfalls gewiss sein.

Tipps für die Bepflanzung

In verschiedenen Nachschlagewerken sind immer wieder exakte Bepflanzungs-
schemata für Kräuterspiralen zu finden. Diese empfohlenen Bepflanzungspläne
werden damit begründet, dass in den gängigen Bauanleitungen für Kräuterspiralen präzise Mischungsverhältnisse des Füllmaterials von der Spitze der Spirale
bis zur Basis vorgegeben werden. Wir halten diese Bepflanzungspläne aus zwei
Gründen nicht für sinnvoll:

1. Die Erdmischung für die Kräuterspirale ist entsprechend der vorhandenen
   Ressourcen variabel. Wir versuchen, mit dem Material auszukommen, das
   vorhanden ist. Zusätzlich wollen wir uns nicht durch vorgegebene
   Mischungsverhältnisse einschränken, sondern selbst entscheiden, wo und
   wie viele nährstoffreiche und -ärmere Standorte wir einbauen. Wir orientieren uns also an unseren individuellen Bedürfnissen und Möglichkeiten,
   anstatt an starren Plänen.

2. Vorgegebene Bepflanzungspläne vernachlässigen die klimatischen Verhält-
   nisse der Region, in der die Kräuterspirale steht. Es wird zumeist nur auf die
   Standortbedingungen auf der Spirale Rücksicht genommen, aufgrund derer die
   möglichen Pflanzstandorte festgelegt werden (Mikroklima). Von größerer
   Bedeutung ist jedoch das Meso- bzw. Makroklima. Eine nach demselben System und mit einer vergleichbaren Erdmischung gebaute Kräuterspirale kann in
   der südlichen Steiermark natürlich völlig anders bepflanzt werden als im Salzburger Lungau. Die Höhenlage, Jahresdurchschnittstemperatur, Mindesttem-
   peratur, Frostdauer etc. sind entscheidende Faktoren, auf die bei der Bepflanzung Rücksicht genommen werden muss. Während in der warmen
   Südsteiermark Lavendel an der exponierten Spitze der Spirale noch gute Bedingungen vorfindet, hat er im viel kälteren Lungau nur an besonders geschützten
   Bereichen an der Basis der Spirale eine Chance, den Winter zu überstehen.

… Wie gehe ich nun, dessen eingedenk, am besten vor?

Die Pflanzenauswahl:
Wünsche und Bedarf

Ich erstelle eine Liste aller Kräuter, die ich gerne und oft verwende oder die ich interessant finde. Anschließend informiere ich mich über Nährstoffansprüche und Kältetoleranz der jeweiligen Arten. Außerdem mache ich mir Gedanken, wie viele Pflanzen der einzelnen Arten ich brauchen werde, um meinen Bedarf zu decken. Nun kann ich für meine Kräuter optimale Anbauflächen (Hügelbeete, Kräuterberge, …) schaffen bzw. meine eigene Kräuterspirale maßgeschneidert an meine Bedürfnisse aufbauen.

Die ideale Bepflanzung richtet sich nach den persönlichen Vorlieben und der klimatischen Lage.

Wir pflanzen immer mehrere Pflanzen einer Art (zumindest 3 Stück – es können bei größeren Anlagen auch 30 Stück sein) in Form von Gruppenpflanzungen. Dies gilt allgemein für Kräuterpflanzungen. Es hat sich gezeigt, dass die Pflanzen in Gemeinschaft besser wachsen als einzelne Pflanzen in einer Kräuteranlage.

Auch die Konkurrenz zwischen den verschiedenen Arten – vor allem aufgrund der unterschiedlichen Wuchshöhen und Wachstumsgeschwindigkeiten, kann so reduziert werden, da sich die Gruppen gemeinsam besser von anderen Pflanzen abgrenzen. Ein weiterer Vorteil der Gruppenpflanzung ist die leichtere und schnellere Ernte und Pflege.

Erfahrungswerte einbeziehen: Es wird in vielen Fällen Erfahrungswerte geben; vielleicht wissen Sie aus eigener Erfahrung oder von Freunden oder Nachbarn, ob Rosmarin, Lavendel und Co. in Ihrer Gegend im Freien überwintern. Wenn dies nur selten in Ihrer Region gelingt, dann beginnt die Sache mit der Kräuterspirale wirklich spannend zu werden. Machen Sie Experimente, pflanzen Sie Ihren Rosmarin an der südseitigen Basis, zwischen oder vor zwei besonders große Steine. Wenn sie in kurzer Zeit mehr über das Mikroklima ihrer Kräuterspirale erfahren wollen, dann pflanzen Sie vielleicht auch ein Rosmarin-Pflänzchen an einen anderen, weniger gut geschützten Standort. Es wird durch derartige Experimente zwar auch zu Ausfällen kommen, aber dafür werden Sie sehr viel über die unterschiedlichen Kleinklimabereiche und die Möglichkeiten erfahren, die Ihnen die Kräuterspirale bietet. Durch Beobachten und Experimentie-

Kräuter pflanzen im Frühling. Die Erde ist unter dem Mulch schön locker und feucht.

ren werden Sie schnell zum Profi für Kräuterspiralen in Ihrer Region – in keinem Buch können sie über dieses Thema mehr, als die eigene Spirale vermittelt, erfahren.

Tipps für Kräuterspirale, Kräuterberg und Kräuter-Krainerwand

Wenn nur wenig Platz für die Kräuterkultur zur Verfügung steht, dann werden bei der Bepflanzung praktische Überlegungen Vorrang vor optischen Bepflanzungsideen haben.

Zitronenthymian in voller Blüte

Mediterrane Gewürzkräuter

Für Kräuter mediterranen Ursprungs sind Kräuterspirale, Kräuterberg oder Krainerbeet wie geschaffen – es stehen sonnige, warme und windgeschützte Standorte (durch die Steine oder Holz) zur Verfügung. Ich kann mit relativ wenig Aufwand steiniges oder kiesiges Material zur Belüftung des Bodens einbauen und Spirale bzw. Berg sind dadurch, dass Niederschlagswasser nur nach unten ablaufen kann, immer ein verhältnismäßig trockener Platz. Salbei, Rosmarin, Lavendel, Thymian, Zitronenthymian, Bergbohnenkraut, Ysop, und Oregano finden hier sehr gute Bedingungen vor.

Die wichtigsten Küchenkräuter

würden im Gartenbeet ebenso gut wachsen wie auf der Spirale oder dem Kräuterberg. Wenn aber kein zusätzliches Gartenbeet geplant ist, spricht nichts dagegen, auch Schnittlauch, Schnittknoblauch, winterharten oder einjährigen Majoran, Estragon und Basilikum auf der Spirale oder dem Kräuterberg zu pflanzen. Sie lieben nicht nur humose Böden, sondern brauchen auch mehr Feuchtigkeit, weshalb wir diese Kräuter, falls Platz sein sollte, eher unten auf die Spirale pflanzen, wo wir (wenn es das Erdmaterial zulässt) ebenfalls keine drainierenden Schichten einbauen. Bei begehbaren Spiralen hat sich an der nordseitigen Böschung noch Liebstöckel bewährt. Liebstöckel liebt es ebenfalls etwas feuchter und nährstoffreicher und kommt auch mit halbschattigen Lagen gut zurecht. Allerdings wird es eine sehr stattliche Staude, weshalb das Suppenkraut nur zu begehbaren Spiralen passt.

Mit dieser Pflanzenwahl haben wir die wichtigsten Kräuter für die Küche bereits auf kleiner Fläche zusammen. Wenn noch Platz ist, können noch Einjährige eingesät werden, wie etwa Kapuzinerkresse und Ringelblume. Die beiden sorgen für schönen Blütenschmuck der nicht nur die Spirale, sondern auch Salate und Aufstriche zieren kann. Mit den einjährigen Kräutern können Lücken auf der Spirale, die nach dem ersten Auspflanzen der Kräuter entstehen, gut und schnell geschlossen werden. Wenn die ausdauernden Kräuter gut angewachsen sind und mehr Platz brauchen, können die Einjährigen einfach abgeerntet werden. Koriander, Bohnenkraut und Kornblumen können diese Funktion auch übernehmen.

> Es bietet sich an, klar eingegrenzte Strukturen einem speziellen Thema zu widmen.

Thematische Schwerpunkte

Für Seminarbetriebe, Schulen, Kindergärten, Seniorenzentren und andere öffentliche Einrichtungen ist es lohnend, über spezielle, an die Bedürfnisse der jeweiligen Einrichtung und Benutzer angepasste Bepflanzungsmöglichkeiten nachzudenken. Es können mit der Bepflanzung bestimmte Themen angesprochen werden.

Pflanzenfamilien

Die Kräuterspirale kann einer bestimmten Pflanzenfamilie oder sogar einer bestimmten Gattung gewidmet sein. Allein die Gattung Thymus (Thymian) könnte mit Leichtigkeit einen Kräuterberg füllen. Steinpilzthymian, Kümmelthymian, Orangenthymian, wilder Thymian (Quendel), Zitronenthymian, Silberthymian, Kugelthymian, Zwergthymian, Deutscher, Englischer und Französischer Thymian – die Liste ließe sich fortsetzen. Auf kleinem Raum können der Wuchs und die unterschiedlichen Wuchsformen (hängend, kriechend, aufrecht), die Blüte und das Aroma vieler Varietäten bestaunt und verglichen werden.

> In die Vielfalt einer einzigen Pflanzenfamilie einzutauchen lohnt sich!

Ähnliches bietet sich für die zahlreichen Salbei-Varietäten an. Es gibt blau, lila, rosa und weiß blühende Züchtungen, Züchtungen mit grünem, silbernem, lila oder gelb-grün geflecktem Laub, Varietäten mit Zwergwuchs, andere mit besonders großen Blättern (deren Blätter überbacken sehr fein schmecken), kleinblättrige Züchtungen, Züchtungen mit behaarten flaumigen Blättern, samtig weichen Blättern, schmalen und breiten Blättern; Züchtungen, die sich besonders gut zum Räuchern eignen usw. All das sind Variationen einer einzigen Salbei-Art, nämlich unseres klassischen und allseits bekannten Küchensalbeis *(Salvia officinalis)*. Durch die Farben- und Formenvielfalt kann mit den Züchtungen nur einer Art eine sehr kontrastreiche und spannende Kräuterspirale gestaltet werden. Von Vorteil ist die einfache Bauweise der Kräuterspirale (oder des Kräuterberges), da die Standortansprüche des *Salvia officinalis* auch bei verschiedenen Züchtungen gleich bleiben (warme windgeschützte Standorte, keine Staunässe, gute Kalkversorgung, nicht zu humose Böden). Die Gattung Salvia ist weltweit verbreitet und umfasst über 900 Arten. Sie können sich für die Salbei-Spirale nun auch noch ein paar Exoten ins Boot holen. Diese müssen zwar im Winter eingeräumt werden, bieten dafür aber spektakuläre Einblicke in die

> Achtung: Sie werden schnell zum Sammler von Kräuterspezialitäten!

Artenvielfalt von Salvia. Drei der vielen hundert Arten seien an dieser Stelle kurz vorgestellt:

Der Weiße Salbei *(Salvia apiana)* (White Sage, auch als Indianischer Räuchersalbei bezeichnet): Eine wunderschön strauchig wachsende Salbei-Art mit ledrigen, balsamisch duftenden Blättern, silbergrau gefärbt. Die getrockneten Blätter werden als Räucherwerk für indianische Schwitzhütten- und andere Zeremonien verwendet. Der feine Duft von getrockneten, glimmenden Blättern des Weißen Salbei ist eine Wohltat für Geist und Seele und hat absolut nichts holzig Verbranntes an sich. Es ist ein erstaunlicher, unbeschreiblicher Duft, den man nicht so schnell vergisst. Trockene, sonnige Standorte und durchlässige Böden sind für die Kultivierung wichtig. Alternativ empfiehlt es sich auch, den Weißen Salbei mitsamt Topf einzugraben, damit er im Herbst ohne Stress ins Haus übersiedeln kann. Räucherpflanze.

Peruanischer Salbei *(Salvia discolor)*: eine faszinierende Art mit dunkelvioletten Blüten, die fast schon ins Schwarze übergehen. Als starker Kontrast dazu fallen die weißen filzigen Blätter auf, die ein intensives, sehr eigentümliches Aroma haben. Für den Tastsinn hat dieser Salbei noch einen ausgesprochen klebrigen Stängel zu bieten. Ebenfalls im Haus überwintern lassen (wie der Weiße Salbei auch gut als Zimmerpflanze geeignet). Tee- und Räucherpflanze.

Die Hauswand ist ein idealer Pflanzenstandort: Alles ist greifbar und stets im Blickfeld. Im Vordergrund der Weiße Salbei (Salvia apiana).

Ananassalbei *(Salvia rutilans)*: Wer es nicht weiß, kommt so schnell nicht auf die Idee, dass es sich hier um einen Salbei handelt. Nur die knallroten Lippenblüten lassen es erahnen. Die Blätter sind mehr krautig als ledrig und duften intensiv fruchtig, daher der Name. Eine sehr anspruchslose Pflanze, die aus Mexiko kommt und innerhalb eines Sommers eine sehr beachtliche Größe erreicht. Auffälliger Herbstblüher (etwa Oktober bis November); an der südostseitigen Hauswand am Probsthof hat er im Freien zwei Winter ohne zusätzlichen Winterschutz überstanden! Oberirdisches Kraut friert ab, die Pflanze treibt aus dem Wurzelstock neu an. Im Allgemeinen wird Ananassalbei aber als nicht frostfest geführt und sollte im Haus überwintern. Ein Freilandversuch an einem besonders geschützten Standort zahlt sich aber aus.

Lohnend wäre es auch eine Gestaltung zum Thema Lavendel – allein die Züchtungen des Provence-Lavendel *(Lavendula x intermedia)* sind einen Kräuterberg wert! Eine ebenfalls sehr vielfältige, optisch, olfaktorisch und geschmacklich sehr spannende Gattung. In wärmeren Gegenden kann auch der Gattung Rosmarinus ein kleiner Schaugarten gewidmet sein.

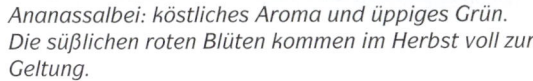

Ananassalbei: köstliches Aroma und üppiges Grün.
Die süßlichen roten Blüten kommen im Herbst voll zur
Geltung.

Heilkräuterspirale

Die Pflanzen können auch in Hinblick auf ihre Verwendung und beschriebene Wirkung ausgewählt werden. Von der „Verdauungs-Kräuterspirale" über das Frauenkräuterbeet bis zum „Hustenkräuterberg" und der „Entspannungs-Spirale" ist vieles denkbar. Natürlich können auch einfach die wichtigsten Pflanzen ausgewählt werden, mit denen die Kräuter-Hausapotheke bestückt werden soll.

Thematische Schwerpunkte können durch die Bepflanzung gut umgesetzt werden.

Die Spirale für alle Sinne

Hat die Gestaltung den Sinn, vor allem die erste Kontaktaufnahme mit Kräutern zu erleichtern und bisher Unbedarfte dafür zu interessieren, liegt es nahe, besonders spannende Kräuter auszuwählen, die auch abgebrühte Kräuterverächter zum Staunen bringen: die dicken filzigen und streichelweichen Blätter der Königskerze, ein Tautropfen im Blatt eines Frauenmantels, der verblüffende Geruch von Schokoladenblume oder Coca-Cola-Strauch (eine Eberrauten-Züchtung), das intensive frische Aroma der Marokkanischen Minze, die zierlichen Blätter und der Duft der Erdbeerminze, die beeindruckenden Blüten von Stockrosen, der Geschmack von Andenbeere und Erdmandel.

Streichelweiche Königskerzenblätter

Die Bepflanzung sollte so gewählt sein, dass alle Sinne angesprochen werden. Daran kommt niemand so leicht vorbei. Einige dafür besonders geeignete Kräuter (z. B. Zitronenverbene [intensives Zitronenaroma]) oder Ananassalbei (wunderschöne leuchtend-rote Herbstblüte, leckerer Duft) sind in unseren Breiten nur an besonders geschützten und warmen Standorten im Freien durchzubringen (Hauswand). Griechisches Strauchbasilikum (stark würziges Aroma), Stevia (Süßblatt mit überraschend süßen Blättern), Weißer Salbei (bei indianischen Zeremonien als Räucherkraut verwendet) und andere interessante Pflanzen müssen in der kalten Jahreszeit eingeräumt werden. Trotzdem zahlt es sich auch aus, wenn auch nicht winterharte Exoten einquartiert werden.

Die Spirale als Blickfang

kann in Hinblick auf optische Reize zusammengestellt werden. Dabei sollte auf die Blühfarben geachtet werden; auch gilt es, unterschiedliche Akzente zu setzen und die unterschiedlichen Blühzeiten (frühblühende und spätblühende Arten) zu berücksichtigen, damit die Spirale auch möglichst lange ein Blickfang ist. Nicht nur die Blüten, sondern die interessante Belaubung und Wuchsform vieler Kräuter werden die Blicke der Besucher fesseln!

Duft- oder Stinkspirale

Der intensive Duft vieler Kräuter löst in uns unterschiedliche Reaktionen aus. Manchmal ist es überraschend, wenn sich eine Besucherin vom Geruch des Muskatellersalbeis angeekelt abwendet, die Eberrauten-Düfte verschmäht oder auf Korianderblätter mit Gänsehaut reagiert. Was dem einen angenehm ist, kann für den anderen widerlich sein. Wenn intensiv duftende (oder stinkende?) Kräuter auf einem Kräuterberg oder eine Spirale gepflanzt werden, ergibt sich daraus ein abenteuerlicher Rundgang für die Nase.

Duft oder Gestank – ein subjektives Empfinden.

Mit wenig Nachdenken kommen viele weitere Themen ins Bewusstsein, die in die Gestaltung der Kräuteranlage einbezogen werden können (Räucherkräuter, Anti-Aging – der neue Trend, Hildegard von Bingen-Kräuter, aphrodisierende Kräuter, Kräuter ausgewählt nach ihren Herkunftsländern, …). Die Auswahl der passenden Pflanzen und das Recherchieren der Standortbedingungen ist eine schöne Arbeit für lange Winterabende. Zusätzlich lassen Sie sich am besten von erfahrenen Kräutergärtner/innen beraten.

Tipps für verschiedene Kräutergruppen

Teekräuter

Bei der Planung des Teekräutergartens ist zu beachten, dass Melissen-, Minze-, Monarda und Agastache-Arten im Winter einziehen, d. h. die oberirdischen Anteile absterben und die Pflanzen im Frühling neu austreiben. Der Garten sieht im Herbst und Winter also recht leer aus. Auch die einjährigen Teekräuter (Kamille, Ringelblume) entfalten sich erst wieder im Frühling. Wer in diesem Gartenbereich auch während der kalten Jahreszeit einen Blickfang haben möchte, kann ausdauernde, verholzende Teekräuter einplanen (Lavendel, Salbei, Ysop, Bergbohnenkraut), die auch im Winter optische Akzente im Kräuterbeet setzen.

Der Winter kann lang sein – planen sie daher genügend Platz für Teekräuter ein.

Minzen breiten sich gerne über Wurzelausläufer aus und wachsen am besten auf humusreichen, feuchten Standorten. Auch halbschattige Plätze sind gut geeignet. Im unteren (feuchteren) Bereich von Kräuterhügelbeeten sind sie gut aufgehoben, wenn die Lage des Hügelbeetes passt. Man kann eine eigene Minze-Schlange anlegen (Minzehügelbeet), die mit verschiedenen Minze-Sorten bepflanzt wird: Apfelminze (sehr gut im Tee und magenschonend), Orangenminze (erstaunliches Aroma), Erdbeerminze (duftet tatsächlich nach Erdbeeren, kleine zierliche Blätter), Ananasminze (wunderschön grün-weiß gefärbte Blätter, optische Auflockerung des Minzebeetes), Mojito-Minze (für den bekannten Cocktail), Ölminze, Krause-Minze und noch viele andere Minze-Züchtungen sind erhältlich. Man könnte hier wirklich zum Sammler werden, ist man erst einmal in die atemberaubende Welt der Minzen eingetaucht! Wer einen Minzehügel anlegt, sollte für den Anfang die unterschiedlichen Minzen sicherheitshalber mit

Die meisten bekannten Minzen gehören zu den Edelminzen – diese Züchtungen lassen sich nur vegetativ vermehren (wie etwa die Pfefferminze).

Oben: Pfefferminze breitet sich gern auf guten frischen Böden aus.

Unten: Zitronenmelisse: feines Aroma mit entspannender Wirkung

Schildern versehen, um die Sorten nicht zu verwechseln. Haben Sie die Minzen erst einmal kennen gelernt, werden die Schilder überflüssig. Und dann können in den Hügel sicherheitshalber noch Wachstumssperren zwischen den verschiedenen Sorten eingegraben werden (in Form von Dachschindeln, Brettern etc.), damit die Minzen in ihrem vorgesehenen Bereich bleiben. Minzen freuen sich nach kräftigen Ernten oder auch im Frühling über Kompostgaben oder nährende Kräuterjauche.

Melissen: Am bekanntesten ist uns allen wohl die „klassische" Zitronenmelisse, die mit ihrem erfrischenden Aroma Teemischungen bereichert. Von der Zitronenmelisse gibt es noch zahlreiche Züchtungen, etwa eine besonders aromatische Auslese oder welche mit goldfärbigem Laub. Sehr empfehlenswert ist auch die Kreta-Melisse, die bei uns absolut winterhart ist und sich ebenfalls sehr gut als Teepflanze macht (sehr aromatisch). Die Vertreter der Gattung Melissa sind ausdauernd und brauchen viel Platz, lieben nährstoffreiche Böden und eine gleichmäßige Wasserversorgung. An Trockenstandorten kommt es schnell zum Vergilben der Blätter. Diese Faktoren sprechen dafür, Melissen auf Kräuterhügelbeeten, Böschungen oder Terrassen zu pflanzen. Weniger bekannt, aber ebenfalls sehr aromatisch und schön ist der Drachenkopf *(Dracocephalum moldavica)*. Obwohl er nicht zur Gattung Melissa gehört, wird er auch als Türkische Melisse bezeichnet. Der Drachenkopf ist eine wunderschön lila/blau blühende einjährige Pflanze, deren Wirkung und Aroma dem der Zitronenmelisse ähnlich ist. Auch die Standortansprüche sind ähnlich.

Goldmelisse: Die Goldmelisse ist eine wunderschöne Tee- und Schmuckpflanze. Sie braucht nährstoffreiche Standorte mit guter Wasserversorgung und viel Sonne und Luft, um schön und gesund zu wachsen (ansonsten Mehltau- und Welke-Gefahr!). Sie passt gut in Kräuterhügelbeete, kann aber auch als dekorative Pflanze die Kräuterspirale zieren, wenn dort genügend Platz vorhanden ist und günstige Standortbedingungen geschaffen wurden. Um von den filigranen, federigen und leuchtend roten Blüten genügend für Teemischungen zu haben (geschmacklich und vor allem auch optische Bereicherung!), brauchen wir von der Goldmelisse größere Mengen. Daher kultivieren wir sie auf Terrassen oder Kräuterhügelbeeten.

Agastache: eine bei uns noch eher unbekannte Pflanzengattung. Agastachen gehören zur Familie der Lippenblütler und kommen aus Nordamerika. Viele Sorten sind bei uns winterhart (aber nicht alle!) und können problemlos angebaut werden. Aufgrund ihrer Schönheit und Vielfalt werden sich Agastachen mit Sicherheit auch in europäischen Kräutergärten bald stark verbreiten. Die Blüten sind essbar, aromatisch und bereichern wie auch ihre Blätter so manche Teemischung. Die verschiedenen Sorten blühen in Gelb, Orange, Weiß, Rot, Blau, Lila, Purpur und allen möglichen Zwischentönen. Bei Berührung verströmen die Pflanzen Düfte, die an Minze, Zitrone, Orange oder Anis erinnern – eine atemberaubende optische und olfaktorische Kombination. Im Anbau sind sie unkompliziert, freuen sich über warme Standorte und durchlässige Böden. Auf humosen Böden entwickeln sie sich natürlich schöner als auf kargen. Sie passen gut auf Kräuterhügelbeete, auch in Blütenstauden-Rabatten und, wenn Platz ist, auf große Kräuterspiralen.

Goldmelisse (hier mit Färberkamille) – auch in der Staudenrabatte ein Gewinn!

Ein- und zweijährige Gewürzkräuter

sind beispielsweise Anis, Dill, Kümmel, Kerbel, Fenchel oder Rucola: Um uns gut versorgen zu können, brauchen wir eine ganze Menge davon. Deshalb bauen wir sie auf den Kräuterhügeln an oder in Gartenbeeten, wo wir diese Kräuter sehr gut in die Fruchtfolge des Gemüsegartens integrieren können. Auf der Kräuterspirale würden sich diese Einjährigen mit den Ausdauernden zu stark gegenseitig bedrängen. Für gute und reichliche Ernten brauchen die Einjährigen aber genügend Licht und Luft, um viel weichen Wuchs anzusetzen. Auch die zweijährige Petersilie kommt bei uns auf den Kräuterhügel oder in den Garten. Petersilie kann nie genug Platz, guten Boden und ausreichend Feuchtigkeit haben. Für einjährigen/-s Majoran, Basilikum und Bohnenkraut hingegen finden wir im Frühling meistens noch einen guten Platz auf der Kräuterspirale, am Kräuterberg oder im Krainerbeet.

Genoveser Basilikum – die Samen für die nächste Aussaat reifen

Oben: Kräuterschlangen von Gabi Toepsch (Holzer Permakultur-Praktikerin) am Gut Weingarten (Chiemsee) mit schöner Agastachenblüte im Vordergrund
Links: Eibisch ist in der Kräuterschlange gut aufgehoben.

Wurzelkräuter

wie Meerrettich, Eibisch, Alant, Baldrian, Knoblauch, Engelwurz und Meisterwurz passen besser in Kräuterhügelbeete als auf die Spirale. Beim Ernten der Wurzel würde man die Spirale zu stark bearbeiten und umgraben müssen – das ist mühsam und zerstört die schöne Struktur. Auf den Hügelbeeten dagegen können die Wurzelkräuter schöne große Wurzeln im lockeren Erdreich ausbilden und bestens geerntet werden. Auch auf Böschungen und Terrassen können die Wurzelkräuter gut kultiviert werden, wobei aufgrund der oben erwähnten Vorteile eine Hügelstruktur eindeutig zu bevorzugen ist.

Große und raumgreifende Pflanzen

sind etwa Königskerze, Wermut, Muskatellersalbei, Borretsch, Färberkamille oder mehrjähriger Rucola. Ob ich diese Kräuter auf die Spirale oder auf die Hügel pflanze, hängt von meinem Platzangebot ab. Im Zweifelsfall jedenfalls zuerst die mediterranen Kräuter auf die Spirale, denn dort passen sie hin. Wenn noch mehr Platz ist, kann man individuell entscheiden. Man sollte aber nicht vergessen, dass sich die oben beschriebenen großen Pflanzen auch gerne und gut selbst aussäen. Das ist gut, weil wir damit immer über ausreichend Jungpflanzen verfügen, andererseits sollten sie sich an Stellen aussäen, wo dies auch erwünscht ist. Deshalb lieber auf Böschungen von Terrassen pflanzen bzw. säen, als auf die Spirale.

Wildwachsende heimische Heilkräuter

sind zum Beispiel Schafgarbe, Spitzwegerich, Johanniskraut, Käsepappel, Augentrost, Hirtentäschel, Sauerampfer, Schlüsselblume, Gänseblümchen, Tausendgüldenkraut: die Liste der heimischen Heilpflanzen ließe sich noch viel weiter fortsetzen. Aufgrund von intensiv betriebener Landwirtschaft, Verbauungen und Umweltverschmutzung sind zahlreiche heimische Heilkräuter selten geworden. Magere Wiesen, Trockenrasen oder Feuchtwiesen als wichtige Lebensräume der oben genannten Pflanzen sind durch Kulturmaßnahmen (Düngung, Trockenlegung) seltener geworden. So kommt es, dass so manches heimische Kräutlein sich bereits auf der Roten Liste gefährdeter Arten wiederfindet. Die meisten heimischen Kräuter sind anspruchslos und einfach zu kultivieren. Man kann sie teilweise in gut sortierten Kräutergärtnereien als Jungpflanzen kaufen, Saatgut erwerben oder selbst sammeln. Bei

Oben: Königskerzen und Wermut brauchen viel Platz.
Unten: Das Johanniskraut (Hypericum perforatum) ist eine besonders wertvolle Heilpflanze.

Wildsammlung für den Start einer Wildpflanzenecke im eigenen Garten gilt als oberstes Gebot: sich über den Schutzstatus der Pflanze informieren, keine geschützten Pflanzen ausgraben, keinen Standort ausplündern, sondern nur dort (wenig) sammeln, wo genügend vorhanden ist, am besten Samen sammeln und im Garten säen. Ob Sie die heimischen Kräuter auf Böschungen, am Wiesenrand oder auf Kräuterhügelbeeten kultivieren oder ihnen sogar eine Kräuterspirale widmen, bleibt jedem selbst überlassen.

Kräuteranbau

Bei den Kräutern wird zwischen einjährigen, zweijährigen (Petersilie, Königs-kerze, Muskatellersalbei) und mehrjährigen Pflanzen unterschieden. Die Mehr-jährigen bilden entweder verholzende Zwergsträucher (z. B. Salbei, Ysop, Berg-bohnenkraut, Lavendel, Rosmarin, Currykraut) oder sie überdauern den Winter mit ihren unterirdischen Anteilen (Eibisch, Alant, Meerrettich).

Pflanzen-Anwuchszeit

Ein- und zweijährige Kräuter werden am besten direkt ins Freiland gesät, Mehr-jährige werden oftmals in geschützter Vorkultur vorgezogen oder gekauft und ausgepflanzt. In den Kräuterporträts im letzten Kapitel dieses Buches finden Sie genauere Informationen über Saat und Anzucht der wichtigsten Kräuter. Topf-Pflanzen können das ganze Jahr über gepflanzt werden, die günstigste Zeit ist

*Aufgang zum Brunnenhügel im Garten Spa des Hotel Der Steirerhof * * * * * in Bad Waltersdorf. Die beste-hende Lavendel-Hecke wurde um weitere Duft- und Gewürz-kräuter erweitert, neue Steine wurden gesetzt (Kon-zept Claudia und Josef Andreas Holzer).*

jedoch der Frühling oder Herbst. In dieser Zeit ist die Erde verhältnismäßig gut und gleichmäßig feucht. Nachdem die Kräuter eingepflanzt wurden, müssen sie im Normalfall in dieser Zeit nur einmal gut angegossen werden. Die Sonneneinstrahlung ist im Frühling oder Herbst nicht so intensiv und die Kräuter kommen anschließend mit der Erdfeuchte und fallweisem Regen aus. Wenn im Sommer allerdings gepflanzt wird, kann ein regelmäßiges Gießen nötig sein, bis die Kräuter angewachsen sind. Hier ist es wichtig, die Pflanzen rechtzeitig wieder von der Gießkanne zu „entwöhnen", um eine pflegeleichte Kultur zu erhalten. Auch brauchen manche Kräuter (vor allem die mediterranen) eine gewisse Trockenheit im Sommer und leiden unter zu viel Nässe.

Beobachtung ist in der Anwuchsphase am wichtigsten. Man erkennt schnell, ob die Pflanzen sich gut entwickeln oder „alles hängen lassen". Tägliche Kontrollgänge sind am Anfang sehr wichtig! Je kleiner der Wurzelballen war, mit dem ich die Pflanze gesetzt habe, desto kritischer ist die Anwuchszeit. Bis ich am Neuaustrieb und an der „Körpersprache" der Pflanze erkenne, dass sie gut angewachsen ist, muss ich sie auf jeden Fall im Auge behalten und reagieren, wenn es zum Beispiel zu trocken ist. Eingewachsene (d. h. angewurzelte) Kräuter sind dann zumeist ausgesprochen pflegeleicht und kommen ohne Gießen aus.

Beobachtung ist in der Anwuchszeit wichtig.

> Von Vorteil ist es, die Kräuter zu mulchen, also rund um die Pflanzen organisches Material aufzubringen. Das hält den Unkrautdruck geringer und verhindert das Austrocknen des Bodens.

Zum Mulchen können Laub, Stroh, Rasen- und Kräuterschnitt etc. verwendet werden. Wichtig ist, den Mulch locker und luftig aufzubringen und die Mulchdecke immer wieder mit unterschiedlichem organischen Material zu erneuern. Verrotteter Mulch sorgt für eine gute lockere Erde und für aktives Bodenleben. Er trägt damit zur Vitalität Ihrer Pflanzen bei.

Pflanzabstände

Wenn beispielsweise ein Kräuterhügelbeet angelegt wird, gibt es zwei Möglichkeiten:

Variante 1: Man hält die Pflanzabstände laut Kulturanleitungen der einzelnen Pflanzen ein.

Diese Basilikumsorte bekommt einen besonders geschützten Platz in der Kräuterspirale.

Diese empfohlenen Abstände orientieren sich daran, wie viel Platz die ausgewachsene Pflanze brauchen wird. Bei langsam wachsenden Kräutern können dadurch ziemlich große Lücken zwischen den einzelnen Pflanzen entstehen, die aber durch Einsaat einjähriger Kräuter (Ringelblume, Tagetes, Basilikum etc.) oder verschiedener Salatsorten, Mohn, Buchweizen etc. gefüllt werden können.

In diesem Fall müssen Sie ihr Hügelbeet vor allem auch dahingehend kontrollieren, ob vielleicht eine besonders große Ringelblume im Sommer Ihren noch recht kleinen Ysop abdeckt. Das sollte natürlich nicht passieren.

Das Wort „Mulch" leitet sich aus dem Englischen ab und bedeutet soviel wie „unverrottetes organisches Material".

> Wenn Sie nichts zwischen den Kräutern säen wollen, dann können Sie die freien Flächen auch „nur" mulchen und dadurch vor Erosion schützen. Jedenfalls sollten Sie offenen Boden nicht einfach „nackt" sich selbst überlassen.

Abgesehen davon, dass er allen Witterungsverhältnissen ungeschützt ausgesetzt wäre, ist die Natur äußerst fruchtbar und nutzt die freien Flächen dann für Gräser und Wildkräuter, die Sie wahrscheinlich nicht eingeplant hatten.

Variante 2: Man unterschreitet die empfohlenen Pflanzabstände, pflanzt die Kräuter also näher zusammen. Das hat den Vorteil, dass die Anlage bereits kurze Zeit nach dem Pflanzen bewachsen und gesichert ist. Pflegemaßnahmen (Jäten) sind durch den guten Pflanzenschluss geringer und das Kräuterhügelbeet sieht schon im ersten Jahr hervorragend aus. Für Seminar- und Wellness-Betriebe ist dieser Aspekt oft von Bedeutung. Ein weiterer Grund, der für geringere Pflanzabstände spricht, ist dann gegeben, wenn ich vorhabe, in einem kleinen und überschaubaren Bereich des Gartens Kräuter großzuziehen, die ich im folgenden Jahr an anderer Stelle einpflanzen möchte. Das Kräuterhügelbeet stellt dann auch ein Anzuchtbeet oder einen Pflanzgarten dar. Im zweiten Jahr werden die überzähligen Kräuter dann herausgenommen und übersiedeln in den geplanten endgültigen Bereich. Die verbleibenden Kräuter im Hügelbeet sind mittlerweile bereits gut angewachsen und freuen sich über die neuen Ausdehnungsmöglichkeiten.

Engere Pflanzabstände sind für Anzuchtzwecke möglich.

> Wenn diese Vorgangsweise geplant ist, sollte das Pflanzmuster in einer Weise gewählt werden, die es später erlaubt, die Hälfte bzw. ein Drittel (je nachdem, wie dicht gepflanzt wurde) der Kräuter zu entnehmen und dennoch eine ansprechende Optik und gute Verteilung der Pflanzen am Hügel zu haben.

Aussaat

Generative Vermehrung bedeutet geschlechtliche Fortpflanzung über Samen.

Viele Kräuter, vor allem die Einjährigen, können im Frühling selbst gesät werden. Der Boden sollte sich bereits etwas erwärmt haben, dann keimen die Kräuter besser und schneller. Wo gesät wird, sollte die Erde locker, feinkrümelig und frei von unerwünschten Wildkräutern sein. Wie beim Gemüse wird also ein schönes Saatbeet – auf der Kräuterspirale, am Kräuterhügelbeet, im Kratergarten oder im Gartenbeet – vorbereitet. Wenn die Saat gut aufgegangen ist, sollten auch bei den Kräutern die Jungpflanzen ausgedünnt werden, damit die einzelnen Pflanzen genügend Platz haben, sich gut zu entwickeln. Bei Vorkultur werden die Pflanzen, wenn sie groß genug sind, in Büscheln zu 3–5 Pflanzen topfweise zusammengesetzt (pikiert). Sobald sich die Erde genügend erwärmt hat (ab April bzw. Mai) können Borretsch, Dill, Kerbel, Kresse, Kümmel, Oregano, Bohnenkraut, Kapuzinerkresse, Kümmel, Majoran, Petersilie oder Portulak ins Freiland gesät werden. Anspruchsvollere, kälteempfindliche Arten und Mehrjährige können ab Februar oder März in geschützter Vorkultur im Haus oder im Gewächshaus gesät werden. Dort haben sie bessere Keimbedingungen und mehr Zeit für ihre Entwicklung bis zum Auspflanzen im Mai (nach Frostgefahr). Dazu gehören beispielsweise Basilikum, Salbei, Lavendel, Thymian, Bergbohnenkraut oder Ysop.

Säen – pikieren – auspflanzen

Der Kräutergarten produziert Saatgut in Hülle und Fülle.

Um erfolgreich zu säen, ist Folgendes zu berücksichtigen:
- **Feuchtigkeit:** Wasser ist die Voraussetzung, damit der Same quillt und zu keimen beginnt. Die Aussaat darf nicht austrocknen. Im Freiland kann das Austrocknen des Samens oder Keimlings durch Mulchen verhindert werden. Im Frühling ist dann die Bodenfeuchte meistens ausreichend. Wenn es ausgesprochen trocken ist, kommt man ums Gießen nicht herum. Die Vorkultur im Haus oder Gewächshaus muss kontinuierlich feucht gehalten werden.
- **Luft:** Die Samen und Keimlinge brauchen Sauerstoff, das Saatbeet muss daher locker und luftig sein, damit ein Gasaustausch stattfinden kann.
- **Wärme:** Die ideale Keimtemperatur ist je nach Pflanze unterschiedlich. Sie entspricht etwa der Temperatur, bei der die jeweilige Pflanze später auch gut wächst.
- **Saattiefe:** Je feiner das Saatgut ist, desto flacher muss es gesät werden. Die Tiefe entspricht etwa dem Korndurchmesser. Unter den Kräutern gibt es zahlreiche Lichtkeimer (Basilikum, Bohnenkraut, Gewürzfenchel, Lavendel, Liebstöckel, Kümmel, Salbei). Diese sollten am besten nur leicht angedrückt (Erdkontakt) und mit wenig Erde oder Sand übersiebt werden (Schutz vor

Es gibt Licht-, Dunkel- und sogar Frostkeimer.

Austrocknung). Licht fördert bei diesen Pflanzen die Keimung. Lichtkeimer, die bei der Aussaat abgedeckt wurden, keimen, wenn sie nicht zu tief eingegraben wurden, trotzdem; allerdings bedeutend langsamer und mit höherer Ausfallrate. Man muss oft einen Kompromiss zwischen hinreichendem Licht und Schutz vor dem Vertrocknen eingehen. Ausgesprochene Dunkelkeimer sind Schnittlauch, Koriander und Borretsch. Bei der Aussaat im Haus kann man sie als Schutz vor zu schneller Austrocknung am Anfang mit Zeitungspapier abdecken. Sobald die ersten Keimlinge sichtbar werden, wird das Papier abgenommen.

Rückschnitt – als Pflege und Ernte

Durch Ernte oder Schnitt werden die Pflanzen verjüngt.

Die Lebensdauer von mehrjährigen Kräutern ist naturgemäß kürzer als die von Bäumen oder Sträuchern. Um den Bestand zu erhalten ist es daher wichtig, die Kräuter regelmäßig zu verjüngen. Dies kann durch Stockteilung oder Rückschnitt geschehen. Für die Erweiterung und den Erhalt des Bestandes gibt es die Möglichkeit der generativen (Samenernte und Aussaat auf offenen Flächen) und der vegetativen Vermehrung (Absenker, Ableger, Stecklinge oder Stockteilung).

Wintergrüne Zwergsträucher (z. B. Ysop, Bergbohnenkraut, Lavendel, Salbei, …) vertragen einen jährlichen Rückschnitt, da sie sonst stark verholzen und auseinanderfallen. Der Rückschnitt kommt einer Verjüngung der Pflanzen gleich.

Salbei-Ernte

Regelmäßige Ernten sind ebenfalls ein Rückschnitt, daher darf beim Ernten nicht vergessen werden, auch die Entwicklung der Pflanze zu beachten: Immer von oben nach unten ernten und nie einzelne Blätter rauszupfen, sondern immer Zweige ernten (sie können auch klein sein). Damit wird ein schöner buschiger Wuchs der Pflanze gefördert.

Bei älteren Beständen ist ein Verjüngungsschnitt im zeitigen Frühling sinnvoll (April). Die Gefahr von Bodenfrost ist gebannt, es steht noch genügend Feuchtigkeit zur Verfügung und die Pflanzen können gut neu austreiben. Dabei kann man mitunter großzügig sein und etwa ein Drittel der Pflanzhöhe zurückschneiden; je nachdem, wie stark verholzt die Pflanze bereits ist. Schnitte ins Holz werden von der Pflanze natürlich schwerer verkraftet, als wenn nur die vorjährigen Triebe zurückgeschnitten werden – also Vorsicht! Ansonsten sollten die Kleinsträucher am besten nach der Blüte im Frühsommer geschnitten werden (wenn die Blüte getrocknet und verwendet wird, dann besser kurz, bevor die Pflanze voll aufgeblüht ist!).

Vorsicht ist bei spätem Rückschnitt geboten: Durch offene Wunden und unverholzte Triebe entsteht erhöhte Erfrierungsgefahr! Daher keine Rückschnitte im Herbst durchführen!

Wie werden mehrjährige, nicht verholzende Kräuter behandelt, deren oberirdische Anteile zur Gänze oder bis auf die Blattrosette im Herbst absterben und die im Frühling aus der Wurzel neu austreiben? (z. B. Herzgespann, Färberkamille, Sonnenhut, Muskatellersalbei, …) Während der Vegetationszeit werden diese Pflanzen je nach Bedarf beerntet. Nach der Blüte kann man die Samen ausreifen lassen und auch diese ernten (Heilpflanzensaatgut ist sehr teuer!). Ob die mittlerweile braun gewordenen oberirdischen Anteile stehen gelassen werden – was z. B. bei den Samenständen von Echinacea oder Agastachen zu sehr schönen Wintersilhouetten, vor allem in Kombination mit Raureif oder Schneehäubchen, führen kann – oder abgeschnitten werden, bleibt dem persönlichen Geschmack überlassen. Im Frühling gibt es auch noch einen Frühjahrsputz im Garten, bei dem alte Blütenstände entfernt werden – wenn dies nicht bereits, wie in der Natur der Schnee und einsetzende Verrottungsprozesse erledigt haben.

> In einem natürlichen Garten muss nicht penibel „aufgeräumt" werden.

Vegetative Vermehrung

Neben der generativen Vermehrung (Vermehrung mittels Samen) können Pflanzen auch vegetativ vermehrt werden. Dabei wird die Mutterpflanze sozusagen geklont. Es werden entweder bewurzelte Pflanzenteile abgetrennt und umgepflanzt (Wurzelausläufer, Stockteilung …), oder es werden Pflanzenteile (Stecklinge, Absenker, Ausläufer …) zur Bewurzelung gebracht. In jedem Fall handelt es sich bei den so vermehrten Pflanzen um eine genetische Kopie der Mutterpflanze. Somit werden dieselben Eigenschaften weitergegeben.

> Als vegetative Vermehrung bezeichnet man die ungeschlechtliche Fortpflanzung.

Die Vorteile der vegetativen Vermehrung liegen in der schnelleren Entwicklung der Pflanzen und der Möglichkeit, aus guten Mutterpflanzen schnell eine große Anzahl von Jungpflanzen zu bekommen. Die meisten ausdauernden Kräuter lassen sich viel einfacher vegetativ als über Samen vermehren.

Stockteilung

Diese Art der Vermehrung ist wohl die einfachste und sicherste Variante. Fast alle ausdauernden Kräuter können mühelos geteilt werden. Besonders natürlich solche, die in Horsten wachsen. Teilung ist aber nicht nur eine Art der Pflanzenvermehrung, sie dient auch der Verjüngung von zu dichten Beständen, die sich mit der Zeit zu stark selbst bedrängen und dadurch schwächer werden. Eine gute Zeit dafür ist der Herbst (Ende der Vegetationszeit) oder der Frühling (Beginn der

Vegetationszeit). Sehr früh blühende Stauden (Frühling bis Frühsommer) können nach der Blüte auch gut im Sommer geteilt werden. Sie haben dann genug Zeit, sich bis zum Winter gut an die neuen Bedingungen anzupassen.

Lockere Pflanzenverbände werden mit der Hand in kleine, gut faustgroße Einzelstücke zerlegt. Wenn große Stückzahlen benötigt werden, sind auch kleinere Einheiten möglich.

> Jedes Teilstück muss aber mindestens eine Knospe (besser mehrere) und genügend Wurzeln haben.

Pflanzenwurzeln nie der Sonne aussetzen! Das gilt für alle Pflanzen!

Dichtere Pflanzenstände werden mit einem scharfen Spaten durchtrennt. Werden die Pflanzen in viele Einzelstücke geteilt und dabei freie Wurzeln erreicht, dann sollten die Wurzeln leicht zurückgeschnitten werden. Hat man bei der Teilung nur Erdballen, dann erübrigt sich der Rückschnitt. Im Falle von wenig Wurzel- und viel Blattmasse sollte auch die Blattmasse zurückgeschnitten werden, damit die Pflanze nicht zu leicht austrocknet (Verdunstung/Transpiration). Die Pflanze hätte noch nicht genügend Wurzeln ausgebildet, um die große Blattmasse zu versorgen. Das Verhältnis von Wurzel- zu Blattmasse muss zusammenpassen.

Anzumerken wäre noch, dass Pflanzenwurzeln sehr empfindlich auf Sonnenbestrahlung reagieren. Sie sollten deshalb entweder abgedeckt oder sofort wieder verpflanzt werden. Auch die Teilstücke dürfen nicht austrocknen, wenn man erfolgreich vermehren möchte. Aus diesen Gründen eignet sich ein trüber Tag besser für diese Arbeiten als die pralle Mittagssonne. Nach dem Einpflanzen werden die Teilstücke in der Anfangsphase unterstützt, indem sie eingegossen und gemulcht werden.

Dieser Spanische Thymian bildet bereits zahlreiche bewurzelte Ausläufer, die einfach abgetrennt und eingepflanzt werden können.

Ausläufer

sind ober- oder unterirdisch angelegte Seitensprosse (Stolonen), die von der Pflanze zur vegetativen Vermehrung und Verbreitung gebildet werden. Die Ausläufer bilden selbst Wurzeln, können von der Mutterpflanze getrennt werden und als eigenständige Pflanze weiterwachsen. Man kennt dieses System von den Ausläufern der Erdbeeren oder den ober- und unterirdischen Ausläufern der Minzen. Im Fall der Minzen ist es am besten, mit der Haue eine Furche zu ziehen (10 cm tief reicht aus), die Ausläufer flach hineinzulegen, mit Erde zu bedecken und etwas festzutreten. Durchgeführt wird diese Arbeit im Frühling oder noch besser im Herbst (bis spätestens Mitte Oktober).

Wurzelschnittlinge

Manche Pflanzen können über Teilstücke ihrer Wurzeln (Wurzelschnittlinge) vermehrt werden. Dazu werden während der Wachstumsruhe etwa bleistiftdicke Wurzeln von der Mutterpflanze ausgegraben und in Teilstücke (zwischen 5 und 10 cm lang) zerschnitten. Dabei sollte im Gedächtnis behalten werden, wo genau bei den Wurzelschnittlingen oben und wo unten ist. Aus diesem Grund wird die untere Seite schräg und die obere Seite gerade abgeschnitten, um eine Verwechslung zu verhindern. Nun werden die Teilstücke in Wuchsrichtung in lockere Erde gesteckt. Wenn man sehr dünne Wurzelschnittlinge hat, legt man sie am besten waagrecht aus und bedeckt sie mit Erde. Anschließend feucht halten.

Vermehrung über die Wurzel ist oft sehr einfach.

Auch bei der Anzucht über Wurzelschnittlinge kann das Pflanzgefäß mit Glas oder Folie abgedeckt werden, um ein schnelles Austrocknen zu verhindern. Durchgeführt werden diese Arbeiten am besten im Herbst oder Frühling.

Es gibt Pflanzen, die so wuchsstark sind, dass jedes abgetrennte Wurzelstück wieder austreibt. Beinwell verhält sich beispielsweise so. Diese Pflanzen können einfach im Frühling vor dem Austreiben ausgegraben und die Wurzelstücke gleich im Garten wieder eingeschlagen werden. Selbst auf diese einfache Art und Weise können bei einigen Arten gute Erfolge erzielt werden. Über Wurzelschnittlinge lassen sich z. B. Meerrettich, Hopfen, Gelber Enzian, Iris, Königskerze, Minzen, Melissen, Nachtkerze, Beinwell oder Sonnenhut vermehren.

Stecklinge

Stecklingsvermehrung ist bereits etwas umfangreicher als die zuvor erwähnten Methoden. Es gibt viele verschiedene Arten von Stecklingen und unterschiedliche Methoden. Man kann Stecklinge nach ihrer Herkunft auf der Mutterpflanze (Kopf- oder Teilstecklinge, Blattstecklinge ...) nach dem Zeitpunkt ihrer Ernte (Frühjahrs-, Sommer- oder Herbststecklinge), aber auch nach der Art ihrer Gewinnung (Abriss-Stecklinge – sog. Risslinge) unterscheiden.

Wichtig ist in jedem Fall, dass die Stecklinge von guten und gesunden Mutterpflanzen kommen.

Bei dieser Vermehrungsweise geht es darum, die Stecklinge zu einer möglichst schnellen Wurzelbildung anzuregen. Dies muss geschehen, bevor der Steckling seine Reservestoffe aufgebraucht hat und vertrocknet. Da die Stecklinge über keine Wurzeln verfügen, ist ihre Wasseraufnahmefähigkeit stark gehemmt. Trotzdem verdunsten sie Wasser über ihre Blätter. Damit sie also nicht vertrocknen, muss diese Verdunstung (Transpiration) so gut wie möglich verringert werden. Das wird einmal durch das Entfernen oder Kürzen einiger Blätter erreicht; es muss aber noch genug Grünmasse übrig bleiben, damit die Stecklinge über Reservestoffe verfügen und ausreichend Photosynthese betreiben können. Zum anderen ist es angezeigt, eine möglichst hohe Luftfeuchtigkeit für die Stecklinge zu schaffen. Wenn die Luft mit Wasserdampf gesättigt ist, kann keine Transpi-

Für Stecklingsvermehrung braucht man Feingefühl.

Schneiden von Kopfstecklingen beim Schopflavendel

ration mehr stattfinden. Trotzdem bleiben die Spaltöffnungen an den Blättern geöffnet und Gasaustausch sowie Photosynthese können ungehindert ablaufen, was für die Ausbildung der Wurzeln wichtig ist. Um die hohe Luftfeuchtigkeit (sog. „gespannte Luft") zu erreichen, werden die Stecklinge unter Glas oder eine Folie gegeben.

Jetzt muss noch auf die richtigen Lichtverhältnisse geachtet werden; einmal brauchen die Stecklinge genügend Licht für die Photosynthese, des Weiteren darf die Temperatur im „Mini-Gewächshaus" auch nicht zu hoch werden. Am besten also nicht direkt in die Sonne stellen und notfalls für etwas Schatten sorgen.

> Wichtig ist auch die richtige Bodentemperatur. Für eine gute Wurzelbildung brauchen die Stecklinge eine „warmen Fuß".

In kalter Erde bilden sich nur sehr langsam neue Wurzeln. Die Temperatur der Erde sollte etwas höher sein als die Lufttemperatur, bei der die jeweilige Pflanze gut wächst (meistens sind das zwischen 18 und 25 °C). Die Erde selbst sollte gut durchlüftet und nährstoffarm sein (Sand beimischen). Sobald zu sehen ist, dass die Stecklinge zu wachsen beginnen, kann davon ausgegangen werden, dass sie gut angewachsen sind.

Kopfstecklinge werden von den Triebspitzen der Haupttriebe der Mutterpflanze genommen.

Am häufigsten wird über Kopfstecklinge vermehrt, das sind Stecklinge von der Triebspitze einer Pflanze. Sie sollten mindestens 5 cm lang sein und von diesjährigen, gut ausgereiften Trieben genommen werden. Man muss ein Gefühl dafür entwickeln, welche Triebe geeignet sind: zu weiche Stecklinge faulen leicht, zu harte bilden wiederum nur langsam Wurzeln. Kopfstecklinge sollten am besten von den Haupttrieben genommen werden, diese entwickeln sich besser als jene, die von Seitentrieben der Mutterpflanze stammen. Wenn aus einer Mutterpflanze möglichst viele Jungpflanzen gewonnen werden sollen, können auch Teilstecklinge gemacht werden. Dazu werden die Haupttriebe in mehrere Teilstücke zerlegt und jeder davon eingepflanzt. Die untere Schnittstelle sollte knapp unter einem Blattknoten liegen, dann bewurzeln die Stecklinge besser. Eine gute Möglichkeit ist es auch, Risslinge zu verwenden. Das sind Stecklinge, die von den Trieben der Mutterpflanze abgerissen werden.

> Der Vorteil dabei ist, dass der Steckling durch das Abreißen zum einen nicht gequetscht wird (wie es beim Schneiden oft passiert – Quetschungen führen oft zum Verfaulen) und durch den Riss zum anderen am unteren Ende des Stecklings ein Stück Rinde vorhanden ist.

Unterhalb der Rinde befindet sich das Kambium, das teilungsfähige Gewebe der Pflanzen, das für das Dickenwachstum verantwortlich ist und wo auch die Wurzelbildung der Stecklinge stattfindet. Bei unseren oben beschriebenen Stecklingen steht nur der Kambium-Anteil der schrägen Schnittfläche zur Verfügung, Risslinge hingegen verfügen über mehr freigelegtes Kambium.

Absenken

Eine recht einfache und vor allem risikofreie Methode der vegetativen Vermehrung ist das Absenken von Trieben. Diese Methode lässt sich vor allem bei verholzten Pflanzen sehr gut anwenden. Der große Vorteil liegt darin, dass der zukünftige Ableger an der Mutterpflanze verbleibt, bis er ausreichend bewurzelt ist, und erst dann abgetrennt und verpflanzt wird. Er wird also während der Bewurzelung noch von der Mutterpflanze versorgt, weshalb man sich nicht weiter um ihn zu kümmern braucht.

Absenker bilden sich auch oft ohne menschliches Zutun.

> Beim Absenken werden lange Triebe der Mutterpflanze nach unten auf den Boden gebogen und leicht eingegraben. Sicherheitshalber werden die Triebe noch mit einem Stein oder einem Haken fixiert.

Sobald die Triebe bewurzelt sind, werden sie von der Mutterpflanze getrennt und verpflanzt. Um die Bewurzelung zu fördern, können die Triebe angeritzt bzw. eingekerbt (Kambium wird freigelegt) oder der Trieb mit etwas Draht abgeschnürt werden. Es kommt zu einem Saftstau an den angeritzten bzw. abgeschnürten Stellen, wodurch die Wurzelbildung beschleunigt wird. Am besten bewurzeln übrigens ein- oder zweijährige Triebe.

Winterschutz

Die bekanntesten Salbei- und Thymian-Züchtungen, Bergbohnenkraut, Ysop, Oregano, Eberraute, Wermut, Färberkamille, Schnittknoblauch, Schnittlauch, viele Minzen- und Melissenarten, einige Agastachen, Stockrosen, Alant sowie die Winterheckenzwiebel gehören zu den winterharten Kräutern, die auch in unserem Breitengrad ohne zusätzlichen Winterschutz auskommen. Nicht nur die Kälte stellt im Winter ein Problem für viele Kräuter dar, sondern auch die Feuchtigkeit. Stauende Nässe im Wurzelbereich vieler flachwurzelnder Arten, die dann nachts gefriert, führt in vielen Fällen zu Ausfällen bei Pflanzen, die als frostfest gehandelt werden.

Thymian überwintert auch ohne Winterschutz meist problemlos.

Guter Wasserabzug ist also auch für die Überwinterungsfähigkeit vieler Kräuter wichtig. Wenn der Standort und der Aufbau der Kräuteranlage passen, lassen sich sehr viele Kräuter ohne zusätzlichen Schutz problemlos überwintern.

Nun gibt es auch eine Reihe von Kräutern, die als mäßig frostfest bezeichnet werden. Sie überleben den Winter zwar im Freien, benötigen aber einen Winterschutz.

Am besten verwendet man Fichten- oder Tannenzweige, die günstig oder gratis im nächstgelegenen Wald geholt werden können, um die Kräuter damit abzudecken. Problematisch sind oft schneelose Winter, weil die Bedingungen für die

Rosmarin im Winter am Probsthof

Pflanzen besonders hart sind, wenn die schützende Schneedecke fehlt.

Welche Arten brauchen einen Winterschutz? Das hängt davon ab, in welcher Region und auf welcher Seehöhe sie sich befinden. Am Probsthof in der Weststeiermark halten sich Arten ohne Winterschutz, die als nicht frostfest bezeichnet werden. Wir haben „offiziell" nicht winterharte Rosmarinstöcke ohne Winterschutz seit drei Jahren auf der Kräuterspirale, der Currystrauch wurde ohne Abdeckung gut überwintert und an geschützten Plätzen an der Hauswand (Richtung Südosten) sogar Zitronenverbene und Ananassalbei, die laut Fachmeinung den Winter im Topf im Haus verbringen sollten. Wer nicht wagt, der nicht gewinnt – ohne Experimente können die Grenzen des Möglichen nicht erweitert werden. Das Risiko eines Ausfalles ist das neu erlangte Wissen über die Möglichkeiten und Kleinklimastandorte des eigenen Gartens allemal wert – auch wenn einem bei dem eventuellen Verlust eines Kräutleins das Herz blutet.

Als Schutz vor Frost und Kälte deckt man die Pflanzen am besten mit Tannen- und Fichtenzweigen ab.

Die dritte Gruppe betrifft Pflanzen, die frostfrei überwintern müssen. Es handelt sich dabei um Pflanzen, die aus Gegenden kommen, wo Schnee und Frost nicht existieren und die sich folglich an solche Bedingungen nicht anpassen konnten.

Dazu gehört beispielsweise das bekannte Damiana aus Brasilien (aphrodisierend), Wüstensalbei, Stevia (Süßblatt), viele Basilikum-Arten und natürlich Chili und Tabasco, die bei uns einjährig kultiviert werden, eigentlich aber ausdauernde Pflanzen sind. Diese Pflanzen werden im Haus frostfrei überwintert. Wie dies im Detail am besten funktioniert, ist von Pflanze zu Pflanze verschieden. Es hängt davon ab, aus welcher Klimazone die jeweilige Pflanze stammt. Im Zeitalter des Internet können sie sich Klimadiagramme der Herkunftsländer der gefragten Pflanzen einfach besorgen. Bekannt sein sollte, dass Pflanzen, die hell und warm überwintert werden (in der Küche auf der Fensterbank), auch einen aktiveren Stoffwechsel betreiben. Sie verbrauchen dadurch Energie, die unter Umständen, wenn Tageslänge und Lichtintensität nicht ausreichen, nicht produziert werden kann. Wenn dem so ist, beginnen sie zu verkümmern und gehen ein. Es gibt aber auch Kräuter, die ebenso wie unsere Zimmerpflanzen mit diesen Licht- und Temperaturverhältnisse zurechtkommen (es gibt eine Strauchbasilikum-Züchtung, die warm und hell überwintern kann). Die meisten Pflanzen werden kühl überwintert, was den Stoffwechsel der Pflanzen reduziert. Sie befinden sich in Winterruhe, manche verlieren dabei ihre Blätter, der Wasser- und Nährstoffbedarf sinkt. Daher sollte man in dieser Zeit nur mäßig gießen, da sonst die Gefahr besteht, dass die Wurzeln verfaulen. Allerdings dürfen die Pflanzen auch nicht vergessen werden bzw. völlig austrocknen! Manche bevorzugen ein helles Winterquartier, andere ein dunkleres. Wenn die Tage wieder länger werden und der Frühling naht, kann die Pflanze wieder an einen helleren Ort übersiedeln, bevor sie schließlich wieder in den Garten zieht. Beachten Sie aber: Nicht vom relativ dunklen Keller in die pralle Sonne stellen!

Die richtige Überwinterung von Exoten hängt vom jeweiligen Herkunftsland ab.

Ernte und Verarbeitung

Kräuterernte

Die im Folgenden beschriebenen Erntetechniken richten sich an Kräutergärtner/innen und Kleinbetriebe. Maschinelle Erntemethoden werden außer Acht gelassen.

Mit Muße ernten

Die Ernte von Kräutern ist wohl eine der schönsten Beschäftigungen, die vorstellbar ist. Man ist umgeben von einer Duftwolke aus ätherischen Ölen, die durch das Pflücken und Hantieren mit den Kräutern freigesetzt wird. Das eigentümliche Wesen des jeweiligen Krautes, das gerade geerntet wird, kann einen richtiggehend gefangen nehmen. Beschäftigt man sich zum Beispiel eine Zeitlang

Dufterlebnis Kräuterernte

mit der Thymian-Ernte, hantiert mit den filigranen Zweigen und den kleinen Blättern, atmet den herben Duft dieses Kleinstrauches, dann hat das eine andere Wirkung auf das eigene Befinden, als wenn man saftig dunkelgrüne Minzeblätter erntet und über Stunden mit dem kräftigen Wuchs der Pflanzen beschäftigt ist, eingehüllt in das frische Minze-Aroma.

In jedem Fall ist es eine meditative Arbeit, eine kostenlose Aromatherapie-Sitzung sozusagen. Deshalb sollte bei der Ernte, falls möglich, genügend Zeit eingeplant und nach der Devise „Nicht hasten, sondern genießen!" vorgegangen werden.

Ideale Erntezeit

Um eine hohe Qualität (Inhaltsstoffe, Aroma, Aussehen) der Produkte zu erreichen, muss der Zeitpunkt der Ernte passen. Dieser orientiert sich daran, welche Pflanzenteile geerntet werden und richtet sich nach Wetterverhältnissen und der geeigneten Tages- bzw. Jahreszeit.

Wer zum passenden Zeitpunkt erntet, erreicht hochwertige Produkte!

Grundsätzlich sollte an einem schönen Tag bei trockenem Wetter geerntet werden. Hat es zuvor geregnet, dann ist es sinnvoll, zumindest einen Tag mit der Ernte zu warten, damit die Kräuter gut abtrocknen können.

Der Gehalt der ätherischen Öle und Wirkstoffe der Pflanzen (und deren Lagerung innerhalb der Pflanze) unterliegt einem tageszeitlichen und jahreszeitlichen Rhythmus. Er nimmt vormittags zu, ist gegen Mittag am höchsten und nimmt am Nachmittag wieder ab.

Blüten, Blätter und Kraut werden daher am besten am späteren Vormittag, nachdem der Morgentau bereits gut abgetrocknet ist, bis rund um die Mittagszeit gesammelt. Blätter und Kraut werden vor der Blüte (idealerweise im Knospenstadium) geerntet. Man schneidet die Pflanzen so weit über dem Boden ab (auch mit Sense oder Sichel möglich), dass sie wieder schön austreiben können. Dadurch sind mehrere Ernten im Jahr möglich.

Blüten werden zur Vollblüte geerntet (Königskerze, Ringelblume, Malve, Kornblume, Kamille, …), bei Lavendel je nach Verwendung auch kurz davor. Wenn zugleich Kraut und Blüte einer Pflanze geerntet werden, wie etwa bei der Schafgarbe, dann erfolgt dies natürlich auch zur Vollblüte, wenn die Bienen am intensivsten auf die jeweilige Pflanze fliegen; das ist eine gute Orientierungshilfe.

Erntereife Zitronenmelisse

Ringelblumenblütenernte

Samen bzw. Körner werden geerntet, wenn sie reif sind, am besten kurz bevor sie von selbst ausfallen würden. In der Zeit rund um die Samenreife sollten die Kräuter gut im Auge behalten werden, um diesen Zeitpunkt nicht zu verpassen. Oft ist es so, dass die Samenstände einer Pflanze nicht gleichzeitig ausreifen. Man beobachtet bei den Doldenblütler (Anis, Fenchel, Koriander, Kümmel), dass die Samen auf einzelnen Dolden schon fast reif sind, andere dagegen noch grün. Was tun? Am besten die reifen Dolden abernten und auf die anderen noch warten. Falls aber die Zeit nicht vorhanden ist, ständig einzelne Dolden zu beernten, sondern die gesamten Samenstände auf einmal geerntet werden sollen, dann ist ein Mittelweg zu finden.

Wird zu lange gewartet, dann reicht ein Windstoß, die Samen fallen aus und die Ernte hat sich erübrigt. Erntet man zu früh, dann geht dies auf Kosten von Aroma und Keimfähigkeit der Samen bzw. Körner.

Mariendistelsamen

Wenn kurz vor der Vollreife geerntet wird, dann schneidet man am besten die ganzen Fruchtstände ab und lässt die Samen in einem Papier- oder Stoffsack luftig an der Pflanze nachreifen und trocknen. Anschließend werden die Samen entweder abgestreift und gereinigt (gesiebt) oder bei größeren Mengen schonend mit der Hand ausgedroschen. Die Samen werden im Stoff- oder Papiersack auf eine weiche Unterlage gelegt (alte Matratze oder Decke – schützt die Samen beim Dreschen vor Verletzungen)

und dann z. B. mit einem improvisierten Dreschflegel (Nudelholz, Hackenstil oder Ähnliches) vorsichtig ausgedroschen. Man kann auch auf den Sack steigen und durch vorsichtiges Stampfen die Samen ausdreschen. Die Samen sollten zwar ausfallen, durch die mechanische Einwirkungen aber nicht beschädigt (zerquetscht oder zerbrochen) werden. Ob man sich nun für händisches Abstreifen oder Dreschen oder auch „Ausschütteln" der Samen entscheidet, hängt von der jeweiligen Pflanze ab. Bei Ringelblumen wird man sich für händisches Absammeln entscheiden, Muskatellersalbei kann gut ausgeschüttelt und auch ausgedroschen werden. Die Samen und Körner fallen erst dann gut aus, wenn sie reif und trocken sind. Sollten Sie also beim Dreschen oder Abstreifen den Eindruck haben, dass es sehr schwer geht, dann gehört der Sack mit den Kräutern nochmal für ein paar Tage in den luftigen Dachboden gehängt. Nach dem Dreschen oder Stampfen werden die Samen wiederum mithilfe von Sieben (in geeigneter Größe, je nach Samenstärke) gereinigt.

Färberwaid im Samenstand

Saatgut sollte kühl und trocken gelagert werden (möglichst geringe Temperaturschwankungen) und vor allem auch sicher vor Mäusen und Vogelfraß.

Die beste Tageszeit zur Samen- bzw. Körnerernte ist morgens oder am frühen Vormittag, sobald der Tau abgetrocknet ist. Die Samen fallen morgens nicht so stark aus, es kommt zu geringeren Verlusten bei der Ernte. Keinesfalls sollten Samen und Samenträger bei der Ernte feucht sein (Schimmelgefahr beim Nachtrocknen).

Die **Wurzelernte** erfolgt im Herbst oder im Frühling bei frostfreiem und trockenem Wetter. Hat es zuvor geregnet, dann sollte besser einige Tage abgewartet werden, bis der Boden wieder etwas getrocknet ist. Das ist vor allem auf schweren, lehmig-tonigen Böden wichtig.

Im Herbst oder Frühling werden die Wurzeln geerntet.

Im Gegensatz zu den oberirdischen Anteilen der Pflanzen ist in den Wurzeln in den Morgenstunden der höchste Gehalt an Inhaltsstoffen feststellbar.

Die Wurzeln werden mit Grabgabeln geerntet. Auch sog. Ampferstecher – im biologischen Landbau zur Regulierung um sich greifender Ampferbestände verwendet (in Lagerhäusern erhältlich), eignen sich gut, weil damit wenig Erde an den Wurzeln haften bleibt (wenn bei passender Bodenfeuchte geerntet wird.). Anschließend werden die Wurzeln gereinigt: sie werden an Ort und Stelle von grobem Material befreit und eingebracht. Danach werden sie gewaschen, evtl. zerkleinert und eingelegt oder getrocknet.

Luftige Sammelbehälter verwenden: Als Sammelbehältnis sind bei oberirdischen Pflanzenteilen am besten Körbe verwendbar. Das Erntegut kann darin locker abgelegt werden, wird nicht gequetscht und bekommt genügend Luft. Für größere Mengen können auch Stoffsäcke (alte Kissen- oder Bettbezüge, Jutesäcke) oder Tragetaschen aus Papier verwendet werden. Plastiktaschen sollten auf keinen Fall verwendet werden, weil die frischen Kräuter Feuchtigkeit ausschwitzen und sich im Inneren Kondenswasser bilden kann. Wurzeln sollten am besten in Holzkisten oder auch in luftigen (gelochten) Plastikboxen transportiert werden.

In mehreren Arbeitsschritten je kleine Mengen sammeln: Man sollte auch nicht zu viel auf einmal sammeln, sondern zwischendurch das Sammelgut gleich weiterverarbeiten (Blätter abstreifen, zum Trocknen auflegen) und dann weitersammeln. Gequetschte, zusammengedrückte und angewelkte Kräuter erfüllen nicht mehr die hohen Qualitätsansprüche an Aroma, Wirkstoffgehalt und Aussehen, die wir uns vorstellen. Wenn mehr Wurzeln geerntet wurden, als ich am selben Tag reinigen kann, dann trocknet die Erde ein und auch die Wurzel beginnt bereits zu trocknen. Ich müsste sie am nächsten Tag nochmals völlig durchfeuchten, um die nun schwierigere Reinigung durchzuführen. Das wäre kontraproduktiv. Generell sollten nur kräftige und gesunde Pflanzen geerntet werden.

Ökologische Verantwortung zeigen: Wenn wildgewachsene Heilkräuter geerntet werden, dann muss besonders darauf geachtet werden, dass nicht zu viel gesammelt wird. Sie sollten nur so viel mitnehmen, wie Sie tatsächlich brauchen. Nie dürfen ganze Bestände geplündert werden. Man muss den Pflanzen die Möglichkeit lassen, sich zu regenerieren. Natürlich darf nur das gesammelt werden, was eindeutig identifiziert werden kann (Verwechslungsgefahr). Letzt-

Sorgfältiger Umgang mit dem Erntegut garantiert hochqualitative Produkte.

Kräuterernte auf der Kräuterschlange

lich sollte nur an Standorten gesammelt werden, an denen eine Schadstoffbelastung (durch Spritz- und Düngemittel, Abgase etc.) weitgehend ausgeschlossen werden kann.

Damit die Kräuter und Wurzeln ihre Wirkung voll entfalten, ist es wichtig, die Erntezeiten sorgsam auszuwählen. Wenn die Pflanzen zur falschen Zeit geerntet werden, kann dies einmal zu Problemen beim Trocknen und Haltbarmachen führen und des Weiteren die Wirkung und das Aroma stark beeinträchtigen. Die passende Erntezeit hängt davon ab, welche Pflanzenteile gesammelt werden.

Testen Sie die Intensität des Aromas immer wieder im Vorbeigehen, um ein Gefühl für den besten Erntezeitpunkt zu entwickeln.

Blätter (wie beispielsweise, Pfefferminze, Salbei, Thymian etc.) werden am besten knapp vor der Blüte geerntet, wenn sich die ersten Knospen zu öffnen beginnen. Dann ist das Aroma am intensivsten. Werden hingegen Blüten (z. B. Ringelblume, Königskerze, Malve, Kamille, Holunderblüten, Lindenblüten etc.) geerntet, dann sollte man warten, bis die Pflanzen voll aufgeblüht sind, also ihre Vollblüte erreicht haben. Die Wurzelernte (Eibisch, Enzian, Baldrian, Bimbernelle etc.) findet in der Zeit zwischen Spätherbst bis Frühjahr, also in der Vegetationsruhe statt. In dieser Zeit speichern diese Pflanzen ihre gesamte Energie und somit auch die wirksamen Inhaltsstoffe in der Wurzel. Früchte (Hagebutte, Holunderbeeren) oder Samen (Fenchel, Kümmel) müssen voll ausgereift sein, bevor sie geerntet werden.

Es ist aber nicht nur die richtige Jahreszeit, sondern auch die richtige Tageszeit für eine gute Ernte wichtig: Blätter und Blüten werden am besten am Vormittag, nachdem der Morgentau gut abgetrocknet ist, bis in die Mittagszeit hinein geerntet. Der optimale Zeitpunkt hängt davon ab, wann die jeweilige Pflanze im Laufe des Tages am schönsten „dasteht".

Bei der Blütenernte ist das am leichtesten zu erkennen: Manche Pflanzen öffnen ihre Blüten bereits in den frühen Morgenstunden, andere erst am späten Vormittag. Durch die vorherrschenden Wetterbedingungen (bewölkt, voller Sonnenschein) variieren diese Zeiten von Tag zu Tag. Man muss die Pflanzen also beobachten, um jeweils die optimale Tageszeit zu erwischen. Wurzeln sollten am besten abends oder am frühen Morgen ausgegraben werden.

Nur trockene und gesunde Kräuter ernten! (sprich: solche ohne Blattkrankheiten, Pilzbefall etc.).

All dies sollte vor allem dann beachtet werden, wenn die Kräuter zum Trocknen für den Wintervorrat oder zur Weiterverarbeitung (Herstellung von Salben, Tinkturen, Ölen) verwendet werden. Für den täglichen Bedarf werden die Kräuter dann geerntet, wenn sie gebraucht werden – es gibt doch nichts Besseres als einen Pfefferminz- oder Melissentee aus frischen grünen Blättern!

Kräuterverarbeitung

Trocknen

Um qualitativ hochwertige Trockenkräuter zu erhalten, die ihre intensive Farbe und ihr Aroma weitgehend behalten und lange aufbewahrt werden können (bis zur nächsten Ernte), muss beim Trocknen auf Folgendes geachtet werden:

Schnell und lichtgeschützt trocknen: Beim Trocknen verlieren die Kräuter einen Teil ihrer ätherischen Öle – deshalb riecht es so gut! Je schneller getrocknet wird, desto weniger geht verloren. Dementsprechend ist es sinnvoll, nur die Anteile der Pflanze zu trocknen, die tatsächlich verwendet werden. Werden nur die Blätter verwendet, dann sollten sie vom Stängel abgestreift werden, das verkürzt die Trockenzeit beträchtlich. Von Bedeutung ist das vor allem bei Pflanzen mit verhältnismäßig dicken („fleischigen") Stängeln, wie z. B. bei den meisten Minze-Arten. Bei Thymian, Majoran, Rosmarin und anderen Kräutern mit dünnen oder holzigen Zweigen sollten die Blätter besser am Stängel gelassen werden. Das Abstreifen würde den Trocknungsprozess hier nicht sonderlich beschleunigen, der Aromaverlust durch das Abstreifen wäre zu hoch. Bei diesen Kräutern ist es sinnvoller, sie erst nach dem Trocknen abzurebeln (d. h. die Blätter von dem Stängel zu entfernen) oder die Stängel, wenn sie fein genug sind, gleich mit zu verwenden.

> Die Pflanzen sollten beim Trocknen nicht der direkten Sonnenstrahlung ausgesetzt werden. Viele verlieren dabei ihre Farbe. Schöne intensive Farben werden bei einer lichtgeschützten Trocknung der Pflanzen erzielt.

Getrocknete Malvenblüten geben Kräutertee, Kräuterbad, Kräuterzucker und vielem mehr eine wunderbare Farbe.

Sauber und sicher trocknen: Getrocknete Kräuter sind Lebensmittel! Der Platz, an dem die Kräuter getrocknet werden, sollte möglichst staubfrei und das Trockengut selbst sollte auch nicht verunreinigt sein. Da das Waschen der Kräuter vor dem Trocknen aus den oben beschriebenen Gründen nicht sinnvoll ist, sollten nur von vornherein geeignete (saubere) Pflanzen getrocknet werden. Die einzige Ausnahme stellen die Kräuter dar, von denen die Wurzel getrocknet wird. Nachdem die Wurzel geerntet wurde, wird sie sofort gewaschen, trocken getupft, in die gewünschte Größe der Teilstücke zerkleinert und zum Trocknen aufgelegt.

> Beim Trocknen ist nicht nur die Wärme, sondern auch ausreichend Luftzirkulation wichtig.

Das beste Trockensystem hilft nichts, wenn Katzen, Mäuse oder andere Tiere Zugang zum Trockengut haben, was bei der Trocknung in Scheunen oder Dachböden vorkommen kann.

> Durch Kastensysteme, Gitter und andere mechanische Barrieren sollte sichergestellt sein, dass es zu keinen Verunreinigungen der Kräuter durch Tiere kommt.

Temperaturen von 40 °C nicht überschreiten: Je wärmer und luftiger die Kräuter stehen, desto schneller trocknen sie. Wenn es aber zu Temperaturen über 40 °C kommt, dann verlieren die meisten Kräuter viel von ihrem Aroma! Eine Ausnahme wird beim Trocknen einiger Wurzeln gemacht: Hier kann es in manchen Fällen auch zu Temperaturen von bis zu 50 °C kommen (Bsp. Alantwurzel, Eibischwurzel), da die Wurzeln sehr langsam trocknen.

> Das Trockengut muss vor Verunreinigungen geschützt sein.

Trocknen von Kamillenblüten

Trocken, aroma- und lichtgeschützt lagern: Die Kräuter sind trocken, wenn sie rascheln. Sobald das der Fall ist, werden sie verpackt. Es eignen sich Papierverpackungen mit aromasicherer Beschichtung (sog. Blockbodenbeutel) oder auch Glasbehälter sowie glasierte Keramikdosen sehr gut. Aufmerksamkeit ist angezeigt, wenn die Kräuter an einem sehr warmen Platz getrocknet wurden. Wenn sie dann in Behälter abgefüllt werden, sollte die Verpackung nicht gleich verschlossen werden, damit sich die Kräuter an die Umgebungstemperatur anpassen können. Getrocknete Wurzeln können auch in Stoffsäcken (alte Polsterbezüge, Jutesäcke etc.) luftig und trocken verwahrt werden. Wichtig ist es, darauf zu achten, dass die Kräuter nicht wieder feucht werden (Wasser aus der Luft anziehen) und dann zu schimmeln beginnen. Ein gewisses Maß an Aufmerksamkeit sollte auch möglichen tierischen Mitbewohnern gelten: verschiedene Käfer- (Kugelkäfer, Kräuterdieb [!], Brotkäfer u. a.) und Schmetterlingsarten (verschiedene Mottenarten) können die getrockneten Bestände befallen. Größere Mengen daher am besten kühl lagern (ungünstige Vermehrungsbedingung für Insekten) und regelmäßig kontrollieren.

> Wenn größere Mengen getrocknet werden, sollten die Kräuter gut und sicher gelagert werden können.

Erst vor der Verwendung zerkleinern: Dies ist es unter anderem, was selbst getrocknete Kräuter von gekaufter Massenware unterscheidet: Man kann die Blätter möglichst ganz lassen und genießt den Luxus, die Kräuter erst direkt vor der Verwendung durch Zerreiben zu zerkleinern. Dabei werden ätherische Öle frei, das Aroma der Kräuter kann sich so richtig entfalten und geht in den Tee, das Kräuterbad oder das Mittagessen über. Bei Massenware wird vor dem Verpacken zerkleinert – unter anderem auch deshalb, weil viel Stängelmasse im Trockengut enthalten ist und mitverarbeitet wird. Das Aroma dieser Kräuter ist mit den selbst (wie oben beschrieben) getrockneten Kräutern nicht vergleichbar!

Trocknungsmöglichkeiten können warme und zugige Dachböden von Häusern und Wirtschaftsgebäuden sein. In übereinandergeschichteten flachen Kartonschachteln (evtl. mit untergelegtem unbedrucktem Papier) lässt sich auf kleiner Fläche viel trocknen. Jens Kalkhof hat in Zusammenarbeit mit einem Solartechniker eine sehr einfache und günstige (unter Verwendung von teilweise recycelten Materialien) solare Kräutertrocknungsanlage entwickelt, die derzeit am Reindlhof, am Krameterhof und am Probsthof im Einsatz ist. Bauanleitungen und Tipps in diese Richtung gibt es in unserem nächsten Buch zu lesen.

> Geübte Bastler/innen können sich eine solar betriebene Kräutertrocknungsanlage bauen.

Rezepte und Verarbeitungstipps

Es gibt zahlreiche Verwendungs- und Verarbeitungsmöglichkeiten von Heil-, Tee- und Gewürzkräutern. Wenn Sie beginnen, selbst Tee- und Gewürzmischungen, Kräutersalze oder Kräuterbitter herzustellen, dann notieren Sie auf jeden Fall die genauen Mengen (eine auf Gramm genaue Waage ist sinnvoll) der einzelnen Zutaten Ihrer Rezepte! Ihr eigenes Rezeptbuch dokumentiert Erfolge (und weniger Gelungenes). Vor allem aber: Wer auf Schätzungen angewiesen ist, bekommt besonders gelungene Gewürz- oder Teemischungen nie wieder genau so hin, wie sie waren.

> Nun wird es Zeit, ein Kräuter-Rezeptbuch zu führen.

Gewürze und Gewürzmischungen

Getrocknete Gewürzkräuter pur (Thymian, Majoran, Rosmarin, Oregano etc.) oder Gewürzmischungen wie zum Beispiel Pizza-Gewürz, Italienische Gewürzmischung, Kräuter der Provence, Hendlgewürz, Gewürzmischungen für verschiedene Fleischgerichte (Wild, Rind, Lamm, …), Salate oder Suppen können selbst zusammengestellt werden. Es gibt viele bereits viele Mischungen am Markt, die eine Orientierung im Hinblick auf die Mischung oder Wahl der Zutaten geben können. Noch besser aber ist es, wenn Sie Ihre eigenen Mischungen zusammenstellen.

- **Italienische Gewürzmischung**
  Oregano, Basilikum, Majoran, Rosmarin, Thymian, Bohnenkraut, Salbei
- **Kräuter der Provence**
  Oregano, Majoran, Rosmarin, Thymian, Bohnenkraut, Estragon und Lavendel

Kräutersalz

Kräuter zerkleinern und mit Salz vermischen. Das Kräutersalz kann aus etwa 20 bis 25 % Salz bestehen, je nach Geschmack. Die Qualität des Salzes ist hierbei natürlich von großer Bedeutung. Sehr schön ist es, wenn sich auch die eine oder andere Blüte (Rose, Ringelblume, …) in das Gewürzsalz verirrt.

Bei der Verarbeitung von Kräutern gibt es eine Vielzahl an Möglichkeiten: Gewürz, Tee, Kräuteröl, Tinktur, Kräuterbad, Kräuterbitter, Liköre, Kräutersalz, Kräutergelee, Sirup und vieles mehr.

Tee und Teemischungen

Hier einige Anregungen für das Mischen von Kräutertee:

- **Morgentee:** Brombeer-, Himbeer- oder/und Erdbeerblätter, Minze (wahlweise Grüne Minze, Ölminze, Pfefferminze, Apfelminze, …) und einige Blüten zum Aufwachen (Ringelblumen-, Sonnenblumen und/oder Kornblumenblüten)
- **Abendtee:** Zitronenmelisse, Himbeerblätter, Malvenblüten (und vielleicht ein paar getrocknete, zerkleinerte Apfelschalen)
- **Kindertee:** Kamillenblüten, Zitronenverbene, Fenchel, Zitronenmelisse (und evtl. einige wenige Pfefferminzblätter)
- **Hatschi-Tee:** Thymian, Pfefferminze, Salbei, Holunderblüten, Lindenblüten (je nach Bedarf ist es oft auch sehr wohltuend, weniger verschiedene Zutaten zu verwenden und beispielsweise verstärkt auf Thymian oder Salbei zu setzen)
- **Stilltee:** Kümmel, Anis, Fenchel, Melisse

Ansatzschnäpse – Tinkturen

Was von Pharmazeuten als Tinktur bezeichnet wird, sind im bäuerlichen Wortlaut Ansatzschnäpse. Zur Herstellung wird das jeweilige Kraut etwas zerkleinert und in Alkohol (mind. 40 %, besser mehr) an einem warmen Platz angesetzt – aber nicht der direkten Sonneneinstrahlung ausgesetzt –, aufgestellt und täglich geschüttelt. Die Einwirkzeit hängt von der angesetzten Pflanze ab. Bei Schafgarbe reichen meist 10 Tage bis 2 Wochen, sonst wird der Schnaps sehr bitter. Wermut kann noch kürzer angesetzt werden. Andere Kräuter, wie etwa Melisse, Minze oder Thymian, vertragen schon 4 Wochen im Ansatz. Anschließend werden die Kräuter abgeseiht, der Ansatzschnaps filtriert (mittels Kaffeefilter) und an einem dunklen Ort aufbewahrt. Bei Bedarf wird der alkoholische Kräuterauszug tröpfchenweise (unter die Zunge) oder auch schluckweise (Enzianschnaps) verwendet oder auch als Einreibung aufgetragen. Wer nur die Inhaltsstoffe ohne Alkohol zu sich nehmen möchte, kann die Tinktur auf ein Stück Würfelzucker auftropfen; der Alkohol verflüchtigt sich dabei zum größten Teil. Als Ansatzschnaps verwenden wir am liebsten einen hochprozentigen, qualitativ guten Obstler; es kann aber auch Kornbrand verwendet werden. Tinkturen herzustellen ist einfach und geht schnell. In den langen Wintermonaten können die Tinkturen dann noch in Salben eingearbeitet werden oder mit braunem Zucker bzw. Kandiszucker zu Likören weiterverarbeitet werden. Im Fall von Thymian entsteht so aus dem Thymianschnaps ein schmackhafter und hilfreicher Hustensaft.

Es können verschiedenste Brände zum Ansetzen verwendet werden.

Am besten kommt das Kräuteraroma zum Tragen, wenn der verwendete Brand kein starkes Eigenaroma hat.

Liköre und Kräuterbitter

Ausgewählte Kräuter in Alkohol ansetzen (gewünschter Fruchtbrand), 2 bis 4 Wochen (je nach Kraut) stehen lassen, regelmäßig schütteln, filtrieren, mit weißen, braunen oder Kandiszucker verrühren (Zucker kann auch zuvor in ganz wenig Wasser am Herd aufgelöst werden), abfüllen und nachreifen lassen. Am bekanntesten sind Melissenlikör und Kräuterbitter mit alkoholischen Auszügen aus Tausendgüldenkraut, Schafgarbe, Thymian, Enzianwurzel u. a. m.

Profis verwenden zum Süßen Invertzucker und Glucosesirup.

Kräutersirup

Zucker, Wasser, Zitronen (in Scheiben geschnitten) und Zitronensäure in ein großes Gefäß (evtl. Babybadewanne) geben, gewünschte Kräuter (Melisse, Minze, Zitronenverbene, Ananassalbei, …) dazugeben und so lange rühren, bis sich der Zucker auflöst. Mit sauberem Geschirrtuch abdecken. 2 Tage stehen lassen und mehrmals täglich umrühren. Filtrieren und abfüllen. Wer auf Nummer sicher gehen will, kocht den Sirup vor dem Abfüllen nochmal kurz auf. Im Keller nachreifen lassen.

Sirupe aus mehreren verschiedenen Kräutern können ein verblüffendes Aroma entwickeln.

Kräuteröle

Kräuter werden zerkleinert in Öl angesetzt. Hierfür werden am besten getrocknete Kräuter verwendet, damit das Öl nicht zu schnell ranzig wird. Es sollte darauf geachtet werden, dass die Kräuter völlig mit Öl bedeckt sind, sonst kann der Ansatz zu schimmeln beginnen. Die Öle werden ebenfalls an einem warmen

Platz, aber nicht in der direkten Sonne, aufgestellt (nur das Johanniskrautöl bekommt einen Sonnenplatz!). Die Ansatzzeit ist wieder abhängig vom jeweiligen Kraut. Wie lange das Kräuteröl haltbar ist, hängt wiederum davon ab, welches Öl ich verwende (Mandelöl wird schnell ranzig, Sonnenblumenöl hält sich länger …). Außerdem beeinflusst das verwendete Öl auch den Geruch und die Eigenschaften des Kräuteröls. Olivenöl hat beispielsweise einen starken Eigengeruch, der feine Nasen stören könnte, wenn darin Pfefferminze angesetzt wurde. Dafür hat Olivenöl wiederum sehr gute hautpflegende Wirkungen. Es können auch verschiedene Öle für einen Kräuteransatz gemischt werden. Besonders gut – wenn auch leider nicht aus heimischen Pflanzen – ist Jojobaöl geeignet, das eigentlich kein Öl, sondern (bei Raumtemperatur) ein flüssiges Wachs ist. Es ist nicht so geruchsintensiv, zieht gut in die Haut ein und hat schon für sich regenerierende Wirkung. Außerdem wird es nicht ranzig (!), da es sich ja um kein Öl im eigentlichen Sinne handelt!

Die Ölansätze werden durch ein Tuch filtriert (und ausgepresst), kühl und dunkel gelagert. Sie können für Einreibungen oder Massagen bzw. (je nach Kraut) auch als Salatöle verwendet werden oder später in Salben (z. B. Ringelblumensalbe) oder Naturkosmetika (Cremes) eingearbeitet werden.

Kräuterbutter, Kräutersenf, Kräuterfrischkäse, Blütenzucker, … die Verarbeitungsmöglichkeiten der Kräuter sind sehr vielseitig!

Thymian-Ysop-Kräuteröl

Kräuterkissen

Getrocknete Kräuter pur oder mit Dinkelspelzen in Kissen geben. Klett- oder Reißverschluss vorsehen, damit die Kissen neu gefüllt werden können.

Badekräuter

Getrocknete Kräuter in einen Waschlappen geben und mit einer langen Schnur gut zubinden. Unter den Einlauf der Badewanne hängen. Der Waschlappen wiederbefüllbar und kann auch als Massageschwamm verwendet werden. Intensiver wird das Kräuterbad allerdings, wenn der Kräutertee am Herd gekocht und dem Badewasser beifügt wird (Achtung heiß!).

Weiters können die Kräuter in allerlei Salben und Naturkosmetik-Produkte eingebaut; Kräuterweine, Kräuteressige, Kräutersenf und Kräutermarmeladen hergestellt werden, die Kräuter für (Gesichts-)Dampfbäder, Wickel und als Räucherwerk verwendet werden. Nicht zuletzt sind sie getrocknet und unzerkleinert auch in herbstlichen oder weihnachtlichen Gestecken, Türkränzen etc. sehr schön und dekorativ.

Ein Kräuterbad kann mit offenen Kräutern genossen werden oder die Kräuter werden (frisch oder getrocknet) einfach in einen Waschlappen gegeben (zubinden und ab in die Wanne).

Erfahrungen aus unserer Kräuter-Hausapotheke

Erkältungskrankheiten
- Thymian in Teemischungen, als Bad und Hustensaft (Thymianlikör und -sirup)
- Spitzwegerichsirup
- Löwenzahnhonig
- Salbei zum Gurgeln (bei Halsweh und auch bei Entzündungen im Mund/Zahnfleisch und bei Blasen im Mund)
- Wohltuend als Hustentee sind neben Thymian noch Königskerzenblüten, Lindenblüten, Holunderblüten, Salbei, Anis, Fenchel Eibischblätter und -wurzeln

Naturheilkunde und Schulmedizin sollten sich ergänzen und voneinander profitieren!

Magen-Darmprobleme
- Verdauungsprobleme, verdorbener Magen
  Schafgarbenschnaps (auch in der Reiseapotheke immer dabei!), Enzianschnaps
  Tee aus Tausendgüldenkraut, Schafgarbe, Wermut, Kalmus (Wurzel)
- Gereizter Magen
  Kamillentee, Melissentee, Melissengeist, Tausendgüldenkraut (auch bei Sodbrennen)

Gewürzkräuter im Essen wirken verdauungsfördernd sowie blähungswidrig, regen den Speichelfluss und den Appetit an und helfen dabei, Salz beim Kochen zu reduzieren. Daher Thymian, Majoran, Oregano, Schnittlauch, Petersilie, Salbei, (Berg-)Bohnenkraut, Rosmarin, Lavendel, Liebstöckel, Basilikum, Fenchel, Kümmel, Anis etc. in der Küche verwenden!

Eine gesunde Lebensweise und vollwertige Lebensmittel sind die beste Gesundheitsvorsorge.

Kräutertee ist aus der Hausapotheke nicht wegzudenken.

Durchfall

Heidelbeeren als Saft, Mus und auch getrocknet in Teemischungen mit Himbeer-, Brombeer- und/oder Johannisbeerblättern wirken stopfend. Viel Trinken nicht vergessen!

Kreislauf

Rosmarin als Tinktur oder Tee regt den Kreislauf an.

Frauenkräuter

Frauenmantel, Schafgarbe und/oder Kamille als Tee, Blutweiderich (Kraut als Tee bei starken Monatsblutungen, Aufguss als Sitzbad bei Hautproblemen und Entzündungen im Genitalbereich [astringierend])

Männerkraut

Kleinblütiges Weidenröschen als Tee zur Linderung von Prostatabeschwerden

Beruhigung, Entspannung und seelisches Gleichgewicht

Es ist eine schöne Tätigkeit, sich selbst Salben und Cremes zu rühren. Als Basis können Olivenöl, Bienenwachs oder auch Sheabutter oder Wollwachs dienen. Kräuteröle und Tinkturen können gut eingearbeitet werden.

Zitronenmelisse, Lavendel, Johanniskraut, Hopfenblüten, Kamille – als Tee oder als Teeaufguss ins Kräuterbad, als Kräutersitzbad oder Dampfbad

Verletzungen, Wunden

- Arnika-Tinktur
- Ringelblumensalbe (Wundheilung)
- Johanniskrautöl (Brandwunden, Sonnenbrand)

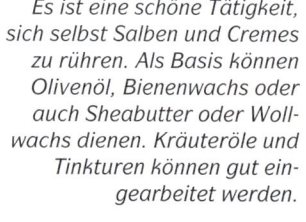

Kräuterporträts

Ansprüche, Anbau Verwendung

„Die Kraft, das Weh im Leib zu stillen
verlieh der Schöpfer den Kamillen.
Sie blühn und warten unverzagt
Auf jemand, den das Bauchweh plagt.
Der Mensch jedoch in seiner Pein
glaubt nicht an das, was allgemein
zu haben ist. Er schreit nach Pillen.
Verschont mich, sagt er, mit Kamillen,
um Gotteswillen!"

Karl Heinz Waggerl: „Heiteres Herbarium"

Aus der großen Vielfalt an Gewürz- und Teekräutern möchten wir im Folgenden einige Pflanzen etwas genauer vorstellen. Wir haben dabei diejenigen Pflanzen ausgewählt, die wir am häufigsten verwenden, sprich: ohne die wir uns unseren Kräutergarten nicht vorstellen könnten. Beleuchtet werden Standortansprüche, Besonderheiten im Anbau und der Verarbeitung sowie interessante verwandte Arten der beschriebenen Pflanze.

Auch die volksmedizinisch überlieferten Anwendungsbereiche der einzelnen Kräuter werden überblicksmäßig angeführt. Leider wird die Schulmedizin der Naturheilkunde oft als eine Art Konkurrenz gegenübergestellt. Wir möchten auf die Errungenschaften und Erkenntnisse der medizinischen Forschung keinesfalls verzichten, jedoch gibt es sicherlich auch viele Situationen, in denen das richtige Kräutlein die eine oder andere Tablette überflüssig machen würde.

Alant
(Inula helenium)

Korbblütler *(Asteraceae)*

Alant ist eine sehr schöne großblättrige Bauerngartenpflanze mit zahlreichen gelben Blütenköpfen, die wie kleine Sonnenblumen aussehen. Alant ist ausdauernd, wird bis zu 2 m hoch und bildet einen kräftigen Wurzelstock aus, aus dem er jedes Jahr aufs Neue austreibt.

Standort
Liebt humose Böden mit guter Wasserversorgung. Da hauptsächlich die Wurzel verwendet wird, sind tiefgründige Böden von Vorteil (gute Wurzelbildung). Nährstoffliebend.

Anbau
Lässt sich sehr gut über Wurzelschnittlinge vermehren. Diese werden im Herbst (auch im Frühling möglich) etwa 10 cm tief gepflanzt. Auch Direktsaat ins Freiland (ab August) oder geschützte Vorkultur (ab Mitte März) möglich.

Anwendungsbereiche
Bei zähem Husten und Bronchitis auswurffördernd, schleimlösend; verdauungsfördernd bei Magen-Darmbeschwerden.

Verarbeitung
Verwendet wird vor allem die Wurzel. Sie wird im Herbst oder Frühling (Vegetationsruhe) ausgegraben, gereinigt, zerkleinert und getrocknet. Die Wurzel wird in erster Linie zur Bereitung eines Husten- oder Magentees verwendet:

Alant-Tee: 1 Tasse Wasser aufkochen und etwa 5 Minuten abkühlen lassen. 1 Löffel geschnittene, getrocknete Alantwurzel dazugeben und zugedeckt etwa 15 Minuten ziehen lassen. Abseihen und evtl. mit etwas Honig süßen.

Es empfiehlt sich, auch einige dünnere Alantwurzeln unzerkleinert zu trocknen, um diese dann als **natürliches Räucherstäbchen** zu verwenden. Das Räuchern mit Alant hat eine lange Tradition – in den Raunächten (vor allem am Christabend) wurden Haus und Stall u. a. mit Alant ausgeräuchert. Wer zum ersten Mal eine getrocknete Alantwurzel anzündet, wird vom angenehmen Duft des Rauches überrascht sein: sie entwickelt dabei ein angenehm mildes, an Veilchen und Weihrauch erinnerndes Aroma.

Anis-Agastache
(Agastache foeniculum [syn. Agasache anisata])

Lippenblütler *(Lamiaceae)*

Die Gattung der Agastachen ist bei uns noch eher unbekannt. Der größte Teil ist in Nordamerika beheimatet. Viele dieser wunderschönen, ausdauernden Tee-, Duft- und Zierpflanzen sind auch für den Anbau in unserer Klimazone gut geeignet und bei uns winterhart. Ein bekanntes Beispiel dafür ist die Anis-Agastache, auch als Anis-Ysop bekannt (obwohl sie mit Ysop nichts zu tun hat). Die Blätter dieser lila blühenden Agastachen-Art duften nach Anis, die langen Blütenstände (Blütenkerzen) sind ein Magnet für Hummeln, Bienen und Schmetterlinge. Anis-Agastache wird etwa 80 cm hoch, zieht im Winter ein und treibt im Frühling erneut aus dem Wurzelstock aus.

Standort
Anspruchslos, sonnig-warmer, windgeschützter Standort von Vorteil, durchlässiger Boden.

Anbau
Die Anis-Agastache ist sehr genügsam und kommt auch bei uns sehr gut ohne Winterschutz aus. Sie lässt sich über Samen gut vermehren, samt sich an günstigen Standorten auch gerne selbst aus. Geschützte Vorkultur ab Mitte März, auspflanzen ab Mai. Aussaat entweder im August/September oder im Frühling direkt ins Freiland.

Anwendungsbereiche
Indianische Heilpflanze, die vor Schwitzhütten-Zeremonien (indianische Erdsauna zur innerlichen und äußerlichen Reinigung) verwendet wurde, da sie die Schweißbildung fördert. Tee- und Würzkraut, Schnittblume.

Verarbeitung
Es können laufend frische Blätter geerntet werden, Blätter und Blütenstände am besten kurz vor der Vollblüte. Anschließend entweder trocknen (als Tee und für Teemischungen, zerrieben auch gut zum Würzen von Kuchen und Pudding) oder frisch verarbeiten. Frische Blätter können, in der Küche fein gehackt, zu Salaten, Fischgerichten, Gemüse und Süßspeisen gereicht werden. Sirupe und Eistee lassen sich ebenfalls köstlich mit Anis-Ysop aromatisieren. Getrocknete Blütenkerzen sind in Trockenblumensträußen sehr dekorativ.

Verwandte Arten
■ **Purpur-Agastache** *(Agastache pallidiflora):* Wunderschöne purpurfarbene Blütenkerzen, wird bis 40 cm hoch, überwintert auch bei uns (in besonders kalten Lagen/Höhenlagen abdecken).

- **Lavendel-Agastache** *(Agastache pringlei):* Hellviolette Blüten und einen zarten Lavendelduft zaubert diese Schönheit in den Garten. Auch getrocknet behalten die Blätter ihren Duft. Wird bis 60 cm hoch, überwintert auch bei uns (in besonders kalten Lagen abdecken).
- **Koreanische Minze** *(Agastache rugosa):* Eine sehr wuchsfreudige Agastache, sieht dem Anis-Ysop sehr ähnlich, unterscheidet sich aber durch das herbe Minze-Aroma. Wird bis zu 100 cm hoch und bildet lila Blütenkerzen; gut überwinterungsfähig (in besonders kalten Lagen abdecken).

Basilikum
(Ocimum basilicum)

Lippenblütler *(Lamiaceae)*

Frisches Basilikum mit sonnengereiften frischgepflückten Tomaten oder das bekannte Basilikum Pesto lassen unser Herz höherschlagen und bringen Urlaubslaune und Fröhlichkeit. Für viele wohl die „Einstiegshilfe" in das Kräuterreich, da das klassische Basilikum getrocknet sehr an Aroma verliert und daher sogar bei Nicht-Kräuter-Interessierten als Topfpflanze auf der Fensterbank zu finden ist – zumal es in zahlreichen Supermärkten gleich in der Obstabteilung mit gekauft werden kann. Einjährige, sehr aromatische, aber leider frostempfindliche Pflanze mit schönen Blüten, wird 40 bis 60 cm hoch. Es gibt zahlreiche, auch ausdauernde Züchtungen, die jedoch im Haus überwintert werden müssen.

Standort
Humose, warme, sonnige und windgeschützte Lagen. Basilikum braucht „warme Füße" und ausreichend Feuchtigkeit, aber auf keinen Fall stauende Nässe! Liebt nährstoffreiche Standorte.

Anbau
Samengewinnung aus den eigenen Beständen lohnt sich, Aussaat am besten in geschützter Vorkultur (Gewächshaus, Frühbeet, Fensterbank) ab Mitte April, pikieren, Auspflanzen nach Frostgefahr gegen Mitte bis Ende Mai. Einzelne Pflanzen als Samenträger zur Samenreife gelangen lassen.

Anwendungsbereiche
Verdauungsfördernd, blähungswidrig, regt die Milchsekretion an, aphrodisierend.

Verarbeitung
Am besten wird Basilikum zur Ernte „gespitzelt", d. h., es werden das bzw. die oberste(n) sich gegenüberstehende(n) Blattpaare mit den Fingern abgezwickt. Dadurch wird der Austrieb der Blätter in den Blattachseln angeregt und ein sehr buschiger Wuchs erreicht. Nie einzelne Blätter aus unteren Regionen abzupfen, die Pflanze verkahlt zunehmend

und der Wuchs wird kümmerlich. Sobald Blüten und Samen gebildet werden, werden kaum mehr junge Blätter gebildet, daher für die Blatternte immer die blühenden Triebspitzen mitnehmen. Blüten lassen sich auch gut zum Kochen und Garnieren verwenden. Am besten frisch verwenden, zu Pesto verarbeiten oder in Öl einlegen, was sehr schmackhaftes Kräuteröl ergibt. Getrocknet ebenfalls als Gewürz sowie in Teemischungen verwendet.

Sorten (Züchtungen) von *Ocimum basilicum*

- **Genoveser Basilikum:** bekanntestes italienisches Basilikum, große Blätter, raschwüchsig, intensives Aroma.
- **Neapolitanisches Basilikum:** braucht mehr Wärme, bildet sehr große Blätter, sehr würziges Aroma.
- **Provence-Basilikum:** französische Sorte mit buschigem Wuchs und typischem Basilikum-Aroma.
- **Rotblättriges Basilikum:** Hier gibt es viele verschiedene Züchtungen mit interessanten Blattfarben, die von nahezu Schwarz über Dunkelviolett, Rötlich bis Rot-Grün gefleckt reichen. Oft sehr schöne rosarote Blüten; eine wahre Zierde. Allerdings nicht so wuchsfreudig und pflegeleicht wie die grünen Sorten. Als Ergänzung und optische Bereicherung von Salaten empfehlenswert, ersetzen aber nie das „klassische" Basilikum.
- **Busch- oder Strauchbasilikum:** Gibt es in verschiedenen Sorten, bildet verzweigte, teils verholzende Kleinsträucher aus. Zumeist kleinere Blätter als die niedrigen Sorten. Unterschiedliche Aromarichtungen (Zitrone, Anis, Limone, weitere unverwechselbare aber auch unbeschreibliche Düfte und Geschmacksvarianten). Manche Sorten sind ausdauernd, müssen aber frostfrei im Haus oder Keller überwintert werden (Bsp.: Griechisches, Afrikanisches oder Kubanisches Strauchbasilikum). Diese Sorten unbedingt über Stecklinge vermehren, falls die Mutterpflanze den Winter nicht übersteht …; einige davon sind auch als Teepflanze und zum Würzen von Süßspeisen sehr interessant.

Bergbohnenkraut
(Satureja montana)

Lippenblütler *(Lamiaceae)*

Bergbohnenkraut ist ebenfalls ein sehr beliebtes Gewürzkraut, das wie der Ysop aus den gebirgigen kühleren Gegenden des Mittelmeerraumes kommt und dementsprechend gut auch in unseren Breitengraden kultiviert werden kann. Bergbohnenkraut ist ein mehrjähriger verholzender Kleinstrauch; er wird je nach Züchtung bis zu 60 cm hoch und erinnert im Wuchs an Ysop. Die Stängel wachsen aufrecht und kaum verzweigt. Es bildet zahlreiche, meist weiße oder auch rosa Blüten aus und ist eine hervorragende Bienenweide. Es wird auch als Pfefferkraut bezeichnet, da die Blätter einen sehr würzigen Geschmack haben; kann als Pfefferersatz verwendet werden.

Standort

Anspruchslos, liebt sonnige warme Lagen, durchlässigen Boden, verträgt Trockenperioden gut.

Anbau

Aussaat im Freiland, sobald sich der Boden erwärmt hat, allerdings aufgrund der langsamen Entwicklung der Jungpflanzen besser in geschützter Vorkultur. Pikieren, Auspflanzen im Mai. Platzbedarf etwa 40 x 40 cm. Bildet zahlreiche Samen, sät sich an günstigen Standorten auch selbst aus. Vermehrung über Stecklinge oder Stockteilung möglich.

Anwendungsbereiche

Appetitanregend, verdauungsfördernd, entkrampfend, keimtötend.

Verarbeitung

Es können laufend frische Triebe geerntet werden, die Haupternte erfolgt jedoch ab Blühbeginn, denn dann ist der Gehalt an ätherischen Ölen am höchsten. Bei Schnitt nicht zu tief ins alte Holz schneiden! Anschließend trocknen, abrebeln (bzw., je nach Verwendung, auch einfach etwas zerkleinern) und aromasicher verwahren. Kommt vor als Gewürz und in Gewürzmischungen, im Kräutersalz, Kräuteröl, als Tinktur, in Rotwein angesetzt als belebendes Tonikum, in Kräuterbädern, Senf und Kräuteressig und als Beigabe zu Kräuterteemischungen.

Verwandte Arten

- **Bohnenkraut** *(Satureja hortensis):* Einjähriges Bohnenkraut, wächst sehr schnell und bildet zarte Triebe aus, die sich gut ernten und verarbeiten lassen. Ist allerdings nicht so intensiv im Geschmack wie das ausdauernde Bergbohnenkraut. Bevorzugt humosen Boden. Kann gut über Samen vermehrt werden. Ist frostempfindlich. Spezielle Züchtungen wurden auf hohem Gehalt an ätherischen Öl und stark belaubten Wuchs hin ausgelesen (Bsp. *Satureja hortensis [„Aromatica"])*
- **Zitronenbohnenkraut** *(Satureja montana ssp. citriodora):* Ausdauernde Züchtung des Bergbohnenkrautes mit pikantem Zitronenaroma. Sehr schmackhaft als Gewürz (frisch und getrocknet).

Eibisch
(Althea officinalis)

Malvengewächse *(Malvaceae)*

Eibisch ist eine bis zu 1,5 m hoch wachsende, ausdauernde Staude, die in unseren Breiten auch wild vorkommt. Früher war sie aufgrund ihrer Heilwirkung und der schönen zartrosa Blüte häufig auch in Bauerngärten zu finden. Sie bildet einen starken verzweigten Wurzelstock aus, aus dem sie im Frühling wieder neu austreibt.

Standort

Anspruchslos, frische und tiefgründige Böden vor allem für die Entwicklung der Wurzel und Wurzelernte von Vorteil.

Anbau

Aussaat im Frühjahr ins Freiland oder ab Februar in geschützter Vorkultur. Auspflanzen ab Anfang Mai. Samen können aus eigenen Beständen sehr gut gewonnen werden. Sinnvoll ist es, die Samen vorzuquellen, damit sie besser keimen, ein warmer Boden begünstigt die Keimung ebenfalls. Auch eine Aussaat im August ist möglich. Kann auch über Stockteilung und Wurzelschnittlinge vermehrt werden.

Anwendungsbereiche

Reizmildernd bei Schleimhautentzündungen im Mund und Rachenraum, der oberen Luftwege sowie im Magen-Darmkanal.

Verarbeitung

Der höchste Wirkstoffgehalt (Schleimstoffe) findet sich in der Wurzel. Der Wurzelstock wird möglichst spät im Herbst ausgegraben, gereinigt, eventuell geschält, zerkleinert und getrocknet. Die Wurzel wird hauptsächlich arzneilich verwendet (Eibischtee: 1 Teelöffel zerkleinerte, getrocknete Wurzelstücke mit 1 Tasse Wasser für eine halbe Stunde kalt ansetzen, dann abseihen, evtl. vor dem Trinken etwas erwärmen). Auch Blätter und Blüten können geerntet und getrocknet werden, sie enthalten im Vergleich zur Wurzel eine deutlich geringere Konzentration an Inhaltsstoffen. Überliefert ist die Verwendung von getrockneten Eibischwurzeln als „natürliches Hustenzuckerl". Auch zahnende Kinder kauten früher Eibischwurzeln. Die englische Bezeichnung für Eibisch lautet übrigens „marshmallow" – das rührt daher, dass er als Zutat für die bekannte amerikanische Süßspeise verwendet wurde (heute bereits durch künstliche Aromen ersetzt). Weiters gebräuchlich ist die Eibischtinktur (Wurzel in Alkohol angesetzt), die mit Zucker oder Honig zu einem Hustensirup weiterverarbeitet werden kann.

Estragon
(Artemisia dracunculus)

Korbblütler *(Asteraceae)*

Das süßliche Aroma des Estragon ist aus der Küche nicht mehr wegzudenken. Es sind drei aromatische Züchtungen verbreitet: Deutscher, Französischer und Russischer Estragon. Als Würzkraut wird hauptsächlich Französischer Estragon (bis 80 cm hoch, nur über Stecklinge vermehrbar) verwendet, er besticht durch sein unverwechselbares feines, süßliches Aroma. Russischer Estragon hingegen wird wegen seines herben, oft bitteren Geschmackes kaum kultiviert. Er ist sehr anspruchslos, erreicht Höhen von bis zu 1,6 m und lässt sich gut über Samen vermehren. Der Deutsche Estragon liegt sowohl aromatisch als auch vom Wuchs her in der Mitte zwischen diesen beiden Züchtungen: er ist anspruchslos, kräftig im Wuchs und auch sehr frostresistent (besonders für raue Lagen geeignet). Deutscher Estragon kann nur vegetativ (Stecklinge, Stockteilung) vermehrt werden. Alle Estragon-Züchtungen sind mehrjährig.

Standort

Wächst gut auf frischen humosen Böden an warmen sonnigen Standorten. Besonders nach der Ernte braucht er ausreichend Feuchtigkeit.

Anbau

Vermehrung über Stecklinge und Stockteilung bei allen Züchtungen möglich. Russischer Estragon kann auch gut gesät werden. Französischen Estragon in rauen Lagen im Winter mit Reisig abdecken.

Anwendungsbereiche

Appetitanregend, verdauungsfördernd, harntreibend.

Verarbeitung

Estragon wird am besten geerntet, wenn die Pflanze Knospen ansetzt, dann entwickelt sie das intensivste Aroma. Nicht tiefer als bis 10 cm über dem Boden schneiden, damit der Neuaustrieb gesichert ist. Zumeist sind zwei Ernten im Jahr möglich. Es können natürlich auch laufend frische Triebspitzen für die Küche gesammelt werden. Am besten wird Estragon frisch verwendet; beim Trocknen oder Einfrieren verliert er an Aroma. Dennoch lohnt sich das Trocknen! Beliebt sind Estragon-Essig, die Verwendung als Gewürz oder in Gewürzmischungen (bekannt auch zum Aromatisieren von selbst gemachtem Senf), Estragontinkturen, Kräuteröl sowie Estragon als Tee und in Teemischungen zur Unterstützung der Nierenfunktion.

(Echte) Kamille
(Chamomilla recutita oder Matricaria chamomilla)

Korbblütler (Asteraceae)

Die Kamille ist eine zierliche einjährige Pflanze, manchmal überwintert sie auch und kommt so auch im Folgejahr zur Blüte. Unter den vielen Kamillearten ist die Echte Kamille diejenige, die vorwiegend arzneilich genutzt wird. Durch ihren innen hohlen Blütenboden und wegen ihres typischen Kamillenduftes ist sie von den anderen Kamillearten gut zu unterscheiden. Sie erreicht eine Höhe von bis zu 80 cm und bildet an günstigen Standorten zahlreiche Blüten.

Standort

Anspruchslose Pflanze, jedoch nicht auf sauren Böden. Besonders gut entwickelt sie sich an mäßig feuchten Plätzen in warmen Regionen. Niedriger Nährstoffbedarf, daher nicht düngen. Bei einem Überschuss an Stickstoff bildet sie viel Kraut und wenig Blüten aus!

Anbau

Gelangen einige Pflanzen zur Samenreife, dann erhält man ausreichend Saatgut für die Kultur im nächsten Jahr. Wird der Samen nicht geerntet, sät sich die Kamille selbst wieder aus. Geerntete Samen sollten noch im Herbst oder im folgenden Frühling gesät werden, da die Keimfähigkeit sehr schnell abnimmt. Bei einer Aussaat im Herbst empfiehlt es sich, nicht vor Anfang September zu säen. Wenn die Pflanzen vor dem Winterfrost zu hoch werden, ist die Gefahr größer, dass es zu Ausfällen kommt. Die Blattrosetten überdauern Fröste jedoch sehr gut. In kälteren Lagen kann früher gesät werden, so dass das Rosettenstadium bis zum Frost erreicht wird. Als Lichtkeimer sollte die Kamille oberflächlich gesät werden. Die Samen sind winzig und können leicht vom Wind verweht werden. Daher am besten säen, wenn die Erde feucht ist und der Samen gut kleben bleibt. Wir mischen den Samen mit etwas Erde; dadurch lässt sich zu dichtes Säen und Auswehung verhindern. Wer in Reihen sät, sollte Abstände von etwa 20 cm einhalten. Kamille keimt schnell, bei günstigen Bedingungen kann bereits nach einer Woche der Keimerfolg begutachtet werden.

Anwendungsbereiche

Entzündungshemmend, wundheilend, beruhigend, krampflösend. Wird bei Entzündungen (Hals, Nase, Ohren, Augen, Rachen) und Hautreizungen als Tee, Inhalation, Umschlag und zum Gurgeln verwendet. Bei Magen-Darmbeschwerden (Krämpfen) und auch bei Menstruationsbeschwerden leistet sie als Tee oder im Wickel gute Dienste. Beruhigende Wirkung auch für Kinder sehr gut.

Verarbeitung

Die Blütenköpfchen werden zur Vollblüte geerntet, wenn sie noch schön kompakt sind (nicht zerfallen) und intensiv duften. Kraut kann auch geerntet und ergänzend für Teemischung und Bäder verwendet werden. Kamillentee (übrigens auch als Haarspülung sehr gut, pflegend, verleiht blonden Haaren Glanz), Kamillenöl, Kamillentinktur, Tee zum Trinken, für Umschläge, Kompressen, Spülungen und zum Inhalieren, auch als Dampfsitzbad (Topf mit heißem Tee in die Toilette stellen und hinsetzen) – sehr gut bei Blasenentzündung, Hautproblemen, Hämorrhoiden oder zur Vorbereitung auf die Geburt während der Wehen (macht den Damm geschmeidig, beruhigt, entspannt).

Verwandte Arten

- **Römische Kamille** *(Chamaemellum nobile, auch Anthemis nobilis genannt):* Hier gibt es gefüllt und nicht gefüllt blühende Formen. Die gefüllten sind nur vegetativ vermehrbar, nicht gefüllte auch über Samen. Für Duftbäder und auch Teemischungen geeignet. Züchtungen häufig für Duftrasen verwendet.
- **Färberkamille** *(Anthemis tinctoria):* Wunderschön und lange blühend, anspruchslos, auch auf trockenen nährstoffarmen Standorten; mehrjährig, starke Selbstaussaat. Zum Färben (Wolle, Leinen, Eierschalen, Haare) und als Bienenweide oder Schmuckpflanze geeignet.

Lavendel
(Lavendula angustifolia [auch als Lavendula officinalis bezeichnet])

Lippenblütler *(Lamiaceae)*

Liebliche blaue Blüten und der Duft der Provence fallen uns spontan ein, wenn wir an Lavendel denken. In der Kosmetikindustrie ist Lavendel stark vertreten und wird daher auch großflächig angebaut. Neben den Lavendelfeldern in Frankreich gibt es auch zahlreiche Lavendelfarmen in Großbritannien, Neuseeland, Australien und den USA. Lavendel ist im Mittelmeerraum beheimatet und kommt vor allem in Gebieten mit Kalkgestein vor. Er ist ausdauernd, verholzend und erreicht eine Höhe – je nach Züchtung – von bis zu 80 cm.

Standort
Sonnige, trockene Standorte. Bevorzugt kalkhaltig leichte Böden. Saure Böden werden schlecht vertragen (daher keinen Rindenmulch verwenden!). Geringer Nährstoffbedarf.

Anbau
Am besten über Stecklinge (Frühling oder Herbst) und Absenker zu vermehren. Platzbedarf je nach Züchtung etwa 60 x 40 cm. Regelmäßiger Rückschnitt (Ernte) sorgt für einen buschigen, schön verzweigten Wuchs, erhält die Blühfreudigkeit und verhindert, dass die Stöcke vorzeitig stark verholzen und auseinanderfallen. Nicht zu spät im Jahr schneiden (Frost!) und nicht zu tief ins alte Holz der Pflanzen (Vitalität!).

Wirkungsbereiche
Beruhigend, krampflösend, schlaffördernd.

Verarbeitung
Je nach Weiterverarbeitung werden die Blüten zur Vollblüte (bei Destillation von ätherischem Lavendelöl, Lavendeltinktur, angesetztem Lavendelöl) oder kurz vor der Vollblüte (für Teemischungen, Gewürze, Badezusatz) geerntet. Auch die Blätter können geerntet werden, haben aber einen herberen Geschmack. Anschließend trocknen, lichtgeschützt und aromasicher lagern. Lavendel trocknet schnell und bewahrt sein Aroma gut. Kann in Teemischungen, Kräutersalzen, Blütenzucker, Gewürzmischungen, als Sirup, Lavendeltinktur und Lavendelöl oder auch in den bekannten Lavendelkissen als Mottenschutz verwendet werden. Besonders beliebt ist das ätherische Lavendelöl als Zusatz zu Naturkosmetik (Seifen, Shampoo, Cremes, Massageöl etc.)

Verwandte Arten
■ **Provence-Lavendel** *(Lavendula x intermedia):* Dies ist der typische französische Lavendel, der hauptsächlich zur Gewinnung von ätherischem Öl angebaut wird. Es gibt verschiedene Züchtungen dieser Art, allen

gemeinsam ist die Auslese auf hohem Ölgehalt und somit intensiven Duft. Provence-Lavendel ist auch unter dem Namen Lavandin bekannt und fällt durch große Blühfreudigkeit und zumeist große Einzelblüten auf. Am bekanntesten ist wohl die Provence-Lavendel-Züchtung „Grosso".

- **Schopflavendel** *(Lavendula stoechas):* Interessantes, zimtig süßlich-herbes Aroma, das eigentlich nicht sofort an Lavendel denken lässt. Bildet über den Blüten einen charakteristischen Schopf aus. Kommt in Spanien und der Türkei wild vor.

Liebstöckel
(Levisticum officinale)

Doldenblütler *(Apiaceae)*

> Unentbehrlich als Suppenkraut; zumindest eine Liebstöckelpflanze sollte in jedem Garten wachsen! Kann ständig frisch für Suppen und Soßen verwendet werden; allerdings nur sparsam, da sie eine sehr große Würzkraft besitzt. Liebstöckel ist eine sehr kräftige ausdauernde, imposante Staude; sie bildet einen großen verzweigten Wurzelstock aus und erreicht Wuchshöhen von bis zu 2 m. Bis auf kleine bodennahe Triebe friert sie oberirdisch im Winter zurück und treibt im nächsten Frühling wieder kräftig aus.

Standort
Bevorzugt tiefgründige (großer Wurzelstock!) nährstoffreiche Böden mit guter Wasserversorgung. Sonnige Lagen sind vorteilhaft, Liebstöckel verträgt aber auch halbschattige Standorte sehr gut. Sehr nährstoffliebend.

Anbau
Kann gut über Samen vermehrt werden, sät sich auch gerne selbst aus. Aussaat entweder direkt mit den frisch geernteten Samen im Spätsommer oder ab April ins Freiland. Aufgrund der langen Keimdauer wird Liebstöckel auch gerne in geschützter Kultur vorgezogen (ab Anfang März) und dann ausgepflanzt.

Anwendungsbereiche
Anregend, magenstärkend, harntreibend, appetitanregend, nervenstärkend, entzündungshemmend, auswurffördernd, aphrodisierend.

Verarbeitung
Es können sowohl Blätter, Samen, Stängel als auch Wurzel gewonnen und verwendet werden. Am häufigsten werden die Blätter frisch verwendet und laufend geerntet. Dabei sollte darauf geachtet werden, dass die inneren Blätter, aus denen die Pflanze nachtreibt, erhalten bleiben und nur die äußeren geerntet werden. Für das Trocknen können ab etwa Juni die Blätter monatlich geerntet werden (etwa 20 cm Abstand vom Boden ein-

halten, um neuen Austrieb zu sichern). Zügiges Trocknen ist wichtig, weil die Blätter sonst schnell vergilben (d. h. ihre schöne Farbe verlieren; hier wird bis zu 60 °C heiß getrocknet!).

Samen werden zur Herstellung von ätherischem Öl verwendet oder zur Neuaussaat gesammelt. Die Wurzel kann im Herbst geerntet werden (erst ab 2. oder besser 3. Jahr, da mehr Ertrag). Sie wird gereinigt, klein zerteilt und getrocknet. Liebstöckelwurzel *(Levistici radix)* wird hauptsächlich arzneilich in der so genannten Durchspülungstherapie (Unterstützung der Nierenfunktion, bei entzündlichen Harnwegerkrankungen) verwendet sowie bei Rheuma und Gichtschmerzen als Tee oder pulverisiert eingenommen. In Wein angesetzt (10 Tage, dann filtrieren), wird sie bei Völlegefühl und Sodbrennen verwendet. Bei Unterleibsproblemen soll ein Bad aus einem Levisticum-Absud (Blätter und Wurzel) hilfreich sein. Die Wurzel kann auch in Alkohol als Tinktur ausgezogen oder in Öl angesetzt werden. Die Wirkungen und Anwendungsbereiche sind vielfältig. Überliefert ist auch die aphrodisierende Wirkung von Liebstöckel, das daher Bestandteil alter überlieferter Liebesträume war.

Majoran
(Origanum majorana oder auch Majorana hortensis)

Lippenblütler *(Lamiaceace)*

Eines unserer wichtigsten Gewürze ist der Majoran. Es ist ein kleiner Halbstrauch, der bei uns meist einjährig gehalten wird, da er kaum Frost verträgt. In warmen Regionen des Mittelmeerraumes kommt er mehrjährig vor. Er wird je nach Züchtung 30 bis 40 cm hoch und bildet charakteristische Köpfchen aus – die Blütenknospen. Einige Züchtungen sind in geschützten Lagen auch bei uns winterhart und sorgen für mehrjährigen Majoran-Genuss.

Standort
Wie Oregano liebt auch Majoran sonnig-warme, kalkhaltige Standorte, dort entwickelt er sein intensives Aroma. Am liebsten auf humosem, durchlässigem Boden. Kommt mit Trockenperioden gut zurecht. Reagiert empfindlich auf Staunässe. Gedeiht gut auf nahrhaften Gartenböden, kommt aber auch an weniger nährstoffreichen Standorten zurecht – dort allerdings kleinwüchsiger. Geringe Frostverträglichkeit, daher auf besonders geschützte Standorte achten.

Anbau
Aussaat ins Freiland ab Mai möglich. Das Saatgut ist sehr klein, daher sollte das Saatbeet gut vorbereitet werden (feinkrümelig). Wie bei Oregano sehr seicht säen. Die Jungpflanzen entwickeln sich sehr langsam. Geschützte Vorkultur im Gewächshaus oder Frühbeet ist oft die bessere Variante.

Anwendungsbereiche

Appetitanregend, verdauungsfördernd, blähungstreibend, hustenstillend.

Verarbeitung

Geerntet wird Majoran, wenn sich bereits Knospen gebildet haben, die Blüten sich aber noch nicht geöffnet haben. Dann ist Majoran am aromatischsten. Nicht zu tief schneiden (5 cm über Boden), dann treibt die Pflanze wieder gut nach und eine zweite Ernte ist möglich. Die Blütenknospen und Blätter werden getrocknet und anschließend abgerebelt. Aromasicher lagern. Majoran findet vielfältige Verwendung als Gewürz und in Gewürzmischungen, als Tee, Tinktur; in Salbe eingearbeitet (gut zum Einmassieren für Babys mit Bauchschmerzen), als Majoranöl (für die Küche und zum Einreiben bei Blähbauch und Krampfadern) sowie als duftender Badezusatz in Verwendung.

Verwandte Arten

- **Sizilianischer Majoran** *(bzw. Oregano) (Origanum x majoricum):* Eine Kreuzung zwischen Majoran und Oregano, wird bis zu 80 cm hoch, sieht im Wuchs dem oben beschriebenem Majoran sehr ähnlich. Geschmacklich eine sehr würzige Mischung aus Oregano und Majoran. Kann nur vegetativ (Stecklinge, Stockteilung) vermehrt werden. Winterhart, im schneelosen kalten Winter jedoch sicherheitshalber abdecken.
- **Griechischer Majoran** *(Origanum majorana-Züchtung):* Sieht wie Gartenmajoran aus und schmeckt auch so. Erreicht eine Höhe von etwa 30 cm. Winterhart, in einem schneelosen kalten Winter jedoch sicherheitshalber abdecken.

Malve
(Malve sylvestris L. ssp. Mauritiana)

Malvengewächse *(Malvaceae)*

Wunderschön blühende, stattliche Pflanze, die eine Höhe von bis zu 1,8 m erreichen kann. Wächst an Böschungen oder windigen Standorten auch gerne in die Breite und wird dort nicht so hoch. Die Malve ist einjährig, manchmal überdauert sie jedoch den Winter und kommt im zweiten Jahr nochmals zur Blüte. Die Blüten stehen in den Blattachseln und sind intensiv violett gefärbt. Bildet reichlich Samen aus.

Standort

Bevorzugt humose sonnige Standorte. Staunässe und verdichtete Böden werden schlecht vertragen. In schattigen Lagen bildet sie weniger Blüten aus. Ebenso nährstoffliebend wie Minze und Melisse.

Anbau

Saatgut kann sehr gut aus den eigenen Beständen gewonnen werden. Ab Mitte April kann direkt ins Freiland gesät werden. Vorkultur im Gewächshaus Anfang März; pikieren und auspflanzen Anfang Mai ist ebenso möglich. Pflanzabstand 60 x 40 cm. Die Pflanzen bilden oft mehrere Triebe und verzweigen sich stark. An windigen Standorten oder Böschungen sind Stützen sinnvoll, wenn ein aufrechter Wuchs erwünscht ist.

Anwendungsbereiche

Bei Erkältungskrankheiten, Entzündungen im Mund- und Rachenraum, bei Magen-Darmentzündungen sowie als so genannte Schmuckdroge (d. h. zur optischen Bereicherung von Teemischungen).

Verarbeitung

Getrocknete Blüten mit oder ohne Blütenkelch werden ab Beginn der Blütezeit (gegen Ende Juni) laufend geerntet. Haupterntezeit ist im Juli. Die Blüten sollten beim Trocknen sehr locker aufgelegt werden, da sie leicht zusammenkleben. Beim Trocknen dunkeln sie etwas nach und nehmen eine sehr schöne dunkelviolette bis blaue Farbe an. Blätter können in der Hauptblüte ebenfalls geerntet werden, dabei sollte aber darauf geachtet werden, die Pflanzen nicht zu tief abzuschneiden, damit sie nochmals austreiben können und eine weitere Ernte im Spätsommer möglich ist.

Verwandte Arten

■ **Schwarze Malve** *(Alcea rosea bzw. Althea rosea):* Auch als Stockrose oder Bauernrose bekannt; ist eine sehr imposante, typische Bauerngartenpflanze, die bis zu 2 m hoch wird und sehr große, violett-schwarze Blüten ausbildet. Wird zwei- bis dreijährig kultiviert, bildet zahlreiche Samen aus. Die Blüten können ebenfalls für Tee und Kräuterbäder verwendet werden.

■ **Wilde Malve oder Käsepappel** *(Malva sylvestris bzw. Malva neglecta):* Ist die wilde Verwandte der oben beschriebenen Mauritanischen Malve. Sie ist äußerst anspruchslos und kommt an sonnigen Hängen und Wegrändern vor. Wuchsform und Blüte sind der oben beschriebenen sehr ähnlich, allerdings ist sie insgesamt etwas zierlicher und die Blütenfarbe ist heller (rosarot bis hellviolett). Wird sehr gerne auch für Hustenteemischungen verwendet, da sie Schleimstoffe bildet und zur Linderung von Hustenreiz und Erkältungsbeschwerden beitragen kann.

Melisse
(Melissa officinalis)

Lippenblütler *(Lamiaceae)*

Die Melisse ist aufgrund ihres frischen zitronigen Aromas auch als Zitronenmelisse bekannt. Es ist eine ausdauernde Pflanze, die bis zu 80 cm hoch werden kann. In den Blattachseln entwickeln sich ab Juli die Blüten.

Standort

Wächst gut auf humosen warmen Standorten. Staunässe vermeiden, jedoch auch nicht ausgesprochene Trockenstandorte wählen, da es sonst leicht zum Vergilben der Blätter kommt (Chlorose). Gute Luftzirkulation sorgt für gesunden Wuchs. Wächst auch in halbschattigen Lagen zufriedenstellend, höherer Gehalt an Inhaltsstoffen allerdings in sonnigen Lagen.

Anbau

Stockteilung, Stecklinge oder Aussaat. Die Sämlinge entwickeln sich sehr langsam, daher ist eine Vorkultur sinnvoll: Aussaat im Gewächshaus ab Mitte März, Auspflanzung ab Mai. Jungpflanzen sind noch frostempfindlich. Pflanzabstände 30 x 50 cm. Sehr nährstoffliebend. Mulchen und bei intensiver Kultur (mehrfachem Schnitt) mit Kräuterjauche oder gut abgelagertem Mist düngen.

Anwendungsbereiche

Verdauungsfördernd, blähungsmindernd, krampflösend, schweißtreibend, beruhigend.

Verarbeitung

Ernte vor der Blüte mehrmals möglich. Letzter Schnitt Mitte September, da bei späterer Ernte Gefahr von Frostschäden größer ist. Um nach der Ernte den Neuaustrieb der Pflanzen zu sichern, sollte nicht tiefer als etwa 10 cm über dem Boden geschnitten werden. Verwendung: Blätter frisch oder getrocknet in Teemischungen, als Tinktur (Melissengeist), Melissenöl, Melissensirup, in Kräuterlikören, als Gewürz (Kräuterbutter, Aufstriche, Süßspeisen) oder Kräuterbad.

Oregano
(Origanum vulgare)

Lippenblütler *(Lamiaceae)*

Oregano ist als Zutat von Pizzagewürzen in aller Munde. Der daheim gezogene Oregano entspricht aber zumeist nicht dem Geschmack des gekauften Pizzagewürzes. Das liegt daran, dass Oregano eher als ein bestimmter Geschmack als eine bestimmte Pflanzenart bezeichnet werden kann. Der oben angeführte ist der wildwachsende Oregano, auch Dost genannt. Die frischen Blätter schmecken pfeffrig würzig. Aus dieser Art haben sich zahlreiche Züchtungen entwickelt, die auf Aroma, Großblättrigkeit und hohe Würzkraft hin ausgelesen wurden. In Oregano-Gewürzmischungen finden sich von Oregano-Thymian über Majoran, Monarda bis hin zu Verbenen-Arten die unterschiedlichsten Gattungen wieder. Majoran und Oregano sind übrigens sehr eng verwandt, sie gehören beide der Gattung Origanum an *(Majoran bot. Origanum majorana)*. Oregano ist eine ausdauernde Staude, die je nach Züchtung bis zu 60 cm hoch werden kann. Sie ist sehr blühfreudig und wird gerne von Bienen aufgesucht.

Standort
Liebt sonnig-warme, kalkhaltige Standorte, dort entwickelt er sein intensives Aroma. Kommt mit Trockenperioden gut zurecht. Reagiert empfindlich auf Staunässe. Gedeiht gut auf nahrhaften Gartenböden, kommt aber auch an weniger nährstoffreichen Standorten zurecht – dort allerdings kleinwüchsiger.

Anbau
Oregano kann sehr gut über Stockteilung vermehrt werden, es lassen sich aus einem Stock mehrere Einzelpflanzen ziehen. Diese wachsen schnell an und bringen bereits im ersten Jahr gute Erträge. Die geeignete Jahreszeit dafür ist der Frühling. Oregano kann auch gesät werden; er gehört zu den Lichtkeimern. Allerdings dauert es recht lange, bis die Saat aufgeht, daher ist eine geschützte Vorkultur oft sinnvoller als die Direktsaat ins Freiland.

Wirkungsbereiche
Appetitanregend, antimikrobiell, hustenreizlindernd, wird bei krampfartigen Verdauungsbeschwerden verwendet bzw. bei Entzündungen im Mund und Rachenraum eingesetzt.

Verarbeitung
Blätter und Blüten werden zu Blühbeginn geerntet und getrocknet, anschließend abgerebelt und aromasicher verwahrt. Wenn die Pflanze gut nachtreibt, ist eine zweite Ernte möglich. Verwendung als Gewürz sowie in Gewürzmischungen, als Tee und in Teemischungen (zum Gurgeln, Trinken oder Inhalieren), in Kräuterölen, als Tinktur oder als Badekraut.

Petersilie
(Petroselinum crispum)

Doldenblütler *(Apiaceae)*

Unentbehrlich in der Küche zum Würzen, Garnieren und als Lieferant von Vitamin C. Petersilie ist zweijährig, bildet im ersten Jahr etwa 30 cm hohe Rosetten aus, im zweiten Jahr geht sie in die Blüte und bildet eine bis zu 1,2 m hohen Samenstand (Dolde). Zur Samenernte empfiehlt es sich, die Samenstände zu stützen, damit sie nicht umfallen.

Standort
Bevorzugt humose Böden mit guter Wasserversorgung. Bei Anbau von Wurzelpetersilie sind tiefgründige Böden vorteilhaft.

Anbau
Aussaat frühestens ab März bis Juli direkt ins Freiland. Wenn der Boden noch kalt ist, dauert die Keimung und Entwicklung der Jungpflanzen länger. Wer einige Samenstände ausreifen lässt, erhält genügend Saatgut für die neue Kultur im Folgejahr. Es empfiehlt sich, Petersilie immer wieder an verschiedenen Standorten auszusäen (Anbaupause einlegen, damit der Boden nicht ermüdet).

Anwendungsbereiche
Appetitanregend, krampflösend, wassertreibend (unterstützt die Nierenfunktion).

Verarbeitung
Es können laufend frische Blätter geerntet und verwendet werden. Die Blätter verlieren beim Trocknen viel Aroma, es sollte schnell getrocknet werden, jedoch nicht über 40 °C. Aromatischer bleiben die Blätter, wenn sie eingefroren werden. Zur Verwendung nicht mitkochen, sondern erst am Schluss über die Speisen streuen und etwas ziehen lassen. Petersilie-Tee wird für Frühlingskuren (entwässernd) verwendet und als Blasentee getrunken (nicht für Schwangere; regt die Gebärmutter an!). Ein überliefertes Rezept von Hildegard von Bingen beinhaltet ebenfalls die Petersilie; für den „Herzwein" wird Petersilie mit Wein und etwas Essig aufgekocht, Honig beigefügt, abgeseiht und abgefüllt. Dieser „Herzwein" soll laut Hildegard von Bingen der Entwässerung und Stärkung des Herzens dienen.

Pfefferminze
(Mentha x piperita)

Lippenblütler *(Lamiaceae)*

Minzen sind ausdauernde Kräuter, deren oberirdischer Anteil im Herbst abstirbt. Im Frühling treiben sie wieder neu aus. Die Blütezeit erstreckt sich von Juli bis in den Herbst. Man unterscheidet zwischen Edelminzen, die aus Züchtung und Verkreuzung bestimmter Arten hervorgegangen sind, und natürlich vorkommenden Minzen. Edelminzen sind nicht samenfest, d. h., sie lassen sich nicht durch Aussaat, sondern nur vegetativ (Teilung, Ausläufer, Stecklinge) vermehren. Die Pfefferminze ist die wohl bekannteste Edelminze. Sie ist aus einer Kreuzung von Wasserminze *(Mentha aquatica)* und Grüner Minze *(Mentha spicata)* hervorgegangen. Durch ihr frisches, intensives Aroma hat sie sich zur beliebten Teeminze entwickelt. Verantwortlich für das erfrischende Aroma ist das Menthol, das ätherische Öl der Minze, welches hauptsächlich in den Blättern eingelagert wird.

Weitere Edelminzen: Ananas-Minze (weiß-grün gefleckte Blätter, interessanter Geruch – allerdings nicht nach Ananas), Erdbeer-Minze (zierliche Blätter mit verblüffendem Erdbeerduft), Orangen-Minze (sehr fruchtiges Aroma, erinnert an Bergamott-Orange, wenig Menthol), Marokkanische Minze (arabische Teeminze, wird ungetrocknet zumeist mit heißem Wasser überbrüht, schmeckt aber auch getrocknet hervorragend, sehr intensiv, mentholstark), Mojito-Minze (wird für den bekannten Cocktail verwendet, schmeckt aber auch als Tee), Kärntner Nudelminze (Zutat der Kärntner Kasnudeln) u. v. m.

Standort
Frischer humoser Boden. Aufgrund ihrer Herkunft ist die Minze feuchtigkeitsliebend. Trockene Standorte verträgt sie nicht gut. Staunässe sollte trotzdem vermieden werden! Besonders hoher Gehalt an Inhaltsstoffen an warmen, sonnigen und windgeschützten Standorten. Kommt mit halbschattigen Lagen noch gut zurecht.

Anbau
Im Herbst Ausläufer aus vorhandenen Beständen ausgraben und zur Vermehrung in Furchen (10 cm tief) auslegen (bis Mitte Oktober). Ausläufer sollten etwa 20 cm lang sein (eine Handspanne). Mit Erde bedecken. Reihenabstand etwa 50 cm. Auch im Frühling kann der Pfefferminzbestand vermehrt werden, allerdings ist der Ertrag im ersten Jahr bei Herbstanbau besser. Vermehrung über Kopfstecklinge möglich. Sehr nährstoffliebend. Mulchen und bei intensiver Kultur (mehrfachem Schnitt) mit Kräuterjauche oder gut abgelagertem Mist düngen.

Anwendungsbereiche
Appetitanregend, verdauungsfördernd, blähungstreibend, krampflösend, galletreibend.

Verarbeitung

Ernte vor der Blüte, mehrmals möglich. Verwendung: Blätter frisch oder getrocknet als Tee und zum Würzen von Süßspeisen, Hauptgerichten und Salaten. Pfefferminzsirup, Pfefferminzöl, Pfefferminztinktur, gut im Kräuterbad und zum Inhalieren.

Ringelblume
(Calendula officinalis)

Korbblütler *(Asteraceae)*

Leuchtend orange bis dunkelgelb blühende einjährige Pflanze. Erreicht eine Wuchshöhe von etwa 70 cm. Manchmal überwintert sie und blüht auch im Folgejahr. Sehr beliebte Bauerngartenblume, da sie lange und reichlich blüht und sehr anspruchslos ist. Neben anderen Inhaltstoffen enthält sie auch Carotinoide, die als Farbstoffe u. a. in der Lebensmittelindustrie verwendet werden. Sollte in keinem Hausgarten fehlen!

Standort

Anspruchslos, liebt warme Standorte, nicht zu feucht und nicht zu trocken, besonders schöne Blütenbildung an sonnigen Standorten.

Anbau

Reifen die Samen aus, ergibt sich genügend Saatgut für die weitere Kultur. Ringelblumen säen sich auch selbst sehr gut wieder aus. Gesät wird am besten ab Anfang April breitwürfig, die Pflanzen sollten nicht zu dicht stehen; sie brauchen Platz und Luft (ansonsten Mehltaugefahr). Bei Stickstoffüberschuss bildet sich viel Grünmasse und weniger Blüte.

Anwendungsbereiche

Wundheilend, entzündungshemmend, krampflösend.

Verarbeitung

Die Blütenköpfchen werden zur Vollblüte (etwa ab Mitte Juli, dann laufend) geerntet und locker zum Trocknen aufgelegt, damit sie nicht zusammenkleben. Die Köpfchen trocknen langsam, es ist von Vorteil, sie ab und zu wenden. Nach dem Trocknen werden die Zungenblüten abgezupft. Manchmal werden auch die ganzen Blüten verwendet. Verwendung: sehr beliebt in Teemischungen (auch als so genannte Schmuckdroge – macht die Mischung bunt), als Ringelblumenöl (Hautpflege, Massageöl, Basis für Ringelblumensalbe), Ringelblumentinktur, in Kräuterbadmischungen und zur Herstellung der beliebten Ringelblumensalbe. Schöne Bereicherung von Gewürzsalz, Salaten, Aufläufen und Aufstrichen. Die getrockneten Blüten unbedingt lichtgeschützt verwahren, damit sie nicht ausbleichen!

Rosmarin
(Rosmarinus officinalis)

Lippenblütler *(Lamiaceae)*

Die Brise des Mittelmeeres bringt dieser attraktive, immergrüne Halbstrauch in den Garten. Wild kommt Rosmarin an kalkigen Felsküsten des Mittelmeerraumes vor. An geeigneten Standorten erreicht er eine Höhe von 1,2 m. Im zeitigen Frühjahr bereits ab März bilden sich die zarten hellblauen Blüten aus, die ebenso wie die ledrigen Blätter sehr aromatisch sind. Rosmarin verholzt sehr stark.

Standort
Bevorzugt sonnig-trockene, kalkreiche Standorte. Durchlässige Böden von Vorteil. Reagiert sehr empfindlich auf Staunässe.

Anbau
Vermehrung über Kopfstecklinge in geschützter Vorkultur: Auspflanzung der gut bewurzelten Stecklinge ab Mitte Mai nach Frostgefahr. Aussaat im Gewächshaus möglich, die Sämlinge entwickeln sich aber sehr langsam! An geschützten Plätzen pflanzen, Winterschutz (mit Reisig abdecken) oder im Topf im Haus kühl und hell überwintern und nicht zu viel gießen!

Anwendungsbereiche
Rosmarin belebt die Sinne! Seine Wirkung wird als appetitanregend, kreislaufunterstützend bzw. insgesamt anregend, durchblutungsfördernd, antibakteriell und nervenstärkend beschrieben.

Verarbeitung
Unverholzte Triebspitzen können laufend geerntet werden, allerdings nicht zu spät im Jahr, damit die Pflanze im Winter nicht erfriert. Die Triebe werden im Ganzen getrocknet, die nadelähnlichen Blätter anschließend abgestreift und im Ganzen aufbewahrt. Zerkleinerte Blätter verlieren schnell ihr intensives Aroma, daher erst kurz vor der Verwendung schneiden oder im Mörser zerstoßen. Verwendung: sehr gutes Gewürz für Fleischgerichte, Kartoffeln, Gemüseaufläufe, Marinaden, Aufstriche. Rosmarinöl, Rosmarinessig, Rosmarinwein, Rosmarintinktur, weiters in Teemischungen, Kräuterbädern und Duftkissen – allen gemein ist die anregende und belebende Wirkung des Rosmarin auf Körper und Geist. Daher wird er besonders bei Schwächezuständen verschiedenster Ursache verwendet.

Salbei
(Salvia officinalis)

Lippenblütler *(Lamiaceae)*

Die Heimat des beliebten Kleinstrauches ist der Mittelmeerraum. Salbei wird etwa 70 cm hoch, wächst stark verzweigt und verholzt mit zunehmendem Alter. Die hellgrauen Blätter sind samtig und verströmen bei Berührung den charakteristischen herben Duft. Neben ätherischem Öl enthält er auch Gerb- und Bitterstoffe sowie Thujon. Durch die frühe und üppige Blüte (ab Mai) ist Salbei eine besonders gute Bienenweide. Der Name Salvia leitet sich vom lateinischen salvare (heilen) bzw. salvere (gesund sein) ab, was schon zu erkennen gibt, dass wir es hier mit einer sehr heilkräftigen Pflanze zu tun haben.

Standort

An warmen und windgeschützten Standorten wächst Salbei besonders gut. Bevorzugt basische Böden (gute Kalkversorgung). Staunässe wird schlecht vertragen, trockene Perioden machen hingegen nichts. Ansonsten anspruchslos, geringer Nährstoffbedarf. Mulchen bei längerer Kultur zur Nährstoffversorgung ausreichend. Direkte Düngung mit Mist wird schlecht vertragen. In sehr kalten Regionen (Höhenlagen) kann Winterschutz (mit Reisig abdecken) nötig sein. Bis −15 °C problemlos ohne Schutz zu überwintern.

Anbau

Reiche Samenbildung, sät sich an günstigen Standorten auch selbst aus. Bei Aussaat im Freiland warten, bis sich der Boden ausreichend erwärmt hat (ab Anfang Mai). Vorkultur im Gewächshaus ist ebenfalls möglich (Aussaat im März, Auspflanzen im Mai). Für eine gute Entwicklung sollte für eine Pflanze etwa 40 x 20 cm Platz berechnet werden. Kann auch gut über Kopfstecklinge vermehrt werden. Kräftiger Rückschnitt (bis auf etwa 15 cm) im Frühling des zweiten Jahres fördert die Bildung vieler neuer Triebe und ermöglicht eine gute Blatternte. Ansonsten verholzt die Pflanze und bildet einen schönen Kleinstrauch.

Anwendungsbereiche

Desinfizierend, entzündungshemmend, zusammenziehend (= adstringierend), sekretionshemmend (Milch-, Speichel- und Schweiß-Sekretion).

Verarbeitung

Verwendet werden die frischen und getrockneten Blätter. Die Ernte erfolgt vor der Blüte, es werden die unverholzten Triebe geerntet. Die Pflanze treibt nach der Ernte wieder gut aus. Wichtig ist, nie einzelne Blätter herauszuzupfen – dabei wird kein Neuaustrieb angeregt und der Stock verkahlt. Salbei trocknet langsam – bei schneller Trocknung behält er sein Aroma besser; daher ist es empfehlenswert, die Blätter vor dem Trocknen vom Stängel zu zupfen. Für die Destillation von ätherischem Öl sollte Salbei in der Zeit der Vollblüte geerntet werden.

Verwendung: Salbei ist ein gutes Küchengewürz und wird für Fleischgerichte, Gemüse, Aufläufe, Marinaden, Suppen und Fisch verwendet. Klein geschnitten und in Butter ausgezogen, ergibt er eine hervorragende Soße für Nudelgerichte, die Blätter können auch in Omelettenteig gebacken und genossen werden. Für Kräutersalz gut geeignet. Salbeitee wird pur (zum Gurgeln bei Halsschmerzen, Entzündungen im Rachenraum, als Tee) oder in Teemischungen verwendet. In Essig angesetzt (Salbeiessig), schmeckt er lecker in Salaten oder kann verdünnt als Gesichtslotion oder Haarkur verwendet werden. Weiters werden Umschläge und Sitzbäder mit Salbei gemacht. Auch Salbeiwein ist sehr beliebt.

Verwandte Arten

- **Muskatellersalbei** *(Salvia sclarea):* Sehr großwüchsige Staude, zweijährig, intensives Aroma während der Blüte, sehr gute Bienen- und Hummelweide, wird hauptsächlich zur Gewinnung des ätherischen Öls verwendet. Einfache Samengewinnung und gute Selbstaussaat. Anspruchslos.
- **Ananassalbei** *(Salvia rutilans):* Süßlich-aromatisch duftende Blätter, gut für Süßspeisen, in Marmeladen und Sirupen, wunderschöne purpurrote Herbstblüte bis in den November hinein, anspruchslos, sehr großwüchsig, einfach über Stecklinge vermehrbar, frostempfindlich.
- **Mandarin-Salbei** *(Salvia elegans):* Eng verwandt mit dem Ananassalbei, Blüte und Verwendung ähnlich, jedoch zierlicher im Wuchs, fruchtiges Aroma, Stecklingsvermehrung, frostempfindlich.
- **Schweizer Salbei bzw. Dalmatinischer Salbei** *(Salvia officinalis-Varietäten):* Speziell auf kulinarische Verwendung hin gezüchtet, bildet sehr große Blätter aus, kaum Blüten. Aroma nicht so intensiv wie beim klassischen Gartensalbei. Winterhart.
- **Peruanischer Salbei, Weißer Salbei:** siehe ➜ Seite 154.

Schafgarbe
(Achillea millefolium)

Korbblütler *(Asteraceae)*

Die Schafgarbe ist wohl eine der vielfältigsten und wirksamsten Heilpflanzen, die bei uns heimisch sind. Abgesehen davon ist sie auch noch wunderschön anzusehen mit ihren schneeweißen bis hellrosa Blüten und den gefiederten Blättern. Die Schafgarbe ist ausdauernd, wird bis zu 80 cm hoch. Sie kommt wild auf Wiesen, Feld- und Wegrändern vor.

Standort
Sehr anspruchslos, überdüngte Wiesen und feuchte Standorte werden jedoch gemieden.

Anbau
Am besten über Stockteilung (Frühling oder Herbst) zu vermehren. Vermehrung auch über Stecklinge, Direktsaat (Anfang September) oder Aussaat in geschützter Vorkultur (ab Mitte März) möglich.

Anwendungsbereiche
Entzündungshemmend, krampflösend, verdauungsfördernd, menstruationsregulierend. Wird u. a. bei Magenschmerzen, Bauchschmerzen, Durchfall, Blasenschwäche, Unterleibskrämpfen und zur Anregung des Gallenflusses eingesetzt.

Verarbeitung
Blüten und Kraut werden zur Zeit der Vollblüte geerntet (Juni bis Juli). Die Pflanzen werden dazu etwa 10 cm über dem Boden geschnitten. Die Schafgarbe treibt nach der Ernte wieder neu aus und so ist eine zweite Ernte möglich. Anschließend wird getrocknet – am besten die Blüte vor dem Trocknen abschneiden und das Kraut vom Stängel abstreifen.
Verwendung: Wird als Tee und in zahlreichen Teemischungen, in Obstler angesetzt als hochwirksamer Schafgarbenschnaps (Tinktur), in Kräuterbittern, Likören, Kräuteressig, Kräuter- und Kräuterdampfbädern verwendet. In der Küche wird sie, getrocknet, als Gewürz zu Eier- und Kartoffelgerichten oder, frisch, zum Würzen von Salaten und Gemüse verwendet. Aus frischen Blüten kann Sirup, Kräuterwein und Kräuterlimonade gemacht werden.

Verwandte Arten
Aufgrund der schönen Gestalt und Blüte sind viele Zierformen der Schafgarbe im Handel, die nun in zunehmendem Maße in Staudenrabatten zu finden sind. Die Wirkstoffgehalte dieser Züchtungen sind fraglich, die Schafgarbe verkommt zur bloßen Zierpflanze. Wir empfehlen daher, auch für die Staudenrabatte die heilkräftige, oben beschriebene Wildform zu verwenden; Saatgut oder Jungpflanzen sind auf der Wiese nebenan oder in der gut sortierten Kräutergärtnerei erhältlich.

Schnittlauch
(Allium schoenoprasum)

Lauchgewächse *(Alliaceae)*

Die unbestrittene Nummer 1 der meist verwendeten Kräuter! Gibt Suppen, Aufstrichen und allerlei Gerichten den letzten Schliff und eine gute Portion Vitamin C und A. In der Blüte ist er eine Zierde für den Garten und sogar schön im Blumenstrauß; die Blüten sind übrigens auch essbar und sehr dekorativ in Salaten. Schnittlauch ist ausdauernd, wird etwa 40 cm hoch und sät sich auch selbst aus.

Standort
Lockere nährstoffreiche Böden mit guter Wasserversorgung.

Anbau
Über Aussaat oder Stockteilung im Frühling sehr einfach möglich. Alle zwei Jahre durch Stockteilung und Umpflanzung verjüngen. Freut sich über Kompostgaben (reifer Kompost!) im Frühling.

Anwendungsbereiche
Stoffwechselanregend, appetitanregend, vertreibt die Frühjahrsmüdigkeit, Vitaminlieferant.

Verarbeitung
Schnittlauch wird am besten frisch genossen, nicht mit gekocht, sondern am Schluss den Speisen beigefügt. Trocknen ist nicht empfehlenswert, besser behält er sein Aroma, wenn er eingefroren wird. Allerdings erübrigt sich dies, wenn über den Winter ein paar Stöcke auf die Fensterbank geholt werden. Die liefern den Winter über stetig frisches Grün.

Verwandte Arten
- **Schnittknoblauch** *(Allium tuberosum):* Sieht fast wie Schnittlauch aus, bildet aber eher flachgedrückte dickere Blätter. Kann wie Schnittlauch verwendet werden – vor allem auch in Saucen, Marinaden und Aufläufen sehr lecker. Zum typischen Schnittlaucharoma gesellt sich ein milder Knoblauchgeschmack. Ausdauernd und einfach zu kultivieren. Über Stockteilung und Samen zu vermehren.
- **Winterheckezwiebel** *(Allium fistulosum):* Ausdauernde, winterharte Zwiebelart, von der vor allem die oberirdischen Anteile (Röhren) geerntet und wie Lauchgemüse verwendet werden. Winterheckezwiebeln liefern bereits im zeitigen Frühjahr das erste Grün, und zwar sehr ausgiebig. Einfach zu kultivieren (guter Gartenboden) und durch Saatgut oder Stockteilung zu vermehren.

Thymian
(Thymus vulgaris)

Lippenblütler *(Lamiaceae)*

> Thymian ist ein zierlicher Halbstrauch mit würzigem Aroma, üppiger hellrosa Blüte und einer wunderbaren Heilwirkung. Als Gewürz und Heilkraut ist er aus dem Garten nicht mehr wegzudenken. Thymian ist ausdauernd, immergrün und wird etwa 30 cm hoch. Mit zunehmendem Alter verholzen die Stöcke. Das ätherische Öl enthält vor allem Thymol. Es gibt zahlreiche Züchtungen, die als Gewürz- und dekorative Polsterpflanzen eingesetzt werden.

Standort

Thymian ist eine anspruchslose Pflanze mit geringem Nährstoffbedarf. Er verträgt auch sommerliche Trockenperioden sehr gut. Ausreichende Feuchtigkeit ist – wie bei allen Kräutern – in den sensiblen Phasen (Anwuchsphase, Stecklingsvermehrung, …) wichtig. Staunässe verträgt er nicht. Der in unseren Breitengraden verwendete Thymian wird auch als „Deutscher Thymian" bezeichnet und ist winterhart. Er darf jedoch nicht zu spät im Jahr geschnitten werden (bis Anfang September, Ausbildung der Holzreife vor dem Frost nötig!). In sehr kalten Gebieten und Höhenlagen sollte er sicherheitshalber über den Winter mit Reisig abgedeckt werden.

Anbau

Aussaat in geschützter Vorkultur bis Mitte März, Auspflanzen etwa ab Ende Mai. Eine Aussaat direkt ins Freiland ist möglich, allerdings schwierig, weil das Saatgut sehr klein ist (1000 Samen wiegen etwa 0,25 g!) und die Saat anfangs langsam wächst – die Beikräuter sind mit Sicherheit schneller und verdrängen die Jungpflanzen leicht. Stockteilung und Vermehrung über Stecklinge sind möglich.

Wirkungsbereiche

Schleimlösend, auswurffördernd, keimhemmend, krampflindernd, kräftigend – in verschiedenen Verarbeitungen als Hustenmittel sehr beliebt.

Verarbeitung

Das Kraut (Blätter und unverholzte Stängel) wird vor der Blüte geerntet. Nicht zu tief ins alte Holz schneiden, um die Vitalität der Stöcke nicht zu gefährden. Die Ernte wird getrocknet und anschließend abgerebelt (d. h., die Blätter werden von den Stängeln abgestreift). Er wird als Gewürz pur oder in Mischungen, in Kräutersalz, als Tee oder in Teemischungen, ausgezogen in Alkohol als Tinktur oder auch als Likör und Hustensirup weiterverarbeitet sowie als Thymianöl oder in Essig angesetzt verwendet. Unentbehrlich für Küche und Hausapotheke!

Verwandte Arten

- **Quendel** *(Thymus serpyllum):* ist der wilde Verwandte des *Thymus vulgaris* und kommt in unseren Breiten auch wild vor. In Küche und Hausapotheke wird er ähnlich dem Gartenthymian verwendet, allerdings enthält er weniger Thymol. Im Wuchs ist er flacher und bildet schöne Polster aus, die bodennahen Triebe bewurzeln gerne und so breitet er sich an günstigen Standorten gerne aus. Verholzt nicht so wie der Gartenthymian. Quendel verträgt es gut, wenn er ab und zu als Sitzpolster verwendet wird.
- **Zitronenthymian** *(Thymus citriodorus):* Anspruchslos, sehr aromatisch und sehr gut als Gewürz im Kräutertee, als Sirup, in Kräuteressig, Öl oder als Kräuterbad. Für therapeutische Zwecke sollte allerdings lieber auf *Thymus vulgaris* zurückgegriffen werden.
- Es gibt Hunderte von Thymianarten und Züchtungen; einige weitere, speziell für die Bepflanzung von lebenden Kräutermöbeln finden Sie auf ➜ Seite 142.

Ysop
(Hyssopus officinalis)

Lippenblütler *(Lamiaceae)*

Ysop ist als Gewürz- und Heilpflanze in unseren Gärten noch nicht sehr weit verbreitet. Das ist schade, handelt es sich hier doch um eine äußerst attraktive, aromatische und heilkräftige Pflanze. Ysop stammt aus den Bergregionen des Mittelmeerraumes und ist dementsprechend einfach in unseren Breitengraden zu kultivieren. Auffällig ist der üppige Blütenschmuck, der auch von Bienen und Hummeln sehr geschätzt wird. Ysop bildet zahlreiche lila Blüten aus, es gibt auch rosa oder weißblühende Züchtungen. Ysop ist ein mehrjähriger verholzender Kleinstrauch mit schönem aufrechten Wuchs und wenig verzweigten Stängeln.

Standort
Anspruchslos, liebt trockene, warme, sonnige und kalkhaltige Standorte. Wächst auch auf nährstoffarmen Böden gut. Keine Staunässe!

Anbau
Bildet zahlreiche Samen, die einfach geerntet werden können. An günstigen Standorten sät sich Ysop auch selbst aus; zu beachten allerdings ist die sehr langsame Entwicklung der Jungpflanzen. Daher ist eine Aussaat in geschützter Vorkultur Anfang März, später Pikieren und Auspflanzen im Mai sinnvoll. Für eine Pflanze kann ein Platzbedarf von etwa 40 x 50 cm gerechnet werden. Auch Vermehrung über Stecklinge möglich.

Anwendungsbereiche

Schleimlösend, auswurffördernd (Husten, Bronchitis), kreislaufanregend, adstringierend.

Verarbeitung

Die Ernte erfolgt zu Blühbeginn, es werden die jungen Triebe geerntet. Auch hier sollte nicht zu tief in verholzte Anteile geschnitten werden. Für die Gewinnung von ätherischem Öl wird zur Vollblüte geerntet. Das Erntegut wird getrocknet, abgerebelt und aromasicher verwahrt. Eine zweite Ernte ist Anfang September möglich. Verwendung: als Gewürz und in Gewürzmischungen (für Marinaden, Saucen, Hauptspeisen), Kräuteressig, Kräuteröl, Kräutersalz, zum Aromatisieren von Likören, als Tinktur und als Kräuterbad sowie als Beigabe zu Teemischungen. Ysop-Tee und Ysop-Essig werden in der Schönheitspflege für Haarspülungen und Waschungen für empfindliche unreine Haut verwendet.

Stichwortverzeichnis

Die Autoren

Mag. Claudia Holzer

Absolvierte das Studium der Biologie in Graz. Mitautorin der Bücher „Sepp Holzers Permakultur" und „Wo ein Wille, da ein Weg". Selbständige Tätigkeit als Vortragende zu Themen der allgemeinen Permakultur; Schwerpunkt auf Anbau und Verarbeitung von Heilpflanzen und Kräuterspezialitäten. Konzeptionelle Arbeit für Permakultur-Projekte. Erwerb des Probsthofes, einer 3 ha umfassenden Kleinlandwirtschaft in der Weststeiermark im Herbst 2005. Umgestaltung des Betriebes in eine Selbstversorgungslandwirtschaft mit Schwerpunkt auf Kräuteranbau.

Weitere Informationen im Internet unter: www.probsthof.at

Josef Andreas Holzer

Absolvierte die Bundeslehranstalt für Forstwirtschaft in Bruck an der Mur. Im Anschluss daran selbständige Tätigkeit als Vortragender und Berater im Bereich Permakultur und alternativer Landwirtschaft. Mitautor der Bücher „Sepp Holzers Permakultur" und „Wo ein Wille, da ein Weg". Josef Andreas Holzer lebt und arbeitet am Krameterhof im Salzburger Lungau. Der 45 ha umfassende Betrieb gilt international als Vorreiter für die Verwirklichung alpiner Permakultur. Er betreut und berät zahlreiche Projekte im In- und Ausland.

Weitere Informationen im Internet unter: www.krameterhof.at

Dipl.-Ing. Jens Kalkhof

Er wurde in Düsseldorf geboren, wohnte fünf Jahre in Südafrika, wo er sein Architekturstudium begann, lebte dann sieben Jahre in London und absolvierte dort das Studium für Architektur am University College London/Bartlett School of Architecture. Anschließend praktizierte er ein Jahr in Berlin als freischaffender Architekt. Er lebt seit 14 Jahren in Österreich und war selbständig in mehreren Architekturbüros als Designer bzw. Projekt- und Büroleiter tätig. Er bewirtschaftet seit 12 Jahren im Nebenerwerb den ca. 4 ha großen Biobetrieb Reindlhof in der Südsteiermark nach den Prinzipien der „Holzer Permaculture" mit seiner Frau und seinen beiden Töchtern. In Zusammenarbeit mit dem Holzer-Team erstellt er Planungen und Konzepte für internationale Permakulturprojekte. Ein weiterer Aspekt seiner Tätigkeiten sind Vorträge, Seminare und Workshops mit dem Holzer-Team im Bereich konzeptioneller Planung und Konstruktion.

Zahlreiche der in diesem Buch vorgestellten Gestaltungsmöglichkeiten wurden am Probsthof, am Krameterhof, am Reindlhof sowie im Rahmen von Permakultur-Projekten in Österreich, Deutschland, der Schweiz, Spanien und Portugal umgesetzt.